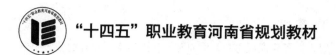"十四五"职业教育河南省规划教材

新媒体营销

主 编 王保安 冯杜娟 王 荣

电子工业出版社
Publishing House of Electronics Industry
北京·BEIJING

内 容 简 介

本书贯彻党的二十大精神，落实立德树人要求，贯穿课程思政，面向开设新媒体课程和专业的大中专院校及新媒体实践的从业人员，主要介绍主流新媒体平台的特征、用户侧写、使用功能以及营销策略。全书以项目划分，分为新媒体营销概述、门户新媒体营销、资讯新媒体营销、问答新媒体营销、社区新媒体营销、社交新媒体营销、社群新媒体营销、音频新媒体营销、视频新媒体营销、直播新媒体营销十个项目。在全书的内容结构中，项目一以基础原理和规律为主，后九个项目理论与实操并重。每个项目模块按照课前理论知识导学、课中实训任务指导、课后案例分析拓展划分，便于开展项目制教学和线上线下混合式教学。此外，本书通过实训主题和课后拓展中的案例分析等内容，进行科学有效的思政融入，开展课程思政教育。

图书在版编目（CIP）数据

新媒体营销/王保安，冯杜娟，王荣主编. —北京：电子工业出版社，2023.2
ISBN 978-7-121-45022-8

Ⅰ.①新… Ⅱ.①王… ②冯… ③王… Ⅲ.①网络营销—高等学校—教材 Ⅳ.①F713.365.2

中国国家版本馆 CIP 数据核字（2023）第 021044 号

责任编辑：康　静
印　　刷：三河市鑫金马印装有限公司
装　　订：三河市鑫金马印装有限公司
出版发行：电子工业出版社
　　　　　北京市海淀区万寿路 173 信箱　邮编：100036
开　　本：787×1092　1/16　印张：18.75　字数：476.8 千字
版　　次：2023 年 2 月第 1 版
印　　次：2023 年 9 月第 2 次印刷
定　　价：49.50 元

凡所购买电子工业出版社图书有缺损问题，请向购买书店调换。若书店售缺，请与本社发行部联系，联系及邮购电话：（010）88254888，88258888。
质量投诉请发邮件至 zlts@phei.com.cn，盗版侵权举报请发邮件至 dbqq@phei.com.cn。
本书咨询联系方式：（010）88254178 或 liujie@phei.com.cn。

前 言

"新媒体"的概念早在 1967 年就已经被提出,近年来互联网的普及,尤其是移动互联网的快速发展,深刻地影响和改变着我们每一个普通人的生活。信息技术为新媒体的发展提供了技术支持和保障,用户多元化和个性化的信息需求为新媒体的发展提供了社会基础。随着新媒体平台的不断增多和更新迭代,越来越多的组织机构和个体看到了新媒体在品牌塑造和传播、商品销售和变现、数据收集和分析、活动策划与组织等方面的优势。借助新媒体平台打造私域流量、借力公域流量、对标商域流量已经成为组织机构和个体在进行商业活动中的必然选择。新媒体营销和运营已经成为企业的必备岗位,新媒体营销和运营人才的需求也越来越大。

然而,新媒体发展得太快了。从互联网 1.0 时代的门户网站、搜索引擎到论坛、博客,再到后来的微博、微信、知乎、小红书、短视频、直播等,此时还是各大企业争相入驻的新媒体平台,几个月之后也许就会悄然退场。这边平台的规则和逻辑还没有研究透彻,那边又有新的工具杀入主流。这就导致了目前新媒体虽然热,但与新媒体有关的知识和技能却都是碎片化的。各大高校虽然开设了新媒体相关的课程甚至专业,但却没有实践性强、符合市场和教学实际的教材。在形式多样、竞品频出、迭代飞速的环境下,新媒体教学中哪些是沉淀下来的一般规律和准则,哪些是操作性强的实战技能,都需要做系统的梳理和总结。

本书全面贯彻党的二十大精神,落实立德树人要求,贯穿课程思政,从教学实际以及岗位实践出发,合理规划内容结构。在理论知识中,囊括了主流新媒体平台的平台特征、用户侧写、使用功能以及营销策略;在实训任务中,甄选有机农业和航空体育项目,落实国家乡村振兴、体育强国和健康中国战略;在案例分析中,落实课程思政要求,坚持正向价值导向,通过完整的新媒体理论和实操闭环,培养有责任、敢担当、强技能的高素质人才。

一、内容结构

本书以项目划分整体结构,如图 0-1 所示,全书共分新媒体营销概述、门户新媒体营销、资讯新媒体营销、问答新媒体营销、社区新媒体营销、社交新媒体营销、社群新媒体营销、音频新媒体营销、视频新媒体营销、直播新媒体营销等十个项目。在全书的内容结构中,项目一以基础原理和规律为主,后九个项目理论与实操并重。在每个项目模块中,按照课前理论知识导学、课中实训任务指导、课后案例分析拓展的模块划分,把理论知识尽可能放在课前，在课中进行实训项目的指导，课后通过实训优化和案例分析拓展学习空间，便于开展项目制教学和线上线下混合式教学。此外，通过实训主题和课后拓展中案例分析等内容设计，进行科学有效的思政融入，开展课程思政教育。

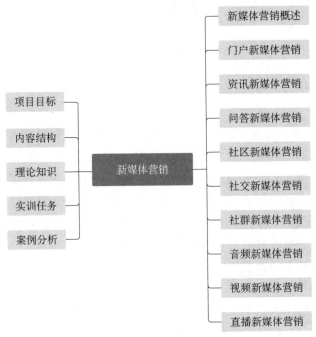

图 0-1　新媒体营销结构图

二、本书特色

1. 结构清晰，体系完整

目前，新媒体发展极为迅速，很多大中专院校紧跟社会发展需求开设了与之相关的专业或课程，但与新媒体有关的知识大多是碎片化的，且新媒体平台更新迭代频繁。高职院校的新媒体教学既不能像本科院校那样朝着"传播学原理"这些精深的理论深耕，又不能像短期培训一样过于碎片、混乱和不成体系。本书首先回归新媒体营销的岗位能力，将营销和运营进行区分，避免了在书籍内容中既有短视频营销等营销方面的介绍，也有标题撰写等运营方面的技能，营销与运营混乱杂糅。然后以项目制的形式把新媒体营销活动中所涉及到的门户、资讯、问答、社区、社交、社群、视频、直播等平台和工具的策略技巧进行总结和呈现，尽可能囊括完整的新媒体营销技能和工具图谱。

2. 理实并重，课岗融通

本书编写团队参与了多项与新媒体有关的课程改革、教学能力比赛、教材出版活动，积累了较为深厚的教材编写基础，且独立运营各类企业新媒体官方账号，具有新媒体教学和运营实战经验。本书在内容设计上平衡理论知识与实操技能的占比，在一般规律的沉淀下，注重新媒体的实战训练，在每个项目中都设计了专门针对该项目的实训任务，不仅内容完整，且课岗融通、理实并重。本书把目前主流的新媒体营销平台的平台特征、用户侧写、策略技

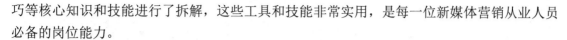

巧等核心知识和技能进行了拆解，这些工具和技能非常实用，是每一位新媒体营销从业人员必备的岗位能力。

3. 丰富立体，形式灵活

由于新媒体发展较快、内容较新，各个院校所开设的与新媒体有关的专业和课程有所不同。有专门设置新媒体营销、融媒体技术、网络直播专业的，也有在电子商务、市场营销、网络营销专业下开设新媒体营销、新媒体运营、短视频摄制、网络直播等课程的。在新媒体平台更新迭代迅速、知识碎片化、教材缺乏的情况下，本教材可以根据项目独立"拆"分，也可以组合成完整的新媒体营销体系，便于教师根据自己的教学实际进行科学组合。教材配套有微课视频、课件、教案等，资源丰富，便于线上线下混合式教学的组织实施。

4. 思政融入，润物无声

本教材在教学目标、案例分析中通过素养目标、思政小课堂等形式结合项目内容进行了思政元素的有效融入。同时，在实训项目的设计上，选取了"有机农业，乡村振兴""航空体育，健康中国"的思政主题元素，为课程思政提供了有效接口。此外，教师也可以根据所在地区的特色产业和教学实际，结合时代背景，对实训主题进行替换，通过实训主题的设计，润物细无声地开展课程思政，培养热爱祖国、有责任和担当的社会主义新青年。

本书由王保安、冯杜娟负责统揽全局及全书框架结构的搭建；冯杜娟负责项目一至项目六内容的撰写；王荣负责项目七至项目十内容的撰写；左婧楠负责思政主题的设计；王雪娟、李晓蕾负责案例的撰写及配套资源的制作。在编写的过程中，本书参考了新媒体营销与运营教学以及实践中的诸多规律和经验总结，在此谨向这些活跃在新媒体教学与企业一线的同仁们致以最诚挚的谢意！

为了方便教学，本书还配有完备的电子教学资源，包括：

1. 课程标准
2. 教案
3. 微课视频
4. 教学课件
5. 章节练习题

请有需要的教师和学生扫描右侧二维码查看，如有问题请与电子工业出版社联系（liujie@phei.com.cn）。因编写团队认知边界与实践能力的局限，书中如有不当之处，敬请发送邮件至邮箱296607482@qq.com批评指正。

编 者

2022 年 10 月

目　录

项目一　新媒体营销概述 ·· 1

　　【项目目标】 ··· 1

　　【内容结构】 ··· 2

　模块一　新媒体理论基础 ··· 2

　　【理论知识】 ··· 2

　　【实训任务】 ·· 12

　　【案例分析】 ·· 14

　模块二　新媒体营销的价值要求 ·· 15

　　【理论知识】 ·· 15

　　【实训任务】 ·· 17

　　【案例分析】 ·· 19

项目二　门户新媒体营销 ··· 22

　　【项目目标】 ·· 22

　　【内容结构】 ·· 23

　模块一　PC 门户新媒体营销 ··· 23

　　【理论知识】 ·· 23

　　【实训任务】 ·· 37

　　【案例分析】 ·· 40

　模块二　移动门户新媒体营销 ··· 41

　　【理论知识】 ·· 41

　　【实训任务】 ·· 45

　　【案例分析】 ·· 46

项目三　资讯新媒体营销 ··· 48

　　【项目目标】 ·· 48

　　【内容结构】 ·· 49

　模块一　资讯新媒体营销的平台概况 ··· 49

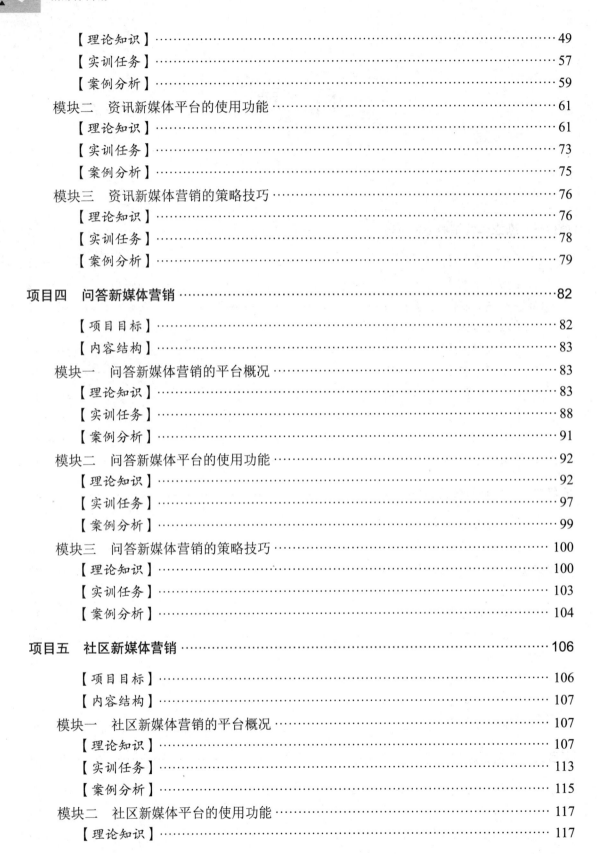

【理论知识】 …………………………………………… 49

【实训任务】 …………………………………………… 57

【案例分析】 …………………………………………… 59

模块二 资讯新媒体平台的使用功能 …………………… 61

【理论知识】 …………………………………………… 61

【实训任务】 …………………………………………… 73

【案例分析】 …………………………………………… 75

模块三 资讯新媒体营销的策略技巧 …………………… 76

【理论知识】 …………………………………………… 76

【实训任务】 …………………………………………… 78

【案例分析】 …………………………………………… 79

项目四 问答新媒体营销 ……………………………………… 82

【项目目标】 …………………………………………… 82

【内容结构】 …………………………………………… 83

模块一 问答新媒体营销的平台概况 …………………… 83

【理论知识】 …………………………………………… 83

【实训任务】 …………………………………………… 88

【案例分析】 …………………………………………… 91

模块二 问答新媒体平台的使用功能 …………………… 92

【理论知识】 …………………………………………… 92

【实训任务】 …………………………………………… 97

【案例分析】 …………………………………………… 99

模块三 问答新媒体营销的策略技巧 …………………… 100

【理论知识】 …………………………………………… 100

【实训任务】 …………………………………………… 103

【案例分析】 …………………………………………… 104

项目五 社区新媒体营销 ……………………………………… 106

【项目目标】 …………………………………………… 106

【内容结构】 …………………………………………… 107

模块一 社区新媒体营销的平台概况 …………………… 107

【理论知识】 …………………………………………… 107

【实训任务】 …………………………………………… 113

【案例分析】 …………………………………………… 115

模块二 社区新媒体平台的使用功能 …………………… 117

【理论知识】 …………………………………………… 117

　　　　【实训任务】……………………………………………………………119
　　　　【案例分析】……………………………………………………………121
　　模块三　社区新媒体营销的策略技巧……………………………………122
　　　　【理论知识】……………………………………………………………122
　　　　【实训任务】……………………………………………………………123
　　　　【案例分析】……………………………………………………………125

项目六　社交新媒体营销……………………………………………………127
　　　　【项目目标】……………………………………………………………127
　　　　【内容结构】……………………………………………………………128
　　模块一　微博营销与运营…………………………………………………128
　　　　【理论知识】……………………………………………………………128
　　　　【实训任务】……………………………………………………………154
　　　　【案例分析】……………………………………………………………156
　　模块二　微信营销与运营…………………………………………………157
　　　　【理论知识】……………………………………………………………157
　　　　【实训任务】……………………………………………………………179
　　　　【案例分析】……………………………………………………………181

项目七　社群新媒体营销……………………………………………………184
　　　　【项目目标】……………………………………………………………184
　　　　【内容结构】……………………………………………………………185
　　模块一　社群的构建和运营………………………………………………185
　　　　【理论知识】……………………………………………………………185
　　　　【实训任务】……………………………………………………………196
　　　　【案例分析】……………………………………………………………198
　　模块二　社群营销的策略技巧……………………………………………199
　　　　【理论知识】……………………………………………………………199
　　　　【实训任务】……………………………………………………………202
　　　　【案例分析】……………………………………………………………204

项目八　音频新媒体营销……………………………………………………206
　　　　【项目目标】……………………………………………………………206
　　　　【内容结构】……………………………………………………………207
　　模块一　音频新媒体营销平台概况………………………………………207
　　　　【理论知识】……………………………………………………………207
　　　　【实训任务】……………………………………………………………213

【案例分析】 ………………………………………………………… 215

模块二　音频新媒体平台的使用功能 ………………………………… 216

【理论知识】 ………………………………………………………… 216

【实训任务】 ………………………………………………………… 220

【案例分析】 ………………………………………………………… 222

模块三　音频新媒体营销的策略技巧 ………………………………… 223

【理论知识】 ………………………………………………………… 223

【实训任务】 ………………………………………………………… 225

【案例分析】 ………………………………………………………… 226

项目九　视频新媒体营销 ……………………………………………… 228

【项目目标】 ………………………………………………………… 228

【内容结构】 ………………………………………………………… 229

模块一　视频新媒体营销的平台概述 ………………………………… 229

【理论知识】 ………………………………………………………… 229

【实训任务】 ………………………………………………………… 241

【案例分析】 ………………………………………………………… 243

模块二　视频新媒体平台的使用功能 ………………………………… 244

【理论知识】 ………………………………………………………… 244

【实训任务】 ………………………………………………………… 252

【案例分析】 ………………………………………………………… 254

模块三　视频新媒体营销的策略技巧 ………………………………… 255

【理论知识】 ………………………………………………………… 255

【实训任务】 ………………………………………………………… 258

【案例分析】 ………………………………………………………… 259

项目十　直播新媒体营销 ……………………………………………… 261

【项目目标】 ………………………………………………………… 261

【内容结构】 ………………………………………………………… 262

模块一　直播新媒体营销的发展概况 ………………………………… 262

【理论知识】 ………………………………………………………… 262

【实训任务】 ………………………………………………………… 269

【案例分析】 ………………………………………………………… 271

模块二　直播新媒体营销的策划执行 ………………………………… 272

【理论知识】 ………………………………………………………… 272

【实训任务】 ………………………………………………………… 278

【案例分析】 ………………………………………………………… 281

模块三　直播新媒体营销的策略技巧 ……………………………………… 282

　　【理论知识】 ……………………………………………………………… 282

　　【实训任务】 ……………………………………………………………… 283

　　【案例分析】 ……………………………………………………………… 285

参考文献 …………………………………………………………………… 286

项目一　新媒体营销概述

一、知识目标

（1）了解传播、信息等基础概念的界定和发展历程。

（2）掌握媒体的概念、价值和类型。

（3）掌握新媒体、自媒体、社会化媒体的概念辨析。

（4）掌握新媒体的特点。

（5）了解新媒体营销的类型和价值。

（6）了解新媒体营销的岗位职责和能力要求。

二、能力目标

熟悉新媒体的特点，具备对新媒体营销工具和平台进行选择定位的能力。

三、素养目标

（1）培养新媒体运营者思维。

（2）培养新媒体营销的创新意识。

（3）培养新媒体从业者视角的互联网敏感度。

（4）培养新媒体工作岗位的职业素养。

（5）培养新媒体从业者思辨的"新旧意识"和正向的"价值导向"。

四、岗位目标

具备企业新媒体营销专员的岗位素质和能力。

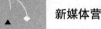

【内容结构】

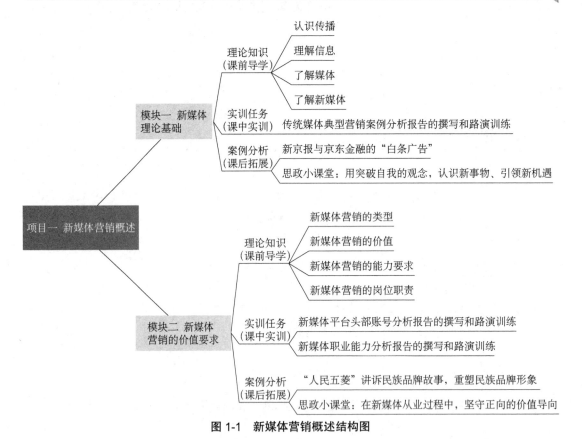

图 1-1　新媒体营销概述结构图

模块一　新媒体理论基础

【理论知识】

一、认识传播

从广义上看，传播不是人类社会所特有的现象和活动，不仅自然界的生命体之间存在传播活动，非生命体的物与物之间也存在传播现象。一方面，因为有了人类社会，传播才具有了更深刻和广泛的意义；另一方面，人类文明得以传承和延续，很大程度上依赖于传播过程中信息的共享与互动。

（一）概念界定

"传"是形声字，最早见于甲骨文，从人从專。"專"为"专"的本字，上更下寸，意为掌握纺织操作能力。传，本义是指掌握制作操作能力的人；"播"为形声字，最早见于金文，从手，番声，本义是执械掀土，抓种撒入土坑，后引申出散布、传开、传扬等含义。从上述字源中可以看出，"传"是一对一之间的传递，"播"是一对多的大面积散布。

"传播"的英文"Communication"源于拉丁语"Communis"。该词的中文意思包含以下解释：交往、交流、交通、通信、传播等。其词根的基本意思是"与他人建立共同的意识"。关于传播的概念，不同的学者有不同的论述，具有典型代表意义的有以下几种：

（1）传播学科的集大成者和创始人，"传播学之父""传播学鼻祖"威尔伯·L·施拉姆在《传播是怎样运行的》一文中写道："当我们从事传播的时候，也就是在试图与其他人共享信息——某个观点或某个态度。"

（2）美国社会心理学家梅尔文·德弗勒认为，传播是经由符号，将讯息、意念、态度或感情从一个人或一个团体传送给另一个人或另一个团体的活动。

（3）美国传播学者格伯纳认为，传播可以被界定为"通过信息而进行的社会互动"。

（4）中国传媒学者郭庆光认为，从社会学视角和信息科学视角结合来看，传播是社会信息的传递或社会信息系统的运行。

（5）清华大学新闻与传播学院教授崔保国认为，传播是指信息传递的现象。人类传播是指人与人之间、人与社会之间，通过媒介和符号而进行的社会互动行为。

从上述概念可以看出：传播是一个信息互动的过程，在这个过程中有发送者、中介、接收者，在传播者与接收者之间形成了信息传递关系。传播是一种双向的社会互动行为，前提是传、收双方必须要有共通的意义空间。传播是一种行为、一种过程，也是一种系统，传播的根本目的是传递信息。人类社会中的传播是人与人之间、人与社会之间，通过媒介和有意义的符号进行的社会互动，信息的传递是这种互动的结果。

人类传播行为的缘起，既出于人的本能，也出于人类对世界认知的需求。人体具有媒体的功能，人体本身就是一个信息系统。在人类社会中，传播是人的基本行为和基本能力，是社会生活形成的基本手段，是社会生产和消费的主要产品。传播就是生活，我们处在一个传播"无处不在、无时不在、无所不在的媒介时代"，也就是 U 时代（Ubiquitous Time）。

（二）发展历程

在传播学的研究领域中，传播在一定的社会关系中进行，是一定的社会关系的体现。在漫长的人类历史长河中，传播共经历了五个发展阶段。

1. 口语传播时代

大约 300 万年前，人类诞生。大约 35000 年前，人类语言基本形成。口语符号系统的诞生，使人类传播超越了自然界的一切信息传播。语言可以记忆并口耳相传，使人类可以组织自己的社会活动，经验和文化得到积累。但就具体传播活动而言，口语在空间和时间上都存在一定的局限。《荀子·劝学篇》中"登高而招，臂非加长也，而见者远；顺风而呼，声非加疾也，而闻者彰"形象地说明利用有利条件突破限制的传播现象。

2. 文字传播时代

公元前约 4000 年，埃及出现了最早的象形文字；公元前 1200 年左右，希腊产生了字母表音文字系统；公元前 13 世纪，中国出现了甲骨文。目前已发现殷商时期的甲骨文 10 万多片，单字近 5000 个，有指事字、象形字、形声字等，标志着汉字符号系统的基本形成。文字的出现增强了信息的传递、记忆和传承，传播在时间和空间上都发生了重大变革。文字出现之前，人类用壁画、雕刻、结绳符号等储存信息。《淮南子·本经训》中有言"昔者仓颉作书，而天雨粟，鬼夜哭"，形象地描绘了文字的出现是人类历史上惊天动地的大事。

随后，在人类历史的发展过程中，石壁、石器、陶器、青铜器、甲骨、竹简、木简、纸张……书写材料不断趋于轻便化，信息传递越来越容易。道路、驿站等基础设施的发展也使得信息在更大范围内传播。以文字为核心的体外化信息系统的形成和扩展，大大推进了各地区经济、政治、文化的交流和融合。传播变革导致社会结构的变革，出现了使用文字及媒介的特定阶层，教育、文化及宗教成为行业。

3. 印刷传播时代

文字出现以后，人类经历了相当长的手抄传播阶段。手抄传播效率低、成本高，文字的使用成为权贵阶层的特权。公元 105 年，东汉蔡伦发明造纸术，用树皮、麻、旧渔网等混合造纸，取代竹简、帛、羊皮等书写工具。造纸术在 8 世纪传入阿拉伯，12 世纪传入欧洲，14 世纪开始被欧洲各国普遍使用。宋代，毕昇发明了胶泥活字印刷术。1456 年，德国商人古登堡发明了金属活字印刷法，刊印了几百本《圣经》。古登堡的印刷术标志着印刷时代的新纪元，迅速地推动了西方科学和社会的发展。16 世纪初，欧洲主要城市都有了印刷所，印刷传播业日益兴旺。

造纸术与印刷术的发明使得文化的扩展传播和保存成为可能，印刷机械促进了近代报刊的诞生。1609 年诞生于德国的《通告——报道与新闻报》是现存最早的报纸，每周发行一次。1660 年，德国周刊《莱比锡新闻》改为日刊，是世界最早的日报。美国传播学者梅尔文·德弗勒认为快速印刷技术和报纸的概念相结合，形成了一种真正强大的大众传播媒介。这种媒介具有更强的表达性，能传送范围广泛的思想和感情；具有记录的永久性，能超越时间；具备扩散性，能超越空间；更重要的是，具有大众性，可以触达所有阶层的人们。印刷传播的普及不仅推动了社会经济的发展，而且印刷行业自身也逐渐成为规模庞大的产业，帮助人们表达意见、获取信息和知识。

4. 电子传播时代

19 世纪，人类进入了电子传播时代。1838 年，美国人 S·莫尔斯发明了有线电报；1844 年，第一条电报线路开通，莫尔斯从华盛顿向巴尔的摩发出世界第一封电报，内容是《圣经》中的"上帝，你研究创造了什么！"；1876 年，美国人贝尔发明电话；1895 年，意大利人 G·马可尼完成无线电试验；1910 年，无线电广播初次试验完成；1936 年，英国建立第一座正规电视台，标志着新生媒介的诞生和媒介结构的重组；1962 年美国发射"电星 1 号"卫星，专门传播电视信号，电视进入太空时代。

电子传播实现了信息的远距离快速传输。在电子传播时代，摄影、录音、录像技术的发

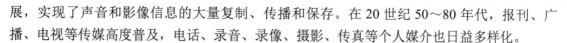

展，实现了声音和影像信息的大量复制、传播和保存。在 20 世纪 50～80 年代，报刊、广播、电视等传媒高度普及，电话、录音、录像、摄影、传真等个人媒介也日益多样化。

5. 互联网传播时代

互联网的雏形 ARPANET（阿帕网）于 1969 年诞生于美国，它是美国国防部高级研究计划署（Advanced Research Projects Agency，ARPA）的一个实验性网络，主要用于导弹计算等国防建设。国际互联网发端于二十世纪六七十年代，八十年代得到广泛应用，九十年代有了更新、更高性能的软件。1987 年 9 月 20 日 22 点 55 分，"中国 Internet 之父"钱天白正式建成我国第一个互联网电子邮件节点，并发出中国第一封电子邮件。

1993 年，美国提出"全国信息高速公路"设想，计划在 10 至 15 年内，在全国铺设高速度、大容量的光缆网络，建成集广播、电视、电话、传真、电子邮件、电子出版、计算机通信等信息媒介于一体，对声音、文字、数据等进行综合处理和传输的多媒体双向信息系统。欧洲、日本、新加坡等国家和地区相继提出了"信息高速公路的规划"。

随着信息技术的发展和互联网的普及，人类社会进入了互联网时代，大众传媒更加发达。广播电视进入了数字化与卫星跨国传播阶段；微型计算机普及到家庭，并迅速成为个人进行综合信息处理的媒介；以计算机、互联网和多媒体为代表的新媒体的发展，使不同媒介的功能趋向融合。

二、理解信息

1948 年香农发表题为《通信的数学理论》一文，他在该文中系统地提出了有关信息的理论，从而创立了"信息论"。香农将"信息"定义为"用来消除不确定性的东西"。信息最特殊的地方在于它具有"传播"的性质，没有传播就不能称为信息。"传播"是一种"迁移"现象，"信息"概念一般从事物的"迁移"现象入手，即物质的属性在人与物、人与人之间的移动和传播。这种移动需要人脑的感知，还需要符号和媒介。信息最基本的本质属性是物质的反映和移动。近半个世纪以来信息技术经历了以下三次革命。

（1）计算机时代：20 世纪 70 年代，计算方式的革命。

（2）互联网时代：20 世纪 90 年代，信息传播方式的革命。

（3）大数据时代：21 世纪 10 年代，决策方式的革命。

三、了解媒体

（一）媒体的概念

从汉语的词源学上讲，"媒"的本义是指婚姻介绍人。《诗·卫风·氓》中有"匪我愆期，子无良媒"。古语讲，天上无云不下雨，地上无媒不成婚。在先秦时期，"媒"主要在男女婚嫁中起传情达意的中介作用。在现代，"媒"也引申为"使双方发生联系的人或事物"。"介"为两者之间。"体"是身体，也可引申为载体。媒介经常用来指使双方发生关系的人或事物。媒体通常指信息传播的介质和载体。就语境习惯而言，媒体可以是人借助用来传递信息与获取信息的工具、渠道、载体、中介物或技术手段，也可以引申为从事信息采集、加

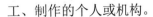

工、制作的个人或机构。

我们经常会看到有关"媒介"和"媒体"的辨析，专家学者也各有观点和论述。有学者认为：媒介是抽象名词，一般用来指语言、文字、声音、图像等内容信息；媒体是具象名词，一般用来指报纸、杂志、广播、电视等传播载体和从事相关工作的个人和机构。为了使用便利和形成学术习惯，一般把媒介对应于英文"medium"，界定为信息传播的中介；媒体对应于英文"media"，界定为两种或多种媒介组合在一起发挥传播效力的传播载体或机构组织。这两个概念在本质上差别不大，只是在使用习惯上略有不同。本书对"媒体"和"媒介"不做学术意义上的辨析，以媒体代指全书相关内容。

除此以外，我们经常见到的传媒领域的学术名词还有：传媒（Communication Media），理解为由"传播"和"媒介"两个词构成的综合性概念，包括了内容的制作和传播，具有多种媒介形态和多种媒体业态并存的特征；传媒产业（Media Industry），由多数传媒企业和传媒机构构成的产业集群，一般按照行业或区域形成传媒产业的基本结构；媒介形态，其与技术密不可分，如报业、电视业等，这里不再一一赘述。

（二）媒体的价值

1. 信息传递

从古至今，人类的活动无处不需要信息。人类的一切发展和进步都离不开信息的获取，而媒体是人获取信息、加工信息、传输信息、交换信息和反馈信息的中间介质与渠道。人类通过媒体实现了主体和客体的交互，建立起与自然界和人类社会的普遍联系，创造出丰富的物质和文化产品。媒体是任何社会人们都必须具有的交流和沟通工具。

2. 价值引导

媒体在信息传递的同时兼具有价值引导的功能。美国传媒学者丹尼·埃利奥特（Danny Elliott）说："无论大众媒体置身于怎样的社会中，它们都对社会负有责任，而且每种媒体都要对依赖它们而获知信息的公众、团体负责。"媒体通过反复地向公众传播带有价值取向的、有选择的内容，于潜移默化中影响着人们的认知结构，于"文化涵化"中形成共同的价值观，从而维护和巩固社会秩序，引导正确的价值观。

3. 公众教育

媒体在现代社会中扮演着非常重要的公众教育角色。法国新闻学者贝尔纳瓦耶纳说："真正的教育也离不开新闻（媒体）。因为大众传播工具是一种扩大器，可以使教育者的作用超越一般传播的对象。"

媒体的教育具有大众化的特征，对人们在价值观念的形成、生活方式的改变等方面产生着重大影响，对推动社会的发展和现代文明的进程有着积极作用。

4. 社会监察

与一般的社会监督形式相比，媒体的社会监督具有范围广泛、内容丰富、及时公开等特征。媒体监察不仅仅是我们通常意义上的"曝光"，而是通过曝光查漏补缺、改进工作、促进发展。人类进入文明社会以后，很多重大的社会问题都是通过媒体监察而得到有效的解决

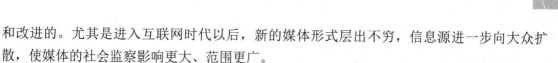

和改进的。尤其是进入互联网时代以后，新的媒体形式层出不穷，信息源进一步向大众扩散，使媒体的社会监察影响更大、范围更广。

5. 营销推广

媒体的传播效应是任何品牌方都在追逐的，媒体可以使组织结构或个体的品牌价值得到更高效的曝光和传播，产品得到更广泛的触达和推广。媒体的核心要素在于内容和技术两个维度。如何利用不断发展的媒体技术，创造有利于传播的品牌和产品内容，是组织结构或个人联合媒体共同探索和追求的目标。

（三）媒体的分类

媒体是信息传播的介质和载体。信息在传播的过程中，可以通过文字、图片、声音、图像等多种形式，按照信息传播的形式和载体，一般将媒体分为报纸杂志、广播、电视、户外媒体等四类传统媒体以及新媒体共五大类。传统媒体的类型和特征如下，新媒体将在后续内容模块中做详细介绍。

1. 报纸杂志

报纸杂志是印刷媒体的典型代表。通常人们将1470年德国科隆出版的一份新闻小册子称为世界上最早的报纸。其实，中国早在唐代就创办了由"上都进奏官"负责编印，将皇帝的谕旨、文臣武将的奏章及政事动态"条布于外"以便得到更广泛传播的朝政简报，称为"开元杂报"。报纸杂志的特点有以下几种。

（1）信息量大，历史悠久。报纸杂志作为综合性内容的媒介，以文字符号为主、图片为辅来传递信息，同等容量下信息量较大。在传统媒体中，报纸的历史最悠久，杂志的专题性更强、视觉效果更显著。

（2）保存期长，重复收藏。由于报纸杂志特殊的材质，易折易放，故相对于其他媒体保存期较长。一些人在阅读过程中还养成了剪报和收藏的习惯，无形中又强化和提高了报纸信息的保存性及重复阅读率。

（3）权威性强，对象明确。大多数报纸杂志历史积淀深厚，且由党政机关部门主办，在公众中具有较高的信用背书。杂志的分类较细、专业性较强，每一类杂志都拥有其相对固定的读者群，对象明确，目标性强。

2. 广播

广播是音频类的媒体形式，世界上最早的广播电台由美国匹兹堡西屋电气公司在1920年开办。广播把眼睛从人类信息获取中解放出来，使人们在获取信息的同时兼顾任何其他事情，提高了时间分配的效率。广播的特点有：

（1）接收方式便捷。接收简便、自由，不受时间、地点限制，人们可以选择在通勤或者做家务的过程中收听广播，极大地提高了时间的使用效率。

（2）受众层次多样。印刷媒体对受众文化水准、受教育程度的要求较高。广播的目标受众可以是普通百姓也可以是都市白领，受众层次多样。

（3）成本费用低廉。广播单位时间内信息容量大，对场地条件要求少，内容制作成本较低，是性价比较高的媒体形式。

3. 电视

第一台电视机面世于 1925 年，由英国电子工程师约翰·贝尔德发明。到 1928 年，美国的 RCA 电视台率先播出第一套电视片 *Felix the Cat*。从此，电视开始改变人类的生活、信息传播和思维方式。电视的主要特点有以下几种。

（1）内容直观性强，形象生动。电视是视听合一的传播，人们在接收电视信息的时候一般需要调动眼睛和耳朵的双重功能，但也因此使电视信息在传递的过程中更加直观和生动。

（2）受众群体覆盖范围广。在传统媒体中，电视可以称得上当之无愧的第一媒体。电视的受众群体覆盖了从儿童到老年，从普通群众到高知白领几乎每个年龄和社会阶层，受众范围广阔。

（3）收视效果受环境影响大。电视机不可能像印刷品一样随身携带，它需要一个适当的收视环境。在这个环境内，观众的多少、距离电视机荧屏的远近、观看的角度及电视质量的好坏等都直接影响着收视效果。

4. 户外媒体

户外媒体一般是指在露天或公共场合展示信息的媒体，可分为平面和立体两大类。平面媒体形式有路牌、海报、条幅等；立体媒体形式有霓虹灯、广告柱以及 LED 显示屏等。户外媒体的主要特征有以下几种。

（1）地域性强。户外媒体一般会根据所在地区的特点选择展示形式，如在商业街、广场、公园、交通工具上选择不同的表现形式。户外媒体的展示内容也会根据某地区公众的共同心理特点、风俗习惯来设置。

（2）表现形式多样。户外媒体的表现形式丰富多样，如高空气球、街道灯箱、大型水幕等。借助不同的载体，不仅实现了信息传播的诉求，而且与地区市容市貌融为一体，民众的接受度高、场景感强烈。

（3）信息源单一。户外媒体的信息传播源较为单一，比较难引起公众的互动，且受一定的地域限制，难以触达本地区以外的受众。但随着近年来媒体技术的发展，多媒体融合的趋势越来越明显，可以利用多种媒体形式相互取长补短来共同实现传播和触达效果。

四、了解新媒体

"新媒体"（New Media）概念最早出现于 1967 年，由时任美国哥伦比亚广播电视网（CBS）技术研究所所长皮·歌德马克在一份关于开发电子录像产品的计划中提出，他将电子录像称为"新媒体"。1969 年，美国传播政策总统特别委员会主席意·罗斯托在向尼克松总统提交的报告书中，多次提及并使用"New Media"。自此，"新媒体"一词在美国社会开始流行并迅速传播到其他西方国家。

1969 年，美国阿帕网建成，标志着互联网的诞生。中国在 1994 年全功能接入国际互联网。自此，依托互联网进行传播的新型媒体形式开始出现。随着移动互联网技术的飞速发展和新媒介形态的不断涌现，新媒体逐渐成为统称这些新兴媒体的代名词。随着新媒体平台数量的增多以及在公众中的不断普及，新媒体的影响力日益增大，借用新媒体进行商业活动的

各种新媒体营销模式也应运而生。

（一）概念综述

关于新媒体的定义很多，至今没有定论，甚至有学者认为所谓的"新媒体"其实是一个伪概念，任何新出现的媒体相较于在其之前的媒体形式都可以称为新媒体。目前国内外关于新媒体比较权威的定义有以下几种。

（1）联合国教科文组织的定义为：以数字技术为基础，以网络为载体进行信息传播的媒介。

（2）美国《连线》杂志（*Online*）的定义为：由所有人面向所有人进行的传播。

（3）清华大学沈阳教授的《未来媒体趋势报告》中指出：与传统的纸媒、电视、广播不同，新媒体囊括了"两微一端"的自媒体、地方媒体、企业新媒体和新媒体联盟。而传统媒体逐渐式微，当下媒体风头正旺、未来媒体展露初容。

（4）互联网实验室（**ChinaLabs.com**）创始人方兴东教授对"新媒体"的定义为：新媒体是基于计算机、通信、数字广播等技术，通过互联网、无线通信网、数字广播电视网和卫星等渠道，以计算机、电视、手机、个人数字助理（PDA）、视频音乐播放器（MP4）等设备为终端的媒体，能够实现个性化、互动化、细分化的传播方式。

通过对上述专家学者的定义进行梳理，可以将有关新媒体的概念大致分为以下几个"派别"。

（1）技术论：凡是基于数字技术和互联网在传播领域运用而产生的媒体形态即新媒体。

（2）互联论：新媒体是在互联基础上实现多对多或点对点传播，具有与用户互动等交互功能的媒体形式。

（3）媒体回归论：因为媒体泛指从事大众传播的机构，所以新媒体应该定义为新的大众传播机构。

（4）相对论：新媒体是一个相对的概念，相对于传统媒体"新"的就是新媒体，新媒体往往兼具多种媒体的特征与特长。

通过对各种观点的梳理可以看出：第一，从内涵外延上看，新媒体是一个较为宽泛的概念，也是一个相对的和发展的概念。"新""旧"是相对而言的，随着社会科技发展和传播模式的转变，对媒体的使用热度也会不同，新媒体会变为"旧"媒体，更"新"的媒体将会不断出现，新媒体的内涵和外延也将随之发生变化。第二，从技术手段上看，新媒体应用了"新"的技术。目前，新媒体应用了大量基于互联网的数字化信息传播技术，这些信号传输方法速度更快、精度更高，形成新的信息处理方式，具有智能识别、自动处理等信息加工手段，从内容到形式，从传播者到受众都与传统媒介有较大区别。第三，从传播方式来看，新媒体具有较高的"互动性"。在新媒体环境中，传统媒体的"受众"逐渐向"用户"转变，从单一的信息接收者发展为信息制造者、加工者。第四，从发展历程来看，新媒体往往伴随着媒体发生和发展的不断变化，广播相对于报纸是新媒体，电视相对于广播是新媒体，移动视频相对于电视是新媒体。新媒体的内涵是在不断发生变化的。

由于新媒体是一个动态发展的命题，因此我们不必纠结于新媒体概念的学术辨析，而应更加关注现阶段主流新媒体的实践运用指导。现阶段的新媒体可以被定义为"依托互联网和数字技术的信息传播介质和载体"。

（二）媒体类型辨析

由于新的传播技术与媒体平台的不断涌现，与新媒体伴随而来的还有很多媒体概念，如自媒体、社会化媒体等。这些媒体概念之间既有联系又有各自的特点和区别，在一定程度上影响着我们的实践应用。尤其是近年来关注度非常高的自媒体平台通过打造个人品牌变现，引发了一大波的自媒体和内容创业热潮。接下来我们将详细了解新媒体、自媒体、社会化媒体以及上述媒体与传统媒体之间的区别和联系。

1. 概念界定

① 新媒体

前已述及，"新媒体"一词由皮·歌德马克提出，这里不再详述。

② 自媒体

"自媒体"（We Media）一词最早出现于 2002 年，由专栏作家 Dan Gillnor 首次提出。2003 年，美国资深媒体人 S. Bowman 和 C. Willis 联合发布了名为 *We Media* 的线上研究报告。报告指出，自媒体是普通大众经由数字科技强化、与全球知识体系相连之后，一种开始理解普通大众如何提供与分享他们自身的事实、新闻的途径。

③ 社会化媒体

"社会化媒体"（Social Media）概念于 2007 年被提出，最早出现在《什么是社会化媒体》（*What is Social Media*）一书中。在书中将社会化媒体定义为：一种给予用户极大参与空间的新型在线媒体。社会化媒体遵循参与者是个人，沟通方式是对话，获取方式是主动的原则。作者 Spannerworks 和 Antony Mayfield 认为以 Facebook 和 Twitter 为代表的社会化媒体在全球产生了巨大的影响力，并逐渐发展成为与门户网站、搜索引擎和电子商务相匹配的互联网基础应用。

2. 对比分析

在对这几个概念进行分析时，可以借用传播学中经典的"5W"模型。从信息传播过程中的五个基本要素：传播者（Who，谁）、信息（Say What，说了什么）、媒介（In Which Channel，通过什么渠道）、接收者（To Whom，向谁说）、传播效果（With What Effects，有什么效果）进行分析，如表 1-1 所示。

表 1-1　媒体形式传播要素对比分析表

媒体形式	传播者	信息	媒介	接收者	传播效果
传统媒体	媒介组织	符合监管要求的信息	传统媒介	所有人	引起受众行为方式、思想观念的变化
新媒体	媒介组织或个人	符合监管要求的信息	基于互联网和数字技术的新媒介	所有人	引起受众行为方式、思想观念的变化
自媒体	个人	符合监管要求的信息	基于互联网和数字技术的新媒介	所有人	引起受众行为方式、思想观念的变化
社会化媒体	个人	符合监管要求的信息	基于互联网和数字技术的新媒介	社交关系链上的人	引起受众行为方式、思想观念的变化

从表 1-1 可以看出，新媒体、自媒体、社会化媒体在这个时代都是基于互联网和数字技术的新型媒体形式，其不同之处在于：自媒体相较于新媒体而言传播主体仅指个人；社会化媒体相较于前两者而言信息的接收者专指处于发送者社交关系链上的人。从新媒体到自媒体再到社会化媒体是一个范围不断缩小的过程。自媒体等这些新的媒体概念的出现，同时也意味着品牌不仅仅是企业组织的专属，再小的个体也可以拥有自己的品牌，如图 1-2 所示。

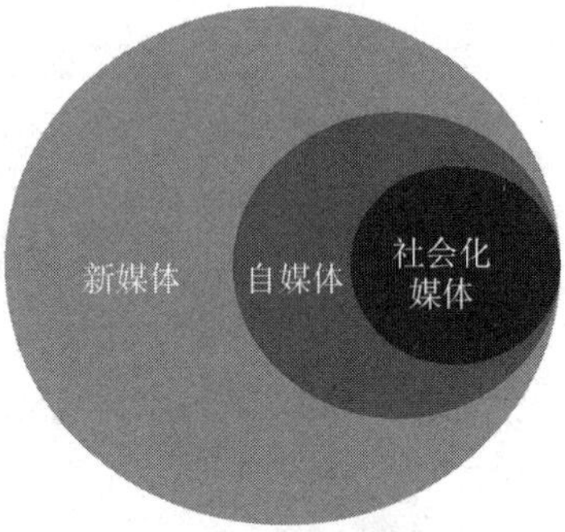

图 1-2　新媒体、自媒体、社会化媒体的范围比较

（三）新媒体的特点

1. 即时性

新媒体信息传播的速度非常快，表现出明显的即时性特征。用户通过手机、计算机或者其他智能终端设备能够快速发布信息和及时接收信息，打破了传统媒体定时传播的规律，真正具备了无时间限制和无地域限制的传播。尤其是随着 5G 时代的到来，信息传播速度会更快，内容的传播质量也会更高。同时，新媒体的传播内容与传统媒体相比更加多样，把文字、图像、声音、动画等融为一体，实现了各种传播形式的兼收并蓄和博采众长，最大程度地丰富了信息的表现形式。

2. 交互性

新媒体与传统媒体相比具有超强的交互性。传统媒体不管是广播电视还是报纸杂志都是单向传送信息，媒体机构处于强势地位，决定着受众接收什么样的信息，用户很难进行信息反馈，交互性较差。而在新媒体环境下，信息的传输是双向的，甚至是多向的，每个用户都具有信息交流的控制权。公众既可以是信息的接收者，也可以是信息的发送者；既可以是信息的制作者，也可以是信息的传播者。任何人都可以是消息的来源，受众可以随时对信息进行反馈、评论、补充和互动。新媒体是真正实现双向互动信息交流的媒体形式。

3. 海量性

传统媒体不管是版面还是时长、容量都是有限的。新媒体通过技术不仅使得容量无限扩大，而且使得海量信息得以呈现和储存。一个硬盘就可以存储数亿汉字的信息量，再加上传播主体和传播方式的多样化，人人可以成为信息源，强化了信息和内容的生产。随着时间的推移，信息越来越多，技术使信息的容量在理论上有着无限的扩展性，交互多元的信息源大大增加了信息的广度和深度，从而强化了新媒体信息海量性的特征。

4. 共享性

传统媒体的传播通常具有一定的时空限制，而新媒体利用通信卫星和全球互联互通的网络进行数据传输，打破了有线网络和国家等行政区划以及地理区域的限制，每个人都可以在地球上的任何角落与世界相连。尤其是移动端新媒体发送信息时间短、接收信息速度快、受制约因素少、几乎不受时间和地域的限制，只要在移动互联网络覆盖的地方，在任何时间都可以搜索信息、查阅信息、发布信息，这是报刊、广播、电视等传统媒体无法实现的。每一次媒体形态的变革都扩大了人类的认知边界。

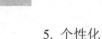

5. 个性化

与传统媒体的"千人一面"相比，新媒体的个性化特征非常明显，可谓"千人千面"。在互联网 1.0 时代，人们就可以通过各种检索工具在海量数据中"各取所需"。科技发展到现在，人们不仅能实现主动搜索，平台也会根据用户的特征和需求进行个性化的智能化推荐。每一个用户在打开任何一个新媒体平台时所看到的页面都是不一样的。在新媒体环境下，人们也开始更愿意自由地发出自己的声音、表达自己的思想、树立自己独一无二的个人品牌。

（四）未来媒体的发展趋势

随着科技的发展，未来必将有新的媒体形态不断出现，依托虚拟现实技术的"浸媒体"概念已经出现。虚拟现实（Virtual Reality）也称灵境技术或人工环境，是利用计算机模拟产生的一个三维空间的虚拟世界，为使用者提供关于视觉、听觉、触觉等感官的模拟，让使用者如同身临其境一般，可观摩三度空间内的事物。虚拟现实一般有以下特点：

（1）沉浸感（Immersion）：参与者全身心地沉浸于计算机所生成的三维虚拟环境中，并产生身临其境的感觉。沉浸感包含精神和身体两个维度。精神沉浸（Mental Immersion）是一种深深地投入其中的状态，深信不疑，包含于其中；身体沉浸（Physical Immersion）是肉体上全部进入媒体中，通过技术的使用获得对身体感官的合成刺激。

（2）交互性（Interaction）：参与者可以利用各种感官功能及人类自然技能与虚拟环境进行交互参考与操作。

（3）构想性（Imagination）：参与者借助 VR 系统给出的逼真视听触觉信号而产生的对虚拟空间的想象。

随着直播平台和 VR 技术的运用，媒体也由原来的文字、视频、声音的呈现方式，变成了一种综合的体验形式，人们在接收信息和传播交互上将进入全新的沉浸式体验环境。

【实训任务】

一、实训目的

通过对四种传统媒体类型的典型营销案例就行分析，使学生加深对传播、信息、媒体等基础理论知识的理解，掌握媒体的分类以及价值，为后续新媒体知识和技能的学习奠定基础；通过以小组形式对分析报告进行撰写和路演，提高学生的团队协作、文案撰写、语言组织和表达能力。

二、实训项目

传统媒体典型营销案例分析报告的撰写和路演训练。

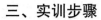

三、实训步骤

1. 在四种传统媒体的类型中，分别选取一个典型的营销案例，例如新京报 2015 年与京东金融联合推出的"回京东，打白条，拿新 iPhone"活动、脑白金的"今年过节不收礼，收礼只收脑白金"电视广告、央广中国之声的《改革开放 40 周年特别策划：这些年，我们从广播里一起听过的广告》等，完成表 1-2。

表 1-2　媒体形式传播要素对比分析表

媒体类型	案例名称	案例概况	成本预算	覆盖人群	营销效果
报纸杂志					
广播					
电视					
户外媒体					

2. 根据表 1-2 形成分析报告。分析报告以 Word 和 PPT 两种形式呈现，按小组进行提交。

3. 以小组为单位对各自的分析报告进行 PPT 汇报路演。

四、实训评价

实训评价如表 1-3～表 1-5 所示。

表 1-3　小组自评表

小组自评表（得分可采用十分制/百分制/五星制）				
小组成员	承担工作	工作完成情况	个人得分	小组综合得分
		□未完成　□完成　□超额完成		
		□未完成　□完成　□超额完成		
		□未完成　□完成　□超额完成		
……	……			
问题自查				
改进措施				

表 1-4　小组互评表

小组互评表（得分可采用十分制/百分制/五星制）			
	评分细则	细则得分	小组综合得分
小组名称	案例选取是否典型、得当		
	案例分析是否精准、到位		
	分析报告写作水平		
	汇报展示效果		
	……		
存在问题			
改进建议			

表 1-5　教师评价表

教师评价表（得分可采用十分制/百分制/五星制）			
	评分细则	细则得分	小组综合得分
小组名称	团队协作精神：小组实训过程中的任务分工及团队协作情况		
	信息收集分析能力：案例研究分析状况		
	文案写作能力：报告撰写水平		
	展示交流能力：路演效果		
	……		
存在问题			
改进建议			

【案例分析】

新京报与京东金融的"白条广告"

《新京报》是光明日报和南方日报两大报业集团联合主办的综合类大型城市日报，于 2003 年 11 月 11 日正式创刊，是中国首家获正式批准的跨地区联合办报试点，也是中国首家股份制结构的时政类报纸。作为一出生就风华正茂的报纸，新京报不仅在传统的报纸营销领域创意迭出，而且在新媒体时代华丽转型，打造出了"政事儿""剥洋葱"等微信大号，同时也探索出了很多传统媒体与新媒体联合互动的营销打法。

2014 年，iPhone 6s 刚刚发布，新京报上就刊登了京东预约购买 iPhone 6s 的整版广告，这让销量日趋下滑的报业一天爆红。更令人意想不到的是，2014 年的这张报纸在一年以后引发了新一轮热度和传播。2015 年新京报携手京东金融，开展了"凡持有 2014 年新京报报纸白条广告者，登录京东商城苹果购买页面参与活动并上传报纸照片，即有机会获得'购买新苹果立减 500 元'的优惠福利码"活动。这一活动在当时引起了广泛的关注和参与，使新京报、京东金融、iPhone 的产品和品牌都得到了极大的曝光和传播。

从《新京报》的这一系列营销动作可以看出，传统媒体在内容留存和持续性方面有自己的优势。随着社会和媒体技术的发展，媒体形式日益丰富，新媒体不是传统媒体的掘墓人，每个类型的媒体都有其自身的价值和细分人群，重要的是结合新技术，在新环境采用新策略，让自身的优势得到更大的发挥！

思政小课堂：用突破自我的观念，认识新事物、引领新机遇

社会是不断发展变化的，小到个人，大至国家，在面对新事物、新技术、新环境时，不应固步自封，而应不断地突破创新，顺应甚至引领新的发展机遇。

思考：

1. 查找上述案例资料，列举在这一营销活动中，《新京报》联合了哪些新媒体共同开展？传统媒体与这些新媒体分别起到了什么作用？

2. 你认为《新京报》这一营销活动成功的关键有哪些？

模块二 新媒体营销的价值要求

【理论知识】

新媒体营销是指依托新媒体工具和平台所进行的营销活动。传统媒体形式的营销活动更加注重覆盖范围或触达率。报纸杂志的发行量、广播电视的收视率都是品牌主进行媒体选择时的重要考察指标。依托新媒体所进行的营销活动，不仅受众明确，而且还能有效地进行数据收集和分析，使营销活动更加精准和高效。

一、新媒体营销的类型

按照新媒体的内容形式和平台特征，可将新媒体营销分为九大类：以微网站、App 为代表的门户新媒体营销；以今日头条为代表的资讯新媒体营销；以知乎为代表的问答新媒体营销；以小红书为代表的社区新媒体营销；以微博、微信为代表的社交新媒体营销；以微信群为代表的社群新媒体营销；以喜马拉雅为代表的音频新媒体营销；以抖音、快手为代表的视频新媒体营销；以淘宝直播为代表的直播新媒体营销等。随着科技的发展，未来也将不断会有新的媒体形式出现。

二、新媒体营销的价值

不管工具和平台如何更迭演进，新媒体营销的根本是内容，而内容的生产和创作已经不再仅仅局限于专门的媒体机构或互联网企业，而是渗透到各行各业，成为组织机构或个体在进行商业活动时的必然选择。新媒体对于现代商业环境下的每一次商业活动几乎都有着至关重要的价值和意义。

（一）助力企业品牌溢价

中国的新一代消费势力正在崛起，新兴消费者选购商品时更加重视商品的文化内涵，消费者对商品的需求和对内容的需求开始深度融合。根据新榜的调研，77.2%的消费者表示一件商品的文化内涵会影响他们的购买决策，其中有 10.1%甚至表示文化内涵是其购买商品的首要决策因素。因此，企业可以通过自己的新媒体官方账号或是主流新媒体平台的 KOL 助力自身的内容生产，从而为商品增值，全面升级自身的品牌形象。

（二）实现企业渠道更新

在新媒体零售行业，近年来不可回避的一个话题是"短视频和直播带货"。短视频和直播带货可以进行全方位的商品展示以及融合消费场景的内容"种草"，这些场景既是广告也是卖场，不仅占领用户心智，而且即时驱动购买行为。无论是短视频带货还是直播电商，人、货、场皆缺一不可，不同点是前者更多是内容力的较量，后者则更多依赖商品力的比拼。新媒体不仅创造了新的渠道，同时也改造了企业的供应链，成为企业在新时代下不可或缺的选择。

（三）帮助企业升级工具

据统计，2019年上半年中国广告市场同比下降8.8%，线上广告遭遇第一次下跌。与此相反的另一方面，企业在客户体验和关系管理（CRM）软件、微信营销生态以及各大新媒体平台官方账号内容运营上增加了较大比重的投入。新媒体成为企业构建私域流量池、塑造更深更广用户链接的重要工具。企业通过在私域流量池上不断更新优质内容，能够获取用户关注并与之建立持续沟通。在运营的过程中，企业通过用户的内容偏好建立标签，细化用户画像，根据用户偏好精准分发，实现销售转化。

三、新媒体营销的能力要求

（1）文案功底。尽管媒体的呈现形式可以是文字、图片、音频、视频等多种形式，但对于新媒体营销实践而言，日常工作都是围绕文案而来的。文案功底不只是文章撰写，还包括专业话术、策划方案等诸多方面。

（2）数据分析。在互联网时代，数据是说明一切的根本，也是用户最真实的行为所在，大数据营销也应运而生。新媒体平台提供了强大的数据功能，数据分析能力是新媒体营销和运营的必备能力。

（3）策划执行。不管是线上还是线下，在新媒体营销过程中会有很多活动辅助。从活动的前期策划、人员配备到中期执行，再到最后的复盘总结，需要一套清晰完整的程序和策划执行能力。

（4）功能熟练，网感强。要熟练掌握各种新媒体平台的规则、操作及运行机制，要有较强的互联网敏锐度，能准确把握当下的热点信息、流行语言以及热门创意等。

四、新媒体营销的岗位职责

在实践中企业对于新媒体营销和运营的岗位并没有做很明晰的界定。一般情况下，企业的新媒体营销运营岗位职责如下：

（1）内容输出。负责企业微信公众号、微博、抖音等新媒体平台官方账号优质内容的策划和输出。

（2）用户运营。负责平台账号与粉丝用户之间的互动与维护，提高用户黏性与活跃度，促进转化率的提升。

（3）活动策划。定期组织一些线上或线下活动，如用户拉新、商品促销、品牌曝光等。

（4）数据分析。对企业新媒体官方账号定期进行数据分析，找到存在的问题并进行优化提升。

【实训任务】

一、实训目的

通过对九种不同类型的新媒体头部账号的基本情况、用户属性、内容领域、热门事件等维度的调研和分析，使学生能够运用传播、信息、媒体等相关基础理论，加深对新媒体的理解，并指导新媒体营销和运营实践；通过对招聘网站关于新媒体岗位的岗位职责和任职要求的分析，为学生接下来的学习界定目标。

二、实训项目

撰写不同类型的新媒体平台头部账号分析报告。

三、实训步骤

任务一：新媒体平台头部账号分析报告的撰写和路演训练

1. 搜索不同类型的新媒体行业报告，了解行业概况及用户特征，例如 2020 年短视频用户洞察报告等，并完成表 1-6。

表 1-6 新媒体行业报告收集表

报告下载平台	报告标题	类型概况简介	用户特征分析
备注	咨询机构	国家机构	互联网公司
分析报告常用的查询网站	① 艾瑞网 ② 199IT 互联网数据中心 ③ 中国互联网络信息中心 ④ TalkingData ⑤ 艾媒网—中国移动互联网行业数据发布平台 ⑥ 爱应用 ⑦ 国金证券研究所 ⑧ 中金研报	① 中国信通院—研究成果 ② 国家宏观经济数据库 ③ 国家统计局	① 腾讯大讲堂 ② 腾讯业绩报告 ③ 腾讯大数据 ④ 百度开放服务平台 ⑤ 百度数据研究中心 ⑥ 阿里行业研究报告 ⑦ 腾讯交互设计报告 ⑧ 腾讯出品行业报告 ⑨ 百度 UED 用户研究报告 ⑩ 网易 UED 用户研究报告 ⑪ 优酷指数行业报告

2. 分别从企业微网站/App、头条号/百家号、知乎/百度知道、小红书/贴吧、微博、微信公众号、社群、喜马拉雅、抖音/快手/微信视频号等平台中选择一个企业典型官方账号进行分析，完成表 1-7。

表 1-7　企业典型官方账号分析表

平台类型	账号名称及定位	人设形象分析	粉丝数及基本特征描述	内容领域分析	爆款内容分析	账号主要作用及价值
微网站/App						
头条号/百家号						
知乎/百度知道						
小红书/贴吧						
微博						
微信公众号						
社群						
喜马拉雅						
抖音/快手/微信视频号（短视频）						
抖音/快手/微信视频号（直播）						

根据上述表格完成新媒体九大类型头部账号的分析报告，报告分为 Word 版及 PPT 版，以小组的形式提交。

任务二：新媒体职业能力分析报告的撰写和路演训练

1. 登录智联招聘、中华英才网、58 同城等网站，以"新媒体"为关键词搜索相关的招聘信息，查看企业类型、岗位职责和任职要求，完成表 1-8。

表 1-8　企业类型、岗位职责和任职要求分析表

招聘网站名称	企业所属行业	招聘岗位名称	岗位职责	任职要求

2. 根据上述信息，撰写新媒体任职能力分析报告，报告包括但不限于以下内容：哪些企业招聘新媒体工作人员、新媒体岗位名称有哪些、新媒体的岗位职责有哪些、对聘用人员有哪些能力要求等。报告分为 Word 版及 PPT 版，按小组提交。

3. 以小组为单位对报告进行汇报讲解。

四、实训评价

实训评价如表 1-9～表 1-11 所示。

表 1-9　小组自评表

小组自评表（得分可采用十分制/百分制/五星制）					
小组成员	承担工作	工作完成情况		个人得分	小组综合得分
		□未完成　□完成　□超额完成			
		□未完成　□完成　□超额完成			

（续表）

小组成员	承担工作	工作完成情况		个人得分	小组综合得分
		□未完成　□完成　□超额完成			
……	……				
问题自查					
改进措施					

表 1-10　小组互评表

小组互评表（得分可采用十分制/百分制/五星制）			
	评分细则	细则得分	小组综合得分
小组名称	账号选取是否典型、得当		
	账号分析是否精准、到位		
	任职能力是否总结全面		
	报告写作情况		
	汇报展示效果		
	……		
存在问题			
改进建议			

表 1-11　教师评价表

教师评价表（得分可采用十分制/百分制/五星制）			
	评分细则	细则得分	小组综合得分
小组名称	团队协作精神：小组实训过程中的任务分工及团队协作情况		
	信息收集分析能力：账号研究分析状况		
	文案写作能力：报告撰写水平		
	展示交流能力：路演效果		
	……		
存在问题			
改进建议			

【案例分析】

"人民五菱"讲述民族品牌故事，重塑民族品牌形象

五菱是一个有着悠久历史的民族汽车品牌。1958 年，广西柳州动力机械厂成立，这是五菱最早的前身，"柳机"最初的定位是工业机械建设，由于当时更需要农业机械化，所以五菱最初生产拖拉机等农业产品。"人民需要什么，五菱就造什么"不是跟风，而是五菱创立之初就有的基因。20 世纪 80 年代，五菱自费引进日本大发公司的微型车，拆下 5500 余件零件，一件件手工测量、绘图，凭借着一股子倔劲儿，用机床车、锤子一点点敲打，逆向研

发，终于在 1982 年打造出第一辆微型汽车，开启了柳州微型汽车制造的时代，如图 1-3 所示。1985 年开始正式启用"五菱"，到如今已经近有 70 年的历史。对于这样一个拥有深厚历史积淀的民族品牌，如何推动品牌的年轻化、多元化和全球化转型，重塑五菱的品牌形象，一直是五菱面临的重要课题。

图 1-3　柳州微型汽车厂成立

近年来，随着微博、微信、小红书、知乎、抖音等新型媒体平台的快速崛起，通过对新媒体的规划布局和持续运营，五菱成功地完成了自己的品牌重塑之路，以时尚、年轻、新国潮的品牌形象占领了用户心智。首先，五菱没有选择委托给第三方公司，而是专门成立了自己的新媒体营销中心，涵盖了官方新媒体账号的内容制作与账号运营、用户与经销商赋能、数字营销 3 个板块的业务。从组织架构上保障了五菱对热点的快速跟进和质量把控问题。其次，构建了自己的新媒体营销矩阵。五菱在主流的新媒体平台上都有布局且呈矩阵式排列，内容大致包含四大类：官方账号矩阵，粉丝量为 600 万左右；经销商矩阵，粉丝量为 2000 万左右；用户矩阵，粉丝量为 5600 万左右；KOL 矩阵，粉丝量为 2 亿左右。最后，五菱重视私域流量的运营。新媒体提供了一个很好的载体和平台，品牌方可以与用户进行深度互动，通过发起活动、共创内容等多种形式和途径，打造了自己的私域流量池。

"人间烟火气，五菱地摊车""春晚红口罩，人民五菱造"……，五菱在网络上从来不缺话题和热度。通过新媒体，五菱快速获取用户的实时反馈，缩短了与消费者的沟通距离，高效实现了品牌和产品的表达，成功地完成了品牌重塑和转型，使五菱在汽车能源结构转型的时代大背景下，实现了弯道超车。

思政小课堂：在新媒体从业过程中，坚守正确的价值导向

从拖拉机到缝纫机，从汽车到口罩，"人民需要什么，五菱就造什么"内化于五菱的基因中。作为中国的民族企业，五菱积极地履行着自己的社会责任。我们每个人都需要把自己

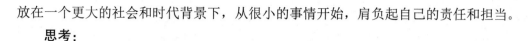

放在一个更大的社会和时代背景下，从很小的事情开始，肩负起自己的责任和担当。

思考：

1. 请查找上述案例资料，了解五菱的发展历史，分析不同时期五菱的产品转型背景和机遇。

2. 请查看五菱的知乎、小红书、抖音、B站官方账号，分析其账号人设和内容特点。

项目二 门户新媒体营销

【项目目标】

一、知识目标

（1）了解门户新媒体营销的营销界定和发展历程。
（2）掌握 PC 门户的建站流程和注意事项。
（3）掌握搜索引擎营销和搜索引擎优化。
（4）掌握移动门户的呈现形式。
（5）掌握 PC 门户与移动门户的异同。
（6）掌握门户新媒体营销的营销策略。

二、能力目标

具备对企业 PC 端和移动端官方门户进行日常维护和运营的能力。

三、素养目标

（1）培养新媒体运营者思维。
（2）培养新媒体营销的创新意识。
（3）培养新媒体从业者视角的互联网敏锐度。
（4）培养新媒体工作岗位的职业素养。
（5）培养运用门户新媒体传递社会责任和正向价值的意识和能力。

四、岗位目标

具备企业门户新媒体营销专员的岗位素质和能力。

【内容结构】

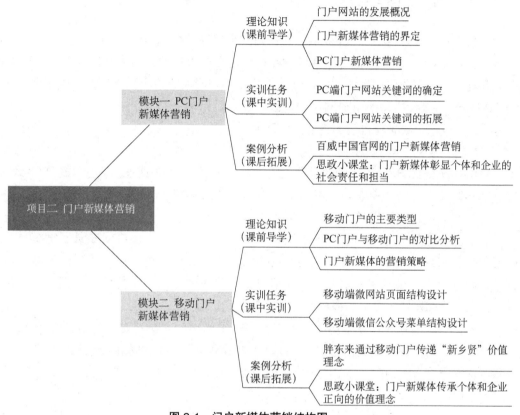

图 2-1　门户新媒体营销结构图

模块一　PC门户新媒体营销

【理论知识】

由中国互联网络信息中心发布的第 50 次《中国互联网络发展统计报告》中指出：截至 2022 年 6 月，我国网民规模达 10.51 亿，互联网普及率达 74.4%。其中，网民使用手机上网的规模为 10.47 亿，在整个网民中占比 99.6%，使用台式电脑上网的比例为 33.3%，使用笔记本电脑上网的比例为 32.6%，使用平板电脑上网的比例为 27.6%。从上述数据可以看出，我国的互联网普及率已经相当高，同时，人们在上网的终端设备选择上也越来越移动化。

互联网在中国开始广泛为人所知大致始于 1998 年开始的门户网站建设热潮。在 PC 互联网时代，门户网站是进入互联网的入口，人们通过门户网站浏览新闻资讯、了解企业或产品信息。进入移动互联网时代，流量的入口开始由门户转为各大 App。终端设备的变化，也使得企业的品牌展示或信息发布窗口从 PC 端的官网门户转为各种类型的微网站。

一、门户网站的发展概况

在互联网领域，"门户"（Portal）并不是一个严谨的学术概念，而主要来源于互联网商业模式的实践。"门户"一词原指建筑的正门、房屋的入口处，作为技术术语，是指 Web 的应用框架；作为大众传播领域的专用词，主要指门户网站或门户网络，即集成了多样化内容服务的 Web 站点。这里的门户网站，可以是新浪、网易、搜狐、腾讯等综合性门户，也可以是垂直行业门户或企业自己的官方门户网站。

门户的发展几乎与互联网的发展历史相当，最早可以追溯到 20 世纪 80 年代初期美国在线（AOL）以及 Prodigy 等提供的早期在线服务。"门户"概念真正的盛行是在 20 世纪 90 年代万维网爆发之后，以雅虎为代表的信息内容服务网站崛起。1994 年，美国雅虎为用户整合了互联网上优质网站链接，以分类搜索为基础，将其打造为用户接收线上内容的统一入口，并在首页提供天气、新闻、财经、体育等内容服务。门户网站在刚起步的时候，只提供搜索服务和网站目录服务，在后来的发展中，不断地探索出电子邮件、新闻发布、在线调查、话题专栏、论坛博客等功能。在鼎盛时期，雅虎就提供整站托管、聊天室、邮件等服务，并在互联网发展历史上，最早实现规模化盈利。

门户在中国的互联网发展历史上有着举足轻重的地位。在国内互联网发展初期的 20 世纪末，"门户"几乎是中国互联网的代名词。中国早期门户是模仿雅虎模式发展起来的，后期逐步发展成综合性门户、垂直行业门户、企业门户等多种类型。中国门户网站的发展，大致经历了以下三个阶段。

（一）崛起并快速发展阶段（1994—2000 年）

1994 年 4 月 20 日，中国互联网正式国际联网。这一年，杨致远与大卫·费罗（David Filo）开始创办雅虎。1995 年，瀛海威等企业以 ISP 接入为基础，用中文信息服务建设来吸引和拉动用户就应用了门户的思维。随后，中国电信在各省市建设的区域性地方信息服务网站，如上海热线等，是早期地方性门户的雏形。1995 年，张朝阳从美国麻省理工学院毕业回国创办了搜狐的前身爱特信公司，1998 年正式成立搜狐网。1997 年，四通利方获得三家国际高科技创业投资集团以及四通集团的 650 万美元国际风险投资，成为国内首家引入风险投资的 IT 企业。1998 年，丁磊创办网易，率先推出免费电子邮箱服务。1998 年，四通利方与当时海外最大的华人互联网公司华渊资讯合并组成新浪。至此，中国的三大顶级综合性门户网站相继问世并迅猛发展，在综合性门户网站中形成三足鼎立的局面。

1998 年，资本对中国互联网的投资热情急剧升温，中国互联网也由此进入了快速发展时期。当时，门户是互联网发展的主力，在社会影响力和资本市场的估值方面都遥遥领先。1998 年也被称为中国内容门户的元年。随着互联网企业的蓬勃发展，门户的内涵和外延也在不断扩展，出现了地方性门户以及垂直行业门户等类型。企业的官方门户网站更是成为每一个企业在线上展示企业形象、提供增值服务的标配。

（二）与搜索引擎效用叠加阶段（2000—2011年）

2000年1月，李彦宏在中关村创立百度，并发展成为全球最大的中文搜索引擎公司。随着以百度为代表的搜索引擎技术的发展，门户网站，尤其是企业自主生产内容的官方门户的商业价值得到搜索引擎的极大加持，企业主们纷纷自主建站，搜索引擎优化以及搜索引擎营销开始大行其道。

如果说门户是PC互联网时代的流量入口，那么搜索引擎相当于流量的"导视系统"，帮助用户在海量的信息中快速找到你。同品类的企业官方门户，想要用户在搜索品类词的过程中首先看到你的门户信息，就需要对自建站进行搜索引擎优化（SEO）以及通过支付费用来进行搜索引擎营销（SEM）。其中，搜索引擎优化涉及企业官方网站的关键词、内容、结构、外链等的优化，搜索引擎营销涉及竞价排名、网盟推广等。

（三）迭代升级同步移动端阶段（2011年至今）

2011年被称为中国移动互联网元年。这一年有两个重量级产品产生了深远影响：一个是智能手机的大规模普及，另一个是原生移动IM——微信的问世。很快，第二年，中国手机网民的数量就超过了PC端，各大企业也把PC端Web互联网的功能翻新成了App版本。从移动端的微网站，到功能不断完善的企业官方微信公众号，再到独立的App，门户网站在移动端的呈现形式越来越多元，但为企业提供资讯发布、品牌展示、商品销售等功能的逻辑并未发生改变。

二、门户新媒体营销的界定

按照用户接收端口的不同，门户新媒体营销的类型主要分为PC门户和移动门户。前者的接收设备主要为台式机、笔记本电脑、平板电脑，形式主要为企业的官方门户网站；后者的主要接收设备为手机，主要形式为微网站、企业官方微信公众号、独立的企业App等。

三、PC门户新媒体营销

PC门户主要由搜狐、新浪等综合性门户，上海热线等地方性门户，和讯网等垂直行业门户以及数量最大的企事业单位官方门户网站组成。虽然近年来互联网的移动化趋势明显，但官方网站仍然是大中型企业展示企业形象、获取消费者信任的重要窗口。由于新媒体营销的发力点在于"自主生产内容"以及"与用户的深度互动"，我们将门户新媒体营销的重点置于企业门户。

（一）自建企业官方门户

新媒体较之传统媒体最大的特征在于依托互联网和数字技术，可以自主生产内容，并与用户产生深度互动。从这个意义上讲，企业的官方门户网站可以说是第一代的新媒体。企业的官方门户网站通常满足企业资讯发布、形象展示、商品销售以及咨询服务等功能。大型企业一般都有自己专业的门户网站，在满足上述功能的前提下，对于提高公众对企业的信任度有着重要作用。随着移动互联网的发展，企业在建立自己的官方门户网站的同时，也会设计相应的移动端的呈现页面，也就是我们通常所说的微网站。也有企业通过完善的企业官方微信公众号以及独立的 App 来实现门户网站在移动端的价值和功能。企业自建官方门户一般委托专业的网站建设公司进行，大致包括申请注册域名、选择主机、获取网站许可证或备案等几个步骤。

1. 申请注册域名

企业或个人在建立自己官方门户网站的时候，需要有主机和域名。目前市场上比较大的提供域名和主机的服务商有阿里云、新网、新网互联、西部数码等。其中，阿里云在 2009 年收购了中国最大的域名和网站托管服务商中国万网，域名保有量居全国第一，是目前国内最著名的域名注册商。网站在进行域名注册的时候，一般选择与设立网站名称及主体内容相一致的域名，也就是说网站的名称和内容是域名选择的关键性指标。若域名与网站的内容毫无联系，则会影响网站后续的推广及目标客户的选择。网站在确定域名的时候有以下几个注意事项：

（1）域名后缀的选择应合乎搜索习惯。目前，域名后缀可选择的种类较多，一般常用网站或企业门户会选择".com"".net"作为后缀，政府类网站多用".org"，教育类网站多用".edu"，文化类网站多用".tv"，在线类网站多用".online"等。企业可以根据自己的企业性质和产品类型进行选择。

（2）域名应简短易记，最好包含品牌关键词。越简短和容易记忆的域名，越容易被用户接受。一般而言，企业会选择企业名称的汉语拼音首字母作为域名，这样容易激发起用户的联想记忆，满足搜索需求，提高网站后期的运营效益。如三只松鼠的域名为 http://www.3songshu.com。

（3）中文域名的使用。中文域名是近些年出现的域名后缀，且大多数只能在 7.0 版本以上的 IE 浏览器中才能正常查看和访问。很多基于网站的开发和第三方收付款工具的签约并不支持中文域名，在现阶段的使用过程中，应谨慎选择。

2. 选择主机

企业门户网站的"主机空间"即"主机服务器"，在日常的企业网站维护操作中使用频繁。运行状态良好且安全的网络主机是企业网站能够正常运行的首要条件。主机一般分为独立主机、虚拟主机、VPS 主机、云主机等类型。

（1）主机类型

① 独立主机。独立主机是指企业独立租用一台服务器来提供服务或展示和维护自己的网站。独立主机与虚拟主机相比，具有空间更大、速度更快、CPU 独立计算等优势，但价格也更高。

② 虚拟主机。虚拟主机是利用虚拟主机技术将一台主机划分为多台虚拟的主机，每一台虚拟的主机都具有独立的域名和完整的互联网服务器功能。虚拟主机基本能实现独立主机的功能，各项参数由服务商事先规定，但由于服务器硬件条件的限制，一台服务器上的虚拟主机用户越多，服务器资源也就越紧张。

③ VPS 主机。VPS（Virtual Private Server）即虚拟专用服务器，将一部服务器分割成多个虚拟专享服务器，每个 VPS 都可分配独立公网 IP 地址、独立操作系统、独立超大空间、独立内存、独立 CPU 资源、独立执行程序和独立系统配置等。相较于虚拟主机，VPS 主机在平台、宽带、系统、运算等方面都更加高效快捷，但虚拟主机的费用较为低廉、网站建设效率高、服务器管理简单。

④ 云主机。云主机是近年来随着云计算而发展起来的一种主机类型，是一种类似于 VPS 主机的虚拟化技术。VPS 是在一台服务器上虚拟出多个类似独立主机的部分，而云主机则是在一组群聊服务器上虚拟出多个类似独立主机的部分，集群中每台服务器都有云主机的一个镜像，从而大大提高了虚拟主机的安全性和稳定性。

主机建设是网站建设的基石，企业需要根据自己的情况，科学合理地选择主机类型，从而实现企业网站安全稳定的运营。VPS 主机和独立主机在空间、运行速度及计算能力上更具优势，价格也更为昂贵，主要被大公司及承担复杂功能的网站选择；云主机的安全性更高，一般受到对安全性要求较高的电商类企业的青睐；大中企业一般选择虚拟主机，价格适中且能满足企业网站需求。

（2）空间和流量。网站空间的大小实质是网站可以使用的服务器硬盘的大小，常见的网站空间有 100MB、500MB、1GB 等。一般小型企业网站，300MB 的空间足够使用。企业应根据网站的功能和内容定位对空间大小进行合理估算，如图片和视频较多的企业网站需要较大的空间容量。

网页内容的大小、网站访客数量、访客访问网页的数量等都是网站流量的影响因素，要根据访客的访问习惯、页面的内容等对网站的流量进行合理估算，从而选择合适的主机类型。

3. 获取网站许可证或备案

我国对经营性互联网信息服务实行的是许可制度，对非经营性互联网信息服务实行的是备案制度，未取得许可或未履行备案手续的企业不得从事互联网信息服务。ICP 许可与 ICP 备案的区别在于：所有企业网站都要有 ICP 备案，只有提供有偿信息服务的企业网站才需要申请 ICP 许可。企业网站只有做了 ICP 备案后才可以申请 ICP 许可证。ICP 备案必须以公司的名义申请，提供服务器的单位必须持有 IDC 或 ISP 证，且要在当地通信管理部门做过备案。目前，国内各地区通信管理部门对备案的要求不同，企业在进行网站备案之前应仔细了解规则。

4. 网站定位与设计

企业自建的任何新媒体渠道首先要解决的都是定位问题，作为早期企业自媒体形态的门户网站也不例外。网站的定位一方面要依据公司或品牌的实际情况以及想突出打造的人设，另一方面也要考虑网站建设的目标，如主要是进行品牌展示还是提供商品销售等。定位决定了网站的设计风格以及功能设置。

（1）站点导航设计。站点导航是指通过一定的技术手段，为访问网站的用户提供一个路径，使其可以更方便快捷地访问到所需的内容。清晰的导航结构可以帮助用户对页面进行高效的检索，提高信息获取精度和效率。站点导航在设计的过程中一般以纯文本链接的形式呈现，且包含核心关键词，主要分为主导航、次导航、面包屑导航三部分。

① 主导航。主导航一般位于网站头部下方或横幅广告上方，是网站栏目或主要内容的链接入口，方便用户以最便捷的方式抵达不同的信息页面。站点的主导航是搜索引擎检索最看重、权重较高的位置。在进行主导航设计的过程中，一般采用文本形式，通过文本增加站点的核心关键词和长尾关键词权重；在"首页"前加公司名称，加深用户印象，首页后放置核心产品分类。图 2-2 为林州滑翔官方网站主导航示例图。

图 2-2　林州滑翔官方网站主导航示例图

② 次导航。次导航一般位于网站的两侧或底部，主要放置产品分类和需要优化的关键词。次导航可以解决主导航不能或不适合优化的关键词，用于提高网站的排名，主要放置产品分类和需要优化的关键词信息。主导航与次导航中的地址一定为绝对地址，即任何用户在任何网站通过这个地址都可以直接到达目标网页。图 2-3 为三只松鼠官方网站次导航示例图。

图 2-3　三只松鼠官方网站次导航示例图

③ 面包屑导航。面包屑导航是一个位置导航，可以让用户明确自己所在的站点位置，清晰地指引用户进入网站内部和首页之间的路线。使用">"隔开每个文本链接，其表现形式一般为：首页>一级栏目>二级栏目>三级栏目>内容页面。

（2）站点地图设计。站点地图是一个单独放置网站所有页面的容器，能清晰地展示出网站的结构，一方面指引用户深入浏览，另一方面又方便搜索引擎抓取页面。站点地图在设计的过程中应该包括网站中主要网页的链接，根据网站的大小和页面数量的多少进行设计，链接一般不超过 100 个。站点地图在设计的过程中要确保每一个链接都是正确可追踪的，方便搜索引擎对内容的抓取。

5. 日常运营维护

企业门户网站的建立只完成了第一步，更重要的是对网站进行日常运营和维护。企业自建新媒体平台最终的落脚点也是持续不断地生产出好的内容。企业门户网站的日常运营维护包括内容策划与更新、数据分析、优化推广等。

（二）搜索引擎营销

搜索引擎营销（Search Engine Marketing，SEM）是 PC 互联网时代最重要的网络营销方式，主要通过利用用户对搜索引擎的依赖和使用习惯，在用户检索信息时，把营销信息定向传递给目标用户。搜索引擎营销的服务方式主要有搜索引擎优化、竞价排名以及网盟推广等。

1. 搜索引擎的发展历史

搜索引擎是指运用特定的计算机程序从互联网上搜集信息，对信息进行处理后，为用户提供检索服务，将用户检索的内容展示给用户的系统。搜索引擎从诞生到发展至今，大致经历了四次迭代的过程。

（1）分类目录时代。这个时期也称为"导航时代"，Yahoo 和 hao123 是这个时代的代表。通过人工搜集整理，把质量较高的网站或网页分门别类，用户根据分级目录查找相应的网站。这个时期的检索是纯人工的，可扩展性不强，但所收录的网站质量较高。

（2）文本检索时代。文本检索时代的搜索引擎采用了经典的信息检索模型，如布尔模型、向量空间模型、概率模型等。搜索引擎查询信息的方法是将用户所输入的查询信息提交给服务器，通过模型来计算用户查询关键字与网页文本内容的相关度，将相关度高的内容反馈给用户。早期的搜索引擎 Alta Vista、Excite 等多采用这种模式。

（3）链接分析时代。这一代搜索引擎充分利用了网页之间的链接关系。网页链接代表了一种推荐关系，通过链接分析在海量内容中找到被推荐次数多的网页，搜索引擎结合网页流行性和内容相关性改善搜索质量。Google 率先提出并使用 PageRank 链接分析技术。链接分析有效地改善了搜索结果的质量，但并没有过多地考虑用户的个性化需求。

（4）用户中心时代。目前的搜索引擎大多正在向第四代迈进，即以用户为中心的时代，并进行了很多技术方面的尝试。如利用用户发送查询词的时间和地理位置等信息，或用户过去的检索历史来试图理解用户的真正需求，实现不同用户输入同一检索词时，呈现出不同的检索页面的效果。

2. 搜索引擎的分类

按照搜索内容和范围的不同，可以将搜索引擎分为全文搜索引擎、目录搜索引擎以及元搜索引擎等类型。

（1）全文搜索引擎。全文搜索引擎是指计算机索引程序通过扫描文章中的每一个词，对每一个词建立索引，指明该词在文章中出现的次数和位置，类似于通过字典中的检索字表查字的过程。全文搜索引擎是目前应用最广泛的搜索引擎，Google、百度就是其中的典型代表。全文搜索引擎主要分为按字检索和按词检索两类。前者是指对文章中的每一个字都建立索引，在检索时将词分解为字的组合。后者是指对文章中的语义单位——词建立索引，检索时按词检索。

（2）目录搜索引擎。目录搜索引擎是指以人工或半自动的方式搜集信息，由编辑人员查看信息后人工进行信息摘要，并将信息置于事先确定的分类框架中，这些信息主要面向网站提供目录浏览和直接检索服务。最具代表性的目录搜索引擎为 Yahoo 和新浪分类目录搜索。

目录搜索引擎虽然具有搜索功能，但不能称为严格意义上的搜索引擎，它只提供按目录分类的网站链接列表。目录搜索引擎加入了人工环节，信息准确、导航质量高，但信息量少、信息更新不及时。

（3）元搜索引擎。元搜索引擎是通过一个统一的用户界面帮助用户在多个搜索引擎中选择和利用合适的搜索引擎来实现检索操作，是对分布于网络的多种检索工具的全局性控制机制，具有代表性的是360搜索。一个完整的元搜索引擎由负责实现用户个性化检索设置要求的检索请求提交系统，负责将用户检索请求"翻译"成满足不同搜索引擎"本地化"格式的检索接口代理系统，负责检索结果去重、合并输出处理的检索结果显示系统组成。

（三）搜索引擎优化

SEO（Search Engine Optimization）是指在搜索引擎自然排名机制的基础上，对网站内部及外部进行调整优化，提高网站在搜索引擎结果页面的自然排名，获得更多的展现量，吸引目标用户访问，从而达到企业网络营销及品牌建设的目标。搜索引擎优化主要包括关键词优化、网站内部优化以及网站外链优化。

1. 关键词优化

关键词是指用户在搜索框中输入想要通过搜索引擎查找相关信息的短语或词语，关键词可以是中文、英文、数字或是其中两个及以上的混合体。关键词可以是一个或多个词，也可以是句子。关键词可以分为目标关键词、长尾关键词以及相关关键词，不同关键词在网站设计中具有不同的特点和策略。

（1）关键词的分类

① 目标关键词。目标关键词是网站的核心关键词，即企业产品和服务的目标用户可能用来搜索的关键词，流量占比非常高。

● 目标关键词一般由2~4个字构成的词或词组组成，名词居多。

● 目标关键词一般作为网站首页的标题，在网站标题中出现一次，在网站描述中出现两次，网站的内容也主要围绕目标关键词展开。

● 关键词在搜索引擎中每日都有稳定的搜索量，搜索目标关键词的用户往往对网站的产品或服务感兴趣或有需求。

② 长尾关键词。长尾关键词通常是在目标关键词的基础上进一步细分出的关键词，用来满足目标群体的个性化需求，是可以带来搜索流量的组合型关键词。长尾关键词的市场份额小，但数量众多，众多微小市场累积起来会占据可观的份额。

● 长尾关键词一般由2~3个词语或短语组成。

● 长尾关键词搜索量和竞争程度小，词量可以无限延展。

● 长尾关键词目标比较精准，转化率高，但搜索频率不稳定。

③ 相关关键词。相关关键词是指与目标关键词存在一定联系，能够延伸或细化目标关键词或用户搜索关键词时系统自动推荐的关键词。在网站的内容或产品信息中适当地出现一些相关关键词，能够让搜索引擎更加精准地定位，使网站获得更好的排名。

（2）关键词的确定与扩展。关键词是网站优化的基础，运营人员可以通过头脑风暴，查看竞争对手关键词，利用百度指数、站长工具、百度推广等工具查询的方法确定关键词。没有关键词很难保障流量和转化的提升。在拓展关键词时，可以从行业、业务、人群等入手进行思维发散。常用的关键词拓展工具有以下几个。

① 百度指数。百度指数是基于百度用户行为数据的数据分享平台，也是互联网最重要的统计分析平台之一。通过百度指数查询，可以了解某个关键词在百度上的搜索规模以及用户特征。登录百度指数页面，在搜索框中输入关键词，在趋势研究中可以看到特定时间、特定地域范围内，该关键词在 PC 端和移动端的搜索规模曲线；在需求图谱中，可以看到相关关键词的搜索占比和趋势；在人群画像中，可以看到搜索该关键词用户的地域分布、年龄、性别、兴趣分布等方面的特征，如图 2-4 和图 2-5 所示。

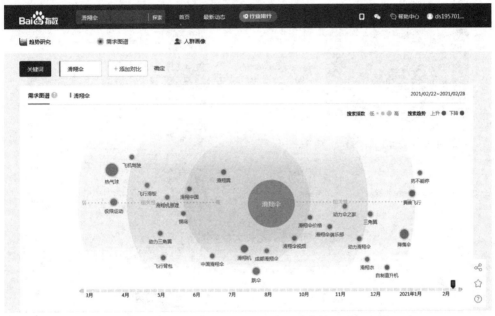

图 2-4 百度指数关键词查询需求图谱点状图页面示例

图 2-5 百度指数关键词查询需求图谱列表页面示例

② 站长之家。站长之家下的站长工具是应用最广泛的网络优化工具之一，支持域名/IP 查询、网站信息查询、SEO 查询、权重查询等功能。在站长工具界面的"SEO 查询—关键词挖掘"选项，可以进行相关的关键词挖掘，如图 2-6 和图 2-7 所示。

图 2-6　站长之家主页面

序号	关键词	收录量	长尾词数	竞价词	全网指数	sem价格	PC日均流量	移动日均流量	关键词特点	竞价竞争度
1	滑翔伞	29600000	62277	167	2027	1.7	598	2667		简单
2	动力滑翔伞	3670000	2172	127	125	1.28	31	77		简单
3	滑翔伞价格	10100000	1525	180	124	1.14	14	42		简单
4	滑翔伞视频	8940000	706	41	88	0.49	17	42		简单
5	滑翔伞俱乐部	3970000	1231	73	64	4.01	31	21		简单
6	富阳滑翔伞	630000	405	85	58	0.47	94	0		简单
7	成都滑翔伞	3040000	410	91	43	4.83	49	7		简单
8	动力滑翔伞价格	262000	97	115	34	5.5	17	0		简单

图 2-7　站长之家关键词挖掘页面

③ 爱网站。爱网站是继站长工具之后出现的新兴网站优化工具。站长工具针对全球网

站提供服务，爱网站主要针对中文站点，提供"域名""IP""Whois""反链""百度权重查询""友情链接监测"等常用工具。在爱站网的工具导航页面可以看到"关键词挖掘"工具选项，点击即可进入，如图 2-8 和图 2-9 所示。

图 2-8 爱站网主页面

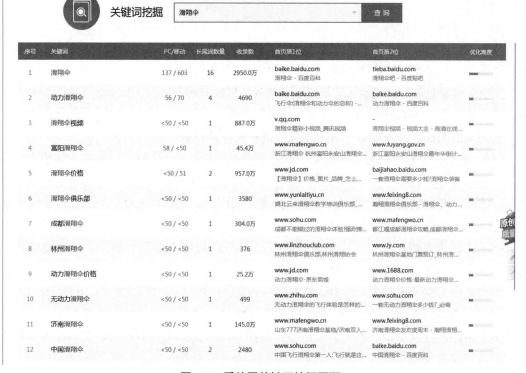

图 2-9 爱站网关键词挖掘页面

④ 使用相关搜索。在搜索引擎的搜索框中输入关键词时，搜索框会自动显示与此关键词相关的一些搜索建议词，搜索结果页最下方也会出现搜索引擎给出的相关搜索。"搜索建议"和"相关搜索"中的拓展词会在搜索引擎的关键词工具中出现，运营人员通常也会据此来拓展自己的关键词，如图 2-10 所示。

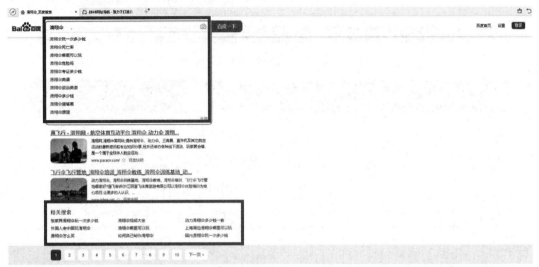

图 2-10　百度"搜索建议"和"相关搜索"示例

（3）关键词分布。确定好关键词后，需要把这些关键词合理地分布在企业的门户网站中，提升网站权重和收录量。

核心关键词权重最高，通常在网站首页上放置 2～3 个核心关键词。

一般而言，每个产品或行业的主要标准词就是一级关键词，如男装、女鞋等。一级关键词简洁明了、点击率高，可以放置在网站一级分类目录首页。

二级关键词是在一级关键词的基础上延伸或拓展出来的关键词，如女装下的"职业女装"等，主要被放置在网站频道页或栏目页，保持每个频道或栏目页有 2～3 个二级关键词。

在网站的新闻、产品或帖子页面，可以放置长尾关键词。

（4）关键词密度。关键词密度用来度量关键词在网页上出现的总次数和与其他文字的比例，一般用百分比表示。例如，网站中某个页面共 100 个字符，关键词是两个字符并在其中出现了 5 次，其关键词密度为 10%。对于搜索引擎而言，关键词密度最好在 2%～8%，密度太小起不到优化效果，密度太高容易被认定为作弊而受到处罚。

（5）关键词策略。关键词优化是企业门户在 SEO 过程中最重要的环节，关键词优化过程中的注意事项和策略技巧主要有：

每个页面关键词不能太多，最合适的数量为 2～3 个，既有针对性，又突出页面主题。

同一个关键词不要重复出现在网站的多个页面中，避免内部竞争。无论为同一个关键词创建多少页面，搜索引擎一般只会跳出最相关的页面排在结果页的前面，使用多个页面反而会分散内部权重及锚文本效果。

网站要策划、撰写哪些内容，在很大程度上由关键词研究决定，每个板块都应针对一组明确的关键词组织和生产内容。

2. 网站内部优化

企业的门户网站要想有一个理想的搜索引擎结果排名，除了关键词外，还需要对网站的内部及外部进行优化。网站的内部优化主要包括结构优化、内页优化、内容优化。

（1）结构优化。网站结构是指网站中页面之间的层次关系。网站的结构对网站的搜索引擎友好性以及用户体验都有着非常重要的影响。网站内部结构在优化的过程中应注意：

① 设置合理的网站内部链接。网站内部链接是指同一网站域名下内容页面之间的互相链接，如频道页、栏目页、内容页之间的链接以及站内关键词的链接。表现形式有网站导航、网站地图、网站 tag 标签、锚文本链接、纯文本链接、图片链接、超链接等。合理的网站内部链接有助于提高搜索引擎爬行网站的效率，加快网站收录，提高网站整体权重，提升网站的关键词排名。

② 谨慎建立 robots.txt 文件。robots 协议也称爬虫协议、机器人协议等，即网站通过 robots 协议告诉搜索引擎哪些页面可以被抓取，哪些页面不希望被抓取。当网站包含不希望被搜索引擎收录的内容时，需要在网站根目录中设置 robots.txt 文件；如果没有，则请勿建立。可以通过站长工具、爱站 SEO 等工具创建 robots.txt 文件。

③ 科学优化网站导航。网站导航是评价企业门户网站专业度、可用度的重要指标，对搜索引擎页起到提示作用。网站主导航栏目结构和名称要清晰，要包含关键词。关键词通常按照从左到右、从上到下的重要性依次分布，有利于搜索引擎的权重分配。

（2）内页优化。除了网站首页以外的所有页面都可以称为网站内页。网站内页的优化可以将整个网站页面有效链接起来，有利于搜索引擎蜘蛛抓取。

① 页面标题优化。页面标题的优化主要通过标签实现，通过标签突出目标关键词。标题的关键词不能太多，3～5 个为宜，按照优先级从左至右进行排列。关键词之间用"_""|"","等符号隔开。常见的网站标题描述多为"关键词+网站名称"，如"林州滑翔协会"网站标题可以描述为"滑翔培训_滑翔学习_滑翔体验_林州滑翔协会"。

② 页面描述优化。页面描述是指网页头部的描述标签，用一段文字来介绍网站的主要内容。在描述时要突出企业门户网站的主要特色，语言通俗易懂。好的内容可以提高用户的点击率。如"林州滑翔，专注航空体育 30 年，拥有世界领先的飞行基地，国家级教练员团队，是中国体育产业示范项目和国际山地旅游联盟发起单位"。

③ 页面关键词优化。页面关键词主要用来描述一个网页的属性，要根据页面的主题和内容选择关键词。过于生僻的词汇不符合用户搜索习惯，不适合作为关键词。确认使用的关键词要出现在网页文本中，每个网页的关键词应该不一样，不要重复使用。一个页面里包含 3～5 个最重要的关键词，不宜超过 5 个。

（3）内容优化。"内容为王"是新媒体平台的典型特征，企业自建新媒体渠道在运营的过程中，最终的落脚点也是内容。不管是互联网 1.0 时代的门户新媒体，还是后来的社交新媒体、短视频新媒体，为用户提供优质内容都是根基。

① 注重原创。搜索引擎蜘蛛在爬行一个网站时，如果发现这个网站有大量未收录的网页，通过相关算法识别后，会对原创文章给予较高的权重，提高网站的搜索排名。因此，网

站在内容创作的时候，应注重原创。

② 合理布局关键词。除了注重原创外，运营人员还可以在内容的标题、小标题、正文中合理布局关键词，或是以各个页面相关关键词或时下搜索量较大的相关热门词汇来创作原创内容。

3. 网站外部优化

网站的外部优化在整个 SEO 中的作用非常重要，外部优化主要围绕外部链接展开。网站外部链接是指其他网站的链接指向自己的网站，比如一些网站的友情链接等。外部链接的主要作用是增加关键词快照评级，提升关键词排名。

（1）外链添加原则

① 内容相关性。网站内容相关性是衡量外链质量的重要标准。内容具有相关性的网站对于彼此的价值较高，尤其是相同行业间的外链。

② 质量高于数量。在添加外链时，质量的重要性要远高于数量。一些权重较高的博客、新闻网站、行业论坛等，外链审核越严格，价值越高。低质量的外链有可能引起网站被降权。

③ 来源广泛性。在添加网站外链时，要注意网站种类的多样性，来源尽量广泛，博客、论坛等都可以发布外链。添加的过程也要循序渐进，同时注意查看对方网站的首页位置，分析是否被搜索引擎进行过降权处理。

（2）外链增加方法

① 提交分类目录。提交分类目录是网站外链建设的常用方法，尤其对于新建网站。提交分类目录大致分为以下四个环节：

● 查找分类目录。查找分类目录可以直接在百度、谷歌、雅虎、搜狗等搜索引擎中搜索分类目录，如网站导航、网站目录、分类目录等；也可以通过查看竞争对手的网站被哪些分类目录网站收录等方式查找。

● 判断分类目录网站质量。分类目录网站质量可以通过 PR 值、域名年龄、网站快照日期、网站上垃圾站情况等要素进行判断。

● 做好提交分类目录准备。大部分分类目录网站是人工审核的，提交分类目录前应确保网站已经建设完成，向分类目录网站提交站点时需要输入自己网站的地址、名称、描述、关键词、联系方式等信息。网站名称直接用站点名称，网站描述不可出现"最大""最好""第一"等字眼。

● 建立分类目录提交工作表。将网站提交到分类目录网站后，通常不会马上被收录，可以建立包含提交工作基本信息的工作表，有效控制和检测提交效果。

② 交换友情链接。友情链接对于提高网站权重和流量有着重要作用。交换友情链接是增加网站外链的常用方法。在进行交换时，应尽量选择内容具有相关性的高质量网站。

③ 通过视频网站增加外链。视频网站本身的流量和权重都很高，通过视频网站增加外链可以提高网站知名度和网址的曝光率。利用视频网站添加外链首先要搜集视频素材，在修改标题、添加视频信息和关键词标签时添加网址和网站名称，完成外链添加。

此外，还可以通过论坛发帖、其他新媒体平台互推等方式进行网站外部链接的优化。

【实训任务】

一、实训目的

通过 PC 端门户网站关键词的选择和拓展训练，掌握门户网站的优化工具和运营策略。

二、实训项目

任务一：PC 端门户网站关键词的确定。

任务二：PC 端门户网站关键词的拓展。

三、实训资料

随着社会的发展，人们对健康的关注度越来越高，"有机农产品""食育"等概念不断深入人心，有机农业成为很多地区的特色产业，在巩固脱贫攻坚成果、全面推进乡村振兴中发挥重要作用。党的二十大报告强调："加快建设农业强国，扎实推动乡村产业、人才、文化、生态、组织振兴。"

河南御厨有机粮业有限公司坐落于七朝古都——安阳，公司下属的有机农场成立于 2010 年 3 月，位于汤河北岸，在国家南水北调工程环境保护区范围之内。历史上得天独厚的自然条件成就了有机农业种植的自然基础。农场成立之初就致力于有机农业的研发、种植、加工和推广。农场依托中国科学院植物研究所和安阳农科院，结合当地实际情况推出了"三沼综合利用"体系、沼气仓储、沼液防虫、沼渣施肥等，同时结合新型农业科技，如太阳能杀虫灯、生物炸弹等生物疗法进行农田种植管理，很好地做到了农场自己培育种子、利用沼渣解决有机肥料、依靠生物技术自然灭虫。经过三年半的土地种植转换、专家指导和国家权威部门跟踪检测，通过土壤、水、肥、种、管等认证，基地已于 2014 年 4 月获得国家相关部门颁发的欧盟、国标双认证有机证书。

基地完全依据 GB/T 19630 标准进行种植、加工、包装、销售和管理，真正实现农产品的可追溯，实实在在地解决了农场产品安全问题。

为更好地推广有机生活理念，公司于 2015 年 7 月成立公稻轩有机生活体验馆，将真正意义上的舌尖体验展现在社会各界人士面前。至此，河南御厨有机粮业有限公司已经形成了种植、研发、体验加销售中心三位一体的战略格局。

四、实训步骤

任务一：PC 端门户网站关键词的确定

1. 召开一次头脑风暴小组会议，为河南御厨 PC 端官方门户网站确定关键词，并认真完成表 2-1。

表 2-1　头脑风暴小组会议记录表

议项	内容	备注
会议时间		会议时间控制在 1 小时左右
会议地点		任何容易激发与会者思考讨论热情的地点
主持人		主持人只主持会议，对设想不作评论
记录员		1～2 人，将与会者的每一个设想（不论好坏）认真地记录下来
参会人员		
会议要求	自由畅谈；延迟评判；禁止批判；追求数量	
主要内容		
最终结论		

2. 寻找河南御厨的竞争对手（例如正谷农业等），以查看竞争对手网站首页源文件的方式查看其核心关键词，并完成表 2-2。

表 2-2　竞争对手网站首页核心关键词记录表

企业门户名称	核心关键词	网站描述

3. 利用百度指数、站长工具、百度推广等查询工具，查询经过头脑风暴和查看竞争对手关键词后确定的关键词，并完成表 2-3。

表 2-3　关键词记录表

关键词	查询工具	搜索指数
关键词 1		
关键词 2		
……		

任务二：PC 端门户网站关键词的拓展

1. 利用百度指数、站长之家、爱站网、百度搜索建议、百度相关搜索等工具为河南御厨进行关键词拓展，并完成表 2-4。

表 2-4　拓展关键词记录表

关键词拓展工具	拓展关键词列表	分析与筛选
百度指数		
站长之家		
爱站网		
百度搜索建议		
百度相关搜索		
谷歌搜索建议		
谷歌相关搜索		

五、实训评价

实训评价如表 2-5～表 2-7 所示。

表 2-5　小组自评表

小组自评表（得分可采用十分制/百分制/五星制）				
小组成员	承担工作	工作完成情况	个人得分	小组综合得分
		□未完成　□完成　□超额完成		
		□未完成　□完成　□超额完成		
		□未完成　□完成　□超额完成		
……	……			
问题自查				
改进措施				

表 2-6　小组互评表

小组互评表（得分可采用十分制/百分制/五星制）			
小组名称	评分细则	细则得分	小组综合得分
	关键词数量及精准度		
	关键词指数表现情况		
	……		
存在问题			
改进建议			

表 2-7　教师评价表

教师评价表（得分可采用十分制/百分制/五星制）			
小组名称	评分细则	细则得分	小组综合得分
	团队协作精神：小组实训过程中的任务分工及团队协作情况		
	竞品分析能力：竞争对手分析情况		
	工具使用能力：各种关键词拓展和指数工具的使用情况		
	……		
存在问题			
改进建议			

【案例分析】

百威中国官网的门户新媒体营销

百威中国官方网站是百威啤酒 Digital Marketing 的主平台。网站以红、黑为主色调，奢华热烈，处处透着百威啤酒百年历史的尊荣。网站导航条只有三个，分别是：彰显百威品质和历史的百威时刻和百威马传奇；百威京东自营旗舰店的导航链接；百威的官方微信、官方微博的导流入口。除了网站的设计风格和功能特点，最令人印象深刻的是网站在各个细节显示出的有关饮酒年龄的禁忌和关怀，如图 2-11 所示。

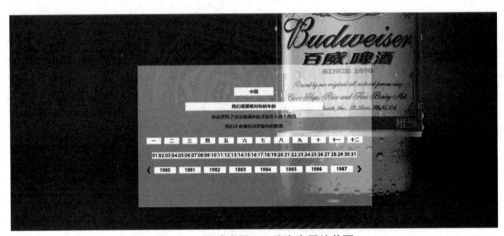

图 2-11　百威中国 PC 端官方网站首页

在百威中国，进入网站的第一个着陆页不是产品橱窗或网站导航条，而是一个对话框。对话框提示用户的年龄是否达到所在国家的法定饮酒年龄，用户作出选择才可以进入主页面，如图 2-12 所示。在百威官网向百威官方微信和官方微博导流的着陆页面，可以看到拒绝酒驾和妇女儿童不宜饮酒的提示。百威中国的官网不仅承担着品牌形象展示和产品销售的功能，也处处彰显着企业的社会价值。

图 2-12　百威官网首页的对话框

　　分析百威中国的门户新媒体营销可以看出，百威中国通过对目标受众的深度挖掘，对网页的多媒体设计体验进行了优化。网站设计兼具外观性和实用性，栏目导航清晰，为用户带来了良好的使用体验。网站的角色和设计元素符合品牌"皇者风范"的定位。百威的各官方新媒体平台进行了打通和相互导流，从而加强了用户互动与日常运营和维护，如图 2-13 所示。最后，也是最令人印象深刻的是在官网中体现了企业传递社会正向价值导向的理念，增强了公众对企业的认可和信赖！

图 2-13　百威官网的官方微信、官方微博导流入口

　　思政小课堂：门户新媒体彰显个体和企业的社会责任和担当

　　再小的个体也有自己的品牌，再小的企业也有自己要承担的社会价值和使命。门户网站是一个窗口，更是一个工具，帮助个体和企业展示形象、彰显价值，更帮助个体和企业思考、梳理、践行自己的社会责任和担当。

　　思考：

　　1. 打开百威中国 PC 端门户网站、移动端微网站、官方公众号，对比这三个企业官方自媒体渠道，分析它们在页面风格、呈现形式、内容侧重上有何异同。

　　2. 分析百威中国上述三个平台的人设形象。

模块二　移动门户新媒体营销

【理论知识】

　　随着移动互联网的发展和智能手机的普及，人们上网的终端设备慢慢地从 PC 端转移到了移动端。很多企业的门户网站为了适应手机阅读场景，有针对性地设计了移动端的网站呈现页面，由此也诞生了"微网站"的概念。微网站更适应移动互联网的特性，更适合碎片化的阅读体验。除了移动端的网页，随着微信公众号功能的日益完善，很多企业也选择微信公众号搭配小程序或是独立的企业 App 来实现微网站的功能。

一、移动门户的主要类型

（一）微网站

微网站以网页的形式存在，通过移动端的浏览器打开。由于终端设备不同，微网站在日常维护、内容参数、呈现形式等方面与 PC 端的门户网站略有不同，如图 2-14 和图 2-15 所示。

图 2-14 三只松鼠 PC 门户首页   图 2-15 三只松鼠移动门户首页

（二）微信公众号

微信公众号是微信系产品生态下的重要组成部分，大体分为订阅号、服务号、企业号、小程序等类型。随着微信公众号产品功能越来越完善，尤其是预留了第三方的开发端口，为企业的官方公众号在功能开发上提供了无限可能。很多企业也建立了自己的官方公众号，承担与微网站相同的功能。微信公众号的有关内容，将在社交新媒体营销中进行详细介绍。

（三）企业 App

App 是英文 Application 的简称，主要指智能手机的第三方应用程序。独立的 App 能实现较为全面和强大的功能，但开发成本较高，营销运营效果取决于用户下载、安装和使用的数量。

如图 2-16 和图 2-17 所示，不管是微网站、微信公众号还是企业 App 都能实现企业在移动端门户网站的功能需求，但在流量入口、开发成本、用户体验等方面存在一定的差异，如表 2-8 所示，企业需要根据自己的实际情况及商业目标进行科学选择。

二、PC 门户与移动门户的对比分析

移动互联网的快速发展并不意味着对 PC 门户和搜索引擎营销的舍弃。时至今日，企业

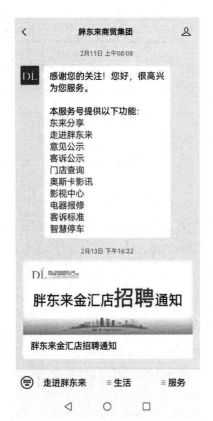

图 2-16　胖东来微信公众号连接微网站入口　　图 2-17　胖东来微信公众号连接微网站界面

表 2-8　移动门户主要类型对比分析图

类型	微网站	微信公众号	企业 App
产品本质	移动端网页	微信产品下的二级应用	应用程序
流量入口	移动端搜索引擎	微信	应用商店
用户体验	页面切换延迟	功能相对局限	需要下载安装，占用手机空间
开发成本	适宜	较低	较高
适用主体	一般企业均适用	一般企业均适用	服务型企业，如航空公司、银行等

官方门户网站的建立以及 PC 端竞价推广和信息流商业广告仍然在新媒体网络营销中占据重要地位。企业在新媒体营销平台布局和渠道构建时，应在 PC 端和移动端两个终端结合自身实际加以综合考虑。

企业 PC 端门户在内容和功能上更完善一些，移动门户的类型比较丰富，不同类型的移动门户所实现的功能有所不同，因此在目标实现上更分散一些，但底层逻辑是一样的。PC 门户与移动门户的对比分析如表 2-9 所示。

表 2-9　PC 门户与移动门户对比分析表

类型	PC 门户	移动门户
展现终端	计算机、平板电脑	智能手机

（续表）

类型	PC 门户	移动门户
页面风格	繁复、系统	简洁
传播方式	截屏、复制链接	转发分享
互动方式	在线客服	评论、收藏、分享转发
主要功能	品牌展示、平台导流	品牌展示、商品导购

三、门户新媒体的营销策略

从 PC 端的门户网站到移动端的微网站，门户可以说是企业和个人依托互联网技术自主进行内容生产、与用户深度互动的第一代新媒体。门户新媒体也在随着技术的发展不断地迭代升级，企业在进行门户新媒体营销时，应重点关注以下内容。

（一）重视门户网站建设

网站是企业在互联网上的"门脸"和流量入口，不管是 PC 端还是移动端，企业都需要重视门户网站的建设。除了要考虑网站的整体风格与功能外，更多的是要建设 SEO 实用型网站，并且在设计上注重用户的体验和深度互动，提高用户黏性。PC 门户和移动门户在设计建设的过程中有以下技巧：

（1）注意网站的色调风格，不管是 PC 门户还是移动门户，色彩是吸引人视线的第一要素。拥有品牌的企业主色调首选企业的品牌色。

（2）移动端的屏幕远小于 PC 端，弹出广告通常会妨碍用户正在浏览的信息以及操作，不要在微网站页面放置弹窗广告。

（3）网站页面的宽度、图片的大小在设计时就要充分考虑与屏幕的适应性，尽量不要让用户做左右滚动这样的操作，同时要保证图片有很好的清晰度。

（4）在移动端进行窗口切换通常较为麻烦，因此移动网站中的链接，尽量不要做打开新窗口这样的设计，尽量保证用户在同一个窗口中浏览。

（5）在移动端进行"输入"操作时没有 PC 端便捷，有时会发生输入错误信息的情况，最好能提供一个错误提示功能，从而提高用户的体验度。

（6）移动端屏幕有限，对于网站菜单项不能像 PC 端那样尽情展现，因此移动网站的菜单要短小简洁，将重点导航的功能表现出来即可。

（7）用户使用移动网络最需要的是便捷，最好开放浏览权限，将一些特殊权限赋予注册用户，避免类似于"注册"之类的烦琐操作。

（8）移动网站的内容排版要尽量简明，不要篇幅过长，文字也要尽量大一些，要时刻考虑用户在小屏幕中如何快速地了解相关的信息。

（二）加强推广导流

从官方门户网站到官方微信、微博、抖音、视频号，甚至知乎、小红书，现阶段企业往

往不只有一个新媒体平台。企业在进行新媒体营销和运营的过程中，除了商业付费推广，如 PC 端的竞价排名、移动端的信息流广告等，还要注意各自建平台之间的相互导流，如 PC 端与移动端的相互导流等。

（三）注意流量转化

企业通过推广得到流量后，如何将这些流量进行变现，将是新媒体营销最终效果的体现。一方面，需要对门户等新媒体平台进行持续运营，提高用户黏性；另一方面，需要完善用户互动机制，打通咨询与售后的各项服务环节。

【实训任务】

一、实训目的

通过移动端微网站的结构设计，掌握 PC 端与移动端门户网站的异同。

二、实训项目

任务一：移动端微网站页面结构设计。
任务二：移动端微信公众号菜单结构设计。

三、实训资料

河南御厨有机粮业有限公司相关资料见模块一。

四、实训步骤

任务一：移动端微网站页面结构设计

请为河南御厨移动端门户网站设计页面结构，以思维导图的形式画出结构图，在满足功能性需求的同时，体现有机农业和农产品的风格和人设定位。

任务二：移动端微信公众号菜单结构设计

请为河南御厨的官方微信公众号设计菜单目录，要求一级菜单目录不超过 3 个，二级菜单目录不超过 3×5=15 个。将菜单以思维导图的形式画出结构图，在满足功能性需求的同时，体现有机农业和农产品的风格和人设定位。

五、实训评价

实训评价如表 2-10～表 2-12 所示。

表 2-10　小组自评表

小组成员	承担工作	工作完成情况		个人得分	小组综合得分
		小组自评表（得分可采用十分制/百分制/五星制）			
		□未完成　□完成　□超额完成			
		□未完成　□完成　□超额完成			
		□未完成　□完成　□超额完成			
……	……				
问题自查					
改进措施					

表 2-11　小组互评表

	小组互评表（得分可采用十分制/百分制/五星制）		
	评分细则	细则得分	小组综合得分
小组名称	页面结构是否逻辑合理、内容科学		
	页面结构是否逻辑合理、内容科学		
	思维导图表达是否得当		
	……		
存在问题			
改进建议			

表 2-12　教师评价表

	教师评价表（得分可采用十分制/百分制/五星制）		
	评分细则	细则得分	小组综合得分
小组名称	团队协作精神：小组实训过程中的任务分工及团队协作情况		
	关键词匹配能力：结构设计是否匹配关键词原则		
	逻辑表达能力：结构中是否存在交叉情况		
	内容规划设计能力：内容是否设计得当		
	……		
存在问题			
改进建议			

【案例分析】

胖东来通过移动门户传递"新乡贤"价值理念

胖东来是河南本土崛起的商贸超市公司，创建于 1995 年，总部位于河南省许昌市。作为零售行业，胖东来规模并不大，在许昌、新乡共有二三十家门店，年销售额为 70 亿元左右，但胖东来却是全国各地商超中的行业传奇，连小米董事长雷军也专门去考察过，说胖东来是中国零售业"神"一样的存在。

胖东来的创始人兼董事长是于东来。于东来认为自己开超市会扰民，所以附近居民的水电费由他负责，等于互相照应，请居民多担待。于东来给新店选址时，会按照自己的经营水准考核周边的酒店、餐饮等业态，如果觉得服务不到位，会派出胖东来的团队去给这些业态培训，把整个社区的服务水准拉到与胖东来相齐的水平。于东来还把纳税作为胖东来的第一经营目标，从于东来的经营哲学可以看出于东来"新乡贤"的人格特质和胖东来承担社会责任的价值典范。

胖东来的官方微信公众号按照自己的业务品类和地域分布进行了矩阵布局，主账号是胖东来商贸集团，不同地域的门店都有自己门店的微信公众号。在胖东来的主账号中，开设有"东来分享""东来讲堂"传递胖东来的经营理念；在子账号布局中，专门开设了"游学胖东来"公众号来负责价值理念和运营管理的培训输出。从主账号中的固定栏目"东来哥会议记录分享"到子账号"游学胖东来"的各种课程，于东来"新乡贤"的人格特质和胖东来勇担社会责任的价值典范得到了输出和传承，不仅使胖东来的"形象"更加立体，同时也在潜移默化地影响着其他中国民营企业家，如图 2-18 所示。

思政小课堂：门户新媒体传承个体和企业正向的价值理念

企业创始人的人格特征、企业的品牌魅力、企业的价值使命、企业所承担的社会责任都需要一定的载体去传承和践行。PC 门户和移动门户都提供了很好的形式和契机，帮助个体和企业进行思考、梳理、践行和传承。

图 2-18　胖东来的官方微信公众号

思考：

1. 企业的"人设形象"和"价值理念"可以通过哪些途径进行塑造和传递？

2. 户门新媒体在"价值传递"上的设计思路有哪些？

项目三　资讯新媒体营销

【项目目标】

一、知识目标

（1）了解主流资讯新媒体营销平台的类型。

（2）了解资讯新媒体平台的推荐机制。

（3）掌握主流资讯新媒体平台的使用功能。

（4）掌握资讯新媒体平台的营销运营策略。

（5）掌握不同资讯新媒体平台的特征和区别。

二、能力目标

具备对资讯新媒体营销平台账号进行营销定位和运营的能力。

三、素养目标

（1）培养新媒体运营者思维。

（2）培养新媒体营销的创新意识。

（3）培养新媒体从业者视角的互联网敏感度。

（4）培养新媒体工作岗位的专业素养和职业精神。

（5）培养运用资讯新媒体参与扶贫助农和乡村振兴的意识和能力。

四、岗位目标

具备企业资讯新媒体营销运营专员的岗位素质和能力。

【内容结构】

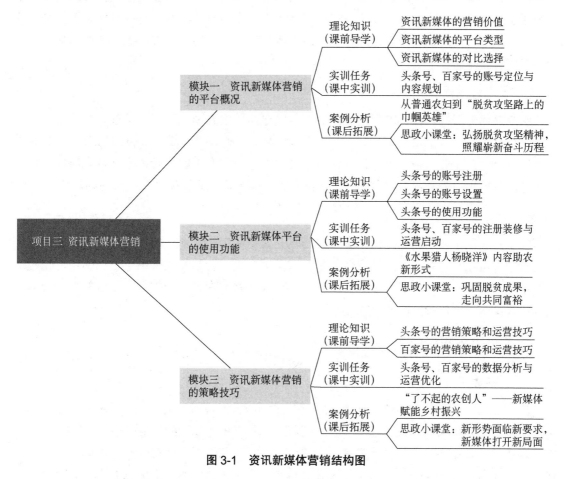

图 3-1　资讯新媒体营销结构图

模块一　资讯新媒体营销的平台概况

【理论知识】

无论社会发展到哪个阶段，信息资讯都是人类社会生活必不可少的内容。互联网时代下，人们获取新闻资讯的渠道也从传统的报纸杂志、广播电视转移到网络平台。不管是PC端的门户网站，还是移动端的新闻客户端，资讯新媒体平台不仅是新闻内容分发的重要渠道，也是企业和个人进行新媒体营销的重要途径。

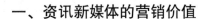

一、资讯新媒体的营销价值

(一)品牌营销

在内容不断影响用户消费行为的时代,内容消费与商业行为共生共荣。在资讯新媒体平台开通企业的官方账号,相当于企业在该平台上的一个信息发布源和官方网站。不管是企业还是个人,都可以通过平台官方账号上优质内容的输出,来塑造品牌形象,进行品牌曝光、活动推广和商品销售。

(二)电商运营

网络媒体的兴起,在一定程度上改变了传统电商的生态模式和产业链条。在传统电商站内流量越来越稀缺和昂贵的时候,"全网种草,淘宝收割"已经成为最普遍的选择。在各类新媒体平台中,企业或个人资讯媒体账号的开设与运营所产生的优质内容将带来用户高频率的浏览,对用户的消费行为产生影响,最终实现商品销售、店铺流量和购买率的转化。

(三)内容变现

除了企业和个人官方账号的品牌宣传与曝光,商品销售与辅助店铺运营,资讯新媒体平台的营销价值还在于开启了内容变现的新模式。大多数平台都相继推出了自己的"创作者扶持"计划,很多自媒体人通过平台开启了内容创业之路,通过广告收入、平台补贴、资本入驻等模式实现了创作者的内容变现。

二、资讯新媒体的平台类型

(一)头条号

头条号是今日头条推出的开放的内容创作与分发平台,于2014年正式上线。一方面,头条号是政府部门、媒体、企业、个人等内容创作者与用户之间的智能连接,帮助企业、机构、媒体和个人在移动端获得更多曝光和关注,在移动互联网时代持续扩大影响力,同时实现品牌传播和内容变现;另一方面,头条号也是今日头条新闻客户端的内容源,为今日头条输出优质的内容,创造更好的用户体验。

2018年3月,头条号完成了全面升级,升级后的头条号逐步打通字节跳动旗下今日头条、西瓜视频、抖音短视频、火山小视频、头条问答等各个产品。作者发布在一个平台的作品,会依据字节跳动旗下各产品粉丝的喜爱程度,自动同步到其他平台。升级后的头条号创作者可以通过今日头条有效触达字节跳动旗下各产品共计19亿用户。在数据融合领域,头条号平台将逐步打通账号在字节跳动旗下各产品的粉丝数据,推动今日头条从"智能推荐"走向"智能社交",帮助账号最大化地享受粉丝红利。

1. 平台概况

今日头条的日活用户数量、人均日使用频次、人均日使用时长在资讯新媒体中均居全国前列。"头条号"是今日头条优质的内容来源,在今日头条平台上头条号的账号数量超过160万个,其中企业头条号超过20万,政务头条号超过8万;日发布内容量超60万,日阅读量超过 50 亿；垂直领域超过 100 类，头部垂直内容为体育、汽车、健康、科技数码（数据来源：巨量引擎商业算数中心），如图 3-2 所示。

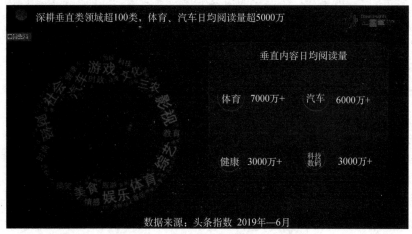

图 3-2　今日头条的内容领域分布图

2. 用户侧写

在今日头条的用户中，男性占 52.5%，年龄集中在 19 岁～35 岁，地域分布主体是三线城市；在头条上资讯阅读时间主要集中在凌晨、午后及晚饭后；男性更关注体育、汽车和军事，女性更关注美食、情感、育儿和健康，如图 3-3 所示（数据来源：巨量引擎商业算数中心）。

图 3-3　今日头条的用户特征示意图

3. 推荐机制

今日头条作为资讯新媒体平台的后起之秀，最大的特点是个性化的智能推荐机制。通过对大量用户行为的数据分析与挖掘，将用户的浏览习惯、个人喜好等进行智能化分类，最大限度地保证推送的精准度，尽量保证将对的文章推荐给对的人。在今日头条的推荐机制中，文章的阅读量和粉丝数没有太大的关系，平台会通过分析把流量分给各个自媒体账号。无论企业或个人的账号拥有多少粉丝，只要创作出的内容符合平台的需求，平台就会有流量分配。

（1）推荐原理

推荐系统的本质，就是从一个巨大的内容池里给当前用户匹配出感兴趣的内容，这个内容池有数以万计的内容，涵盖文章、图片、小视频、问答等各种各样的体裁形式。系统在进行信息匹配时主要依据三个要素：用户刻画、内容刻画、兴趣匹配。

① 用户刻画。今日头条会通过大数据和智能算法从年龄、性别、历史浏览文章、环境特征等多个角度对头条的用户进行用户画像刻画。由于大数据和智能算法的支持，用户画像越精准，平台越能很好地抓取用户的喜好，理解用户的需求，为下一步向用户进行内容推荐打下基础。

② 内容刻画。头条账号作者创作出的内容分发到头条号以后，机器会提取文章中的关键词，或者利用 AI 技术识别音频与视频的具体内容，从而将内容快速地进行分类。这个过程就是头条在推荐过程中的内容刻画。

③ 兴趣匹配。经过用户刻画与内容刻画后，如果用户的阅读标签与分类后的文章标签重合度较高，推荐系统会认定用户可能对该文章感兴趣。系统首先会把文章推荐给一批对其最可能感兴趣的用户，这是基于兴趣的首次推荐。而这批用户产生的阅读数据，将对文章下一次的推荐起到决定性作用。

（2）推荐程序

今日头条的推荐程序如图 3-4 所示。

① 内容初审。初审是头条系统对账号创作者内容的第一道审核，当账号所推送的内容不符合平台规范时，文章、图集、视频将被退回不予收录，或者被限制推荐。如果出现严重违规行为，将导致账号被平台惩罚或者封禁。

② 冷启动。"冷启动"是一个推荐上的概念。内容推荐之初，系统会推送给一部分用户，观察这部分用户的点击量、分享数、点赞数等数据情况。系统根据用户的行为数据判断哪些人群会喜欢这篇文章、这个图集或这个视频，哪些人群不喜欢，这个阶段通常称为"冷启动"。冷启动过后，所推送内容后续的流量分配，则完全取决于内容是否被用户接受并喜爱。

③ 正常推荐。进入推荐环节的内容，会因为推荐机制产生不同的效果。内容的创作质量以及用户行为，都会影响最终的推荐情况。

④ 复审。在内容被推荐展示的过程中，如果有推荐量很大或负面评论较多等情况产生，则会被送入复审环节。在复审中，如果发现存在标题党、封面党、低俗、虚假等恶性问题，系统则会停止推荐，严重违规的内容将会受到平台的处罚。

图 3-4　今日头条推荐机制示意图

（3）推荐原则

① 主题相似的内容推荐：通过获取用户的浏览数据，与用户浏览历史相似的内容进行相似推荐。

② 基于相同城市的内容推荐：对于拥有相同地理信息的用户会推荐与之相匹配的城市的热门内容。

③ 基于文章关键词的推荐：对于每篇文章，提取关键词作为描述文章内容的一种特征，然后与用户阅读过的历史文章的关键词进行匹配推荐。

④ 基于站内热门文章的普适性推荐：根据用户阅读习惯，形成高热度的内容，对所有没有阅读过该文章的用户进行推荐。

⑤ 基于社交好友关系的阅读习惯推荐：根据用户的站内好友，获取站内好友转发评论或发表过的内容进行推荐。

⑥ 基于用户长期兴趣关键词的推荐：通过比较用户短期和长期的阅读兴趣主题和关键词进行推荐。

⑦ 基于相似用户阅读习惯的列表推荐：计算一定时期内的用户动作相似性，进行阅读内容的交叉性推荐。

⑧ 基于站点分布来源的内容推荐：通过用户阅读的文章来源分布为用户计算出固定数量的用户喜欢的新闻来源进行推荐。

今日头条的个性化推荐算法在运行的过程中更多地考虑了用户的需求。在平台上推送的内容经审核通过后，今日头条的智能推荐引擎会根据内容质量、内容特征、首发情况、互动情况、账号的历史表现、账号订阅情况等因素为这些内容找到感兴趣的用户并进行内容推荐。

（二）百家号

百家号于 2016 年正式上线，是百度为内容创作者提供的内容生产和分发平台。一方面，百家号拥有百度 App、百度搜索以及其他百度系列产品和百度联盟体系内其他平台构成的分发渠道，为账号运营者提供了数亿级的流量曝光；另一方面，百度继续放大了人工智能技术在内容层面的应用，将 AI 赋能到百家号的内容生产和管理方面，把百度大脑的智能写作技术运用在媒体工作中。

百家号通过打通整合内部资源实现深耕垂类频道，使用户对内容的需求场景得到最大化细分。目前百度 App 已经形成"搜索+信息流"两个分发引擎和"百家号+小程序"两个内容和服务生态的整体布局，如图 3-5 所示。在"搜索+信息流"双引擎驱动下，百家号的内容在信息流和搜索中得到双引擎的展示和流量支持。百家号正在释放更多的流量价值和产品能力，是企业新媒体营销和个人自媒体品牌打造的重要平台。

1. 平台概况

2016 年，百度推出了百家号。截至 2021 年，百家号的创作者数量已超过 500 万。百家号的账号主体多元，有个人账号、企业账号、媒体账号、政务账号。其中，个人账号发展强劲，媒体账号内容生产实力最强。2019 年以来，在百家号账号数量中，个人账号占账号总

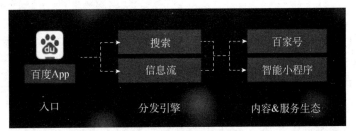

图 3-5 百度产品生态图

量的 79.9%，企业账号占 18.4%；在阅读数量中，个人账号占了 51.8%，企业账号占 32.3%，如图 3-6 所示。百家号已经成为个人或企业进行自媒体营销的重要平台，百家号各分类优质创作者展示图如图 3-7 所示。

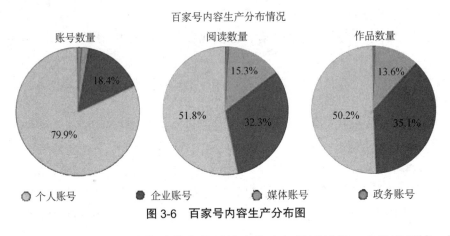

图 3-6 百家号内容生产分布图

在百家号的内容领域，账号数量最多的是社会热点与娱乐新闻；在垂直领域，体育、军事壁垒高，用户黏性强，竞争压力小；在账号地域分布上，除了北、上、广、深等一线城市，河南省郑州市的表现非常抢眼，无论账号数量、作品数量还是总阅读量都排在前三位。（数据来源：新榜研究院）

2. 用户侧写

在移动互联网时代，人们对互联网的使用场景向移动端转移，百家号的内容分发是"搜索+信息流"双引擎。就百度 App 而言，百度 App 的日活用户数量为 1.88 亿，男性用户占54.56%；25 岁～35 岁的用户占一半以上。就百家号而言，百家号的用户群体中年龄段主要集中在 20 岁～29 岁，占比 65.83%；30 岁～39 岁的用户占了 18.73%；百家号以男性粉丝为主，男女比例是 7:3；阅读兴趣主要集中在科技资讯领域，其次是娱乐八卦、商业财经、时尚、社会新闻、体育等领域的内容，如图 3-8 所示。（数据来源：艾瑞数据）

（三）大鱼号

大鱼号是阿里巴巴文化娱乐集团旗下的内容创作平台，于 2017 年 3 月正式发布。大鱼号是在原来的 UC 订阅号、优酷自频道账号的基础上统一升级而成的。升级后的大鱼号实现了阿里大文娱系下产品的"一点接入、多点分发、多重收益"。账号运营主体通过大鱼号推

图 3-7　百家号各分类优质创作者展示图

01	科技资讯(人群占比86.75%)
02	娱乐八卦(人群占比79.5%)
03	商业财经(人群占比65.87%)
04	时尚(人群占比52.78%)
05	社会新闻(人群占比50.83%)
06	体育(人群占比44.08%)

图 3-8　百家号用户兴趣分布图

送的图文、视频可以分发到 UC 浏览器、UC 头条、优酷、土豆、神马搜索(阿里专注于移动互联网的搜索引擎)、豌豆荚等平台。

如果企业或个人的目标客户群体与 UC 用户有着较大的交叉和融合，可以选择大鱼号进行官方自媒体的营销和运营。大鱼号的账号在试运营期每天的发文数量是 3 篇，通过试运营期后每天的发文数量是 10 篇，铜 V、银 V、金 V 晋升相应的级别后发文上限分别为 15 篇、20 篇、30 篇。相较于百家号，大鱼号的内容审核相对宽松，部分违规操作只会被限流，不会被扣分，但大鱼号的审核速度与百家号和头条号相比较为缓慢。

（四）企鹅号

企鹅媒体平台（企鹅号）是腾讯旗下的一站式内容创作与运营平台，于 2016 年 3 月正式发布。企鹅号的内容将被分发至 QQ 浏览器、天天看点、腾讯新闻客户端、微信新闻插件和手机 QQ 新闻插件等腾讯系列产品和平台。2017 年，企鹅号全面升级，升级后的企鹅号接入 NOW 直播、全民 K 歌等，成为腾讯"大内容"生态的重要入口，每天覆盖上百亿点击数。

如果企业或个人的目标客户相对年轻，与企鹅号的用户群匹配度较高，可以选择企鹅号进行入驻。企鹅号的账号在新手期每天的发文数量是 3 篇，度过新手期后达到相应的级别可以增加对应的文章或视频发送数量。在企鹅号中同步微信公众号等平台的内容不占每日名额。企鹅号的审核难度与大鱼号相当，但审核速度较大鱼号快。

（五）搜狐号

搜狐号是新闻门户网站搜狐旗下的内容分发平台。搜狐号的内容将集中在搜狐网、手机搜狐客户端同步分发和显示。根据垂直领域类别，优质内容选择相应的分类即可分发至相应的频道，并有机会被推荐至搜狐首页。此外，搜狐号也是百度的新闻源，内容在一定程度上被百度收录。当账号内容含有相关关键词时，用户能通过百度搜索直接进入相应内容的着陆页面。

作为中国最早的综合门户网站，搜狐早期积累了一批黏性很高的用户，搜狐新闻客户端也在移动新闻客户端中占据头部的位置。搜狐号的账号主要集中在娱乐、新闻、体育、财经等品类。用户一般喜欢在搜狐号上看有关时事和理财的内容。对于专业性强的企业或个人，搜狐号是一个较好的自媒体营销运营平台。

（六）网易号

网易号是网易旗下的内容生产和分发平台，于 2016 年发布。网易号的内容将在网易新闻客户端进行分发。与其他平台相比，网易号分发平台单一，在流量上可能存在一定的局限性。网易号在内容倾向上以娱乐、军事为主流，二次元、历史等小众垂类也正受到越来越多的青睐。网易号的账号主要集中在资讯、宠物、社会、传媒、科技等领域，也是军事迷的聚集地，作为用户特征明显的资讯类平台，网易号也是企业进行品牌助推的选择途径。

（七）一点号

一点号是一点资讯新闻客户端的内容生产和分发平台。一点号的内容主要在一点资讯 App 与凤凰新闻网上进行分发。一点资讯长期紧随今日头条和腾讯新闻，占据新闻客户端第三的位置。一点号与凤凰号打通后内容能够在凤凰网同步分发，流量相对可观。一点资讯与今日头条的智能推荐存在一定差别。一点资讯以用户的搜索动作为线索，定义"用户的主动搜索关键词是用户寻求的关联资讯入口"，用户做出搜索行为，内容才会呈现。

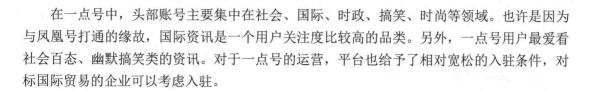

在一点号中，头部账号主要集中在社会、国际、时政、搞笑、时尚等领域。也许是因为与凤凰号打通的缘故，国际资讯是一个用户关注度比较高的品类。另外，一点号用户最爱看社会百态、幽默搞笑类的资讯。对于一点号的运营，平台也给予了相对宽松的入驻条件，对标国际贸易的企业可以考虑入驻。

三、资讯新媒体的对比选择

头部资讯类互联网企业几乎都有自己的自媒体平台，不仅平台类型多，也提供了各种丰富多样的扶持政策。尤其在 2016 年至 2018 年间，自媒体平台百花齐放，进入一个爆发的风口，引发了一系列内容创业的风潮。虽然随着短视频和直播的爆发，图文自媒体相对沉寂，但仍然是企业或个人进行品牌推广和新媒体营销的重要选择。

（一）对比分析

面对百花齐放的资讯新媒体平台类型，企业和个人在入驻的时候进行选择就需要首先对每个平台的流量大小、属性特点、用户特征、扶持政策等进行对比和分析，如表 3-1 所示。

表 3-1 资讯新媒体平台对比分析表

类型	品牌口号	优势特点
头条号	你创作的，就是头条	最好的智能推荐平台
百家号	每天都有新发现	百度信息流与搜索双引擎推荐
大鱼号	一点接入，多点分发，多重收益	跨平台、跨领域、多渠道分发
企鹅号	让世界看到你	领域专一、垂直深耕
搜狐号	再小的个体，也能获得影响力	内容专业、收录快
网易号	用创作，传递态度	客户端用户特征明显
一点号	让创作 有趣一点	全网唯一获得互联网新闻信息服务许可的自媒体平台

（二）选择策略

有条件的企业和个人可以选择多平台运营。在资源有限的情况下，就需要选择某个平台进行专注和深耕。企业和个人在进行平台入驻选择的时候，要重点考虑三方面问题：一是平台的特点和用户侧写。二是要看企业或个人的目标用户的特征以及官方账号的定位。三是要看企业或个人的目标用户特点和需求定位与哪个平台匹配度最高。通过对双方的刻画来比对吻合度，从而进行科学有效的选择。

【实训任务】

一、实训目的

通过对头条号、百家号特定领域典型账号的分析，熟悉各资讯类新媒体平台的优势领域和内容特征，为账号在进行资讯新媒体营销和运营时的入驻选择、账号定位、内容规划、KOL 合作、商业投放等提供决策参考。

二、实训项目

头条号、百家号的账号定位与内容规划。

三、实训资料

河南御厨有机粮业有限公司相关资料见项目二。

四、实训步骤

1. 在头条号/百家号中各选择 3～5 个"三农"领域的典型账号，例如头条号"乡野农哥"、百家号"农民程哥说三农"等，完成表 3-2。

表 3-2 三农领域典型账号分析表

平台	账号名称	账号简介	账号数据 粉丝数/内容数/获赞数	内容特点	发布频率
头条号					
百家号					

2. 登录河南御厨、国家认证认可监督管理委员会官方网站，并通过其他线上、线下渠道了解有机农产品的相关知识。

3. 为河南御厨打造一个头条号/百家号官方账号的人设形象，为此人设形象设计图片，撰写解读文字，完成表 3-3。

表 3-3　人设形象分析表

人设形象	创意解读

4. 参考以上内容，结合河南御厨的企业和产品特点为账号制定内容规划方案。内容规划方案包含但不仅限于：内容形式（图文、视频、直播等）、内容定位（产品介绍、探秘农场、解读有机等）、内容频率（图文更新频率、短视频更新频率、直播的场次和时间安排等）等。

五、实训评价

实训评价如表 3-4～表 3-6 所示。

表 3-4 小组自评表

小组成员	承担工作	工作完成情况	个人得分	小组综合得分
		□未完成 □完成 □超额完成		
		□未完成 □完成 □超额完成		
		□未完成 □完成 □超额完成		
……	……			
问题自查				
改进措施				

表首行标注：小组自评表（得分可采用十分制/百分制/五星制）

表 3-5 小组互评表

小组名称	评分细则	细则得分	小组综合得分
	账号选取是否典型、得当		
	账号分析是否精准、到位		
	人设形象是否突出、得当		
	内容规划是否科学、合理		
	……		
存在问题			
改进建议			

表首行标注：小组互评表（得分可采用十分制/百分制/五星制）

表 3-6 教师评价表

小组名称	评分细则	细则得分	小组综合得分
	团队分工协作能力：小组实训过程中的任务分工及团队协作情况		
	信息收集分析能力：典型账号研究分析状况		
	形象定位设计能力：人设形象设计情况		
	规划方案写作能力：规划方案撰写情况		
	……		
存在问题			
改进建议			

表首行标注：教师评价表（得分可采用十分制/百分制/五星制）

【案例分析】

从普通农妇到"脱贫攻坚路上的巾帼英雄"

2020 年 10 月 13 日，国务院新闻办公室举行"脱贫攻坚路上的巾帼力量"中外记者见面会。见面会邀请了五位脱贫攻坚战中的妇女代表与记者现场交流，讲述她们带领父老乡亲致富的故事。头条号创作者"巧妇9妹"因为在脱贫攻坚路上的突出贡献，受邀参加了见面会。

"巧妇9妹"原名甘有琴，因排行老九，所以叫9妹，是广西壮族自治区钦州市灵山县三海镇苏屋塘村村民。2017年5月，她开始通过"巧妇9妹"账号在头条号上创作图文和视频内容，分享农村的原生态生活和美食，如图3-9所示。"巧妇9妹"勤劳、善良、朴实、聪明、亲切的正能量农村妇女形象受到很多人喜欢。2019年，她的全网粉丝达到了1000多万，视频播放量达到10亿。同年，她帮助家乡销售了1200万斤农产品，销售额达3700多万元。

图3-9 "巧妇9妹"头条号账号首页

在国务院新闻办公室的中外记者见面会上，她说："以前我也是一个很普通的妇女，自己一个人过得好就已经很满足了，没想到现在利用互联网也能够带动当地的种植、养殖户脱贫致富。字节跳动扶贫也带动了很多作者到贫困县去，把当地滞销的水果销售出去，起到了很大的宣传作用。"

"巧妇9妹"原来的生活与我们想象中的普通农妇没有区别，干农活儿、做饭、照顾家人，却能够得到今日头条平台的认可、央视等电视频道的推荐、当地省市县各级政府的大力扶持和推崇，是新媒体给了她机会。梳理"巧妇9妹"的成长之路可以发现，除了商业领域，新媒体在扶贫助农、改变个体命运上释放了巨大的空间和可能性。

一、把握平台的"政策风口"

"巧妇9妹"的成功离不开今日头条2017年的"千人百万粉丝计划"。这一年，平台对"三农"领域的创作给予了大力的补贴和流量倾斜。结合"巧妇9妹"的内容输出、粉丝吸引能力，账号在这一年期间迅速增长粉丝，为接下来的商业变现奠定了坚实的基础。

二、选择最优的商业模式

"巧妇9妹"是最早选择"农业+新媒体+电商"模式的一批用户，通过一篇篇图文、一个个镜头以及后来的一场场直播，消费者可以清晰地看到自己想购买的商品是如何从农民手中一步一步培育、生长、开花、结果和收获的。消费者很愿意为这种成就感和信任感买单，这是"新媒体+电商"在农产品领域的魅力和说服力。

三、以产品质量为立足根本

查看"巧妇9妹"的店铺客户评价就会发现，"巧妇9妹"卖出去很多商品，却几乎没有得到什么不好的评价。这样的品控能力，很多电商公司都不一定能够做到，但是只有初中文化水平的"巧妇9妹"却明白靠情怀和故事不能长久，过硬的品质才是立足之道的道理。

思政小课堂：弘扬脱贫攻坚精神，照耀崭新奋斗历程

2021年5月25日，在全国脱贫攻坚总结表彰大会上，习近平总书记庄严宣告：现行标准下，9899万农村贫困人口全部脱贫，832个贫困县全部摘帽，12.8万个贫困村全部出列，区域性整体贫困得到解决，完成了消除绝对贫困的艰巨任务。"胜非其难也，持之者其难也。"在脱贫攻坚战役取得胜利后，我们要对脱贫地区积极探索长效机制，促进内生可持续发展。

思考：

1. 查看"巧妇9妹"的头条号，观察这几年账号的内容有何变化？
2. 查阅相关资料，了解不同资讯新媒体平台重点扶持的领域有何不同？

模块二 资讯新媒体平台的使用功能

【理论知识】

资讯类新媒体平台类型多样，不同平台的优势内容领域各有侧重，但平台规则和使用功能大致相同，下面以头条号为例，介绍资讯新媒体平台的注册认证和使用功能。

一、头条号的账号注册

头条号的注册页面如图3-10所示。一个手机号只能注册一个账号，也可以使用邮箱、微博、微信、QQ等第三方账号进行注册登录，但在后期运营过程中一般会要求绑定手机号。

头条号的入驻类型有六种：个人、企业、群媒体、国家机构、新闻媒体和其他组织，通常来说个人和企业是最常见的。2018年改版后的头条号平台规定，个人可以注册两个头条号，企业可以注册五个头条号，多账号可以帮助企业进行头条账号的矩阵布局。个人账号在注册的过程中，一个身份证号只能申请两个账号，无论成功与否，该身份证号将不能再申

图 3-10　头条号注册页面

请，且账号不支持注销。账号注册成功之后，原则上不支持修改媒体类型，不建议强行更换领域，各主体类型如表 3-7 所示。

表 3-7　头条号注册主体分类表

账号类型	适用主体
个人	适合垂直领域专家、达人、爱好者、其他自然人注册和申请，主要为个人以及非公司形式（无营业执照/组织机构代码证等资质）的小团队
企业	适合企业、公司、分支机构、企业相关品牌等
群媒体	以公司形式专注于内容生产的创作团体（包括出版社），如 36 氪、果壳网、Mtime 时光网等
国家机构	正规国家机构能够申请入驻，如最高人民检察院、中国地震台网速报、上海发布、中国驻坦桑尼亚大使馆、平安广州等
新闻媒体	正规新闻媒体、报纸、杂志、广播电视等相关单位能够申请入驻，如《时尚芭莎》《北京青年报》《大河报》等
其他组织	各类公共场馆、公益机构、学校、公立医院、社团、民间组织等机构团体能够申请入驻，如石家庄市中乔养老院、天津市曲艺团等，但是不支持民营医院注册

二、头条号的账号设置

1. 账号名称

头条号的账号名称为 2～10 个中文字符，名称具有唯一性，一般与已有的品牌名一致。需要注意的是，以下名称在头条平台上是违规的：含有"今日""头条"等字样；没有具体含义的字母+数字组合；带有明显营销推广目的的名字；涉及政治等敏感词汇的名字；未经授权使用第三方品牌的名称等。

2. 账号介绍

头条号介绍将会显示在头条号作者的主页上，为 10～50 个字，应与申请账号定位保持一致，概括想要给用户传达的内容信息。按照规定，头条号介绍不得包含网站链接、微博、微信、邮箱、QQ 等联系方式；不得出现营销推广信息，个人账号不得进行品牌推广；不得出现敏感、色情、涉政、恶俗、消极等信息。

3. 账号头像

头像是账号的主要标志之一，图片尺寸要求为 200px×200px，大小不超过 5MB。类似今日头条的 Logo；个人类型账号使用第三方品牌 Logo 作为头像；头像含有营销推广信息，如 QQ 号、二维码等；涉及国家领导人照片或漫画形象的头像；非国家机构使用国旗、国徽、党旗、党徽等作为头像；使用纯色图片当作头像；头像模糊不清等情况，都是平台所不允许的。

4. 辅助材料

辅助材料是在注册页面选择想要申请的媒体类型并提交的相应资料，字数在 300 字以内。资料可以是自己的博客、个人网站、公众号文章链接等，申请主体要对材料的真实性负责。

5. 所在地

所在地应如实填写，当城市选择后，系统会推荐一些所在城市的资讯信息，辅助运营地方公众号。

6. 身份信息

身份信息即为头条号的实名认证，认证后的头条号才能获得平台相应的权益，使用平台的相关功能。

7. 账号申请确认书

非个人账号确认书在除个人账号以外的申请类型中使用。申请注册时在账号申请后台自行下载并正确填写确认书中的各项内容，加盖公章后扫描或拍照上传。授权书中的公章信息要与上传的营业执照或组织机构代码证页面填写的组织名称保持一致。不同类型的头条号账号注册时需要提交的材料如表 3-8 所示。

表 3-8 头条号账号类型及提交材料分类表

企业	群媒体	新闻媒体	国家机构	其他组织
账号头像	账号头像	账号头像	账号头像	账号头像
账号名称	账号名称	账号名称	账号名称	账号名称
账号介绍	账号介绍	账号介绍	账号介绍	账号介绍
运营者身份证姓名	运营者身份证姓名	运营者身份证姓名	运营者身份证姓名	运营者身份证姓名
运营者身份证号码	运营者身份证号码	运营者身份证号码	运营者身份证号码	运营者身份证号码
运营者完成实名认证	运营者完成实名认证	运营者完成实名认证	运营者完成实名认证	运营者完成实名认证
联系邮箱	联系邮箱	联系邮箱	联系邮箱	联系邮箱
企业名称	组织名称	组织名称	机构名称	组织名称
账号申请确认书	账号申请确认书	账号申请确认书	入驻申请信息表	账号申请确认书
营业执照/组织机构代码证	营业执照/组织机构代码证	营业执照/组织机构代码证	/	营业执照/组织机构代码证

8. 资质证明

发表财经、健康类的内容，必须提供相应资质证明。

三、头条号的使用功能

登录头条号后进入账号管理后台的主页，在主页上可以进行内容发布和管理、数据查看、权益解锁、账号设置等操作。各项功能菜单在主页左侧竖向排列和显示，如图 3-11 所示。

图 3-11　头条号管理后台主页面

1. 创作

"创作"是字节跳动旗下多款产品的内容发布入口，集中了头条号、头条问答、微头条、西瓜视频等。在这里可以发布图文、视频、微头条、问答、音频等，点击相应的子菜单，即可进入对应内容的发布页面。

（1）文章

依次单击"创作"—"文章"即可进入头条号的图文内容发布页面，头条号提供了简单的图文编辑功能，可以实现文字、图片、音频、视频、超链接等内容形式的混排。在界面右侧提供了"发文助手"功能，可以帮助账号主实时检测内容，提出优化建议，提高推文质量。目前支持的检测功能包括标题党检测、错别字纠正以及配图推荐等，如图 3-12 所示。

图 3-12　头条号文章发布页面

头条号每篇文章最多支持 5 次修改，涉及违规等原因审核未通过和发文 14 天以上的文章暂不支持在原有基础上进行修改。频繁删除和修改文章、发送重复内容等都会影响内容的推荐量，因此在运营过程中要尽量减少此类操作。头条号文章发布页面右上角的"头条号发文规范"是平台规则介绍，运营人员要认真研读，避免违规、封号等行为。

（2）视频

"创作"—"视频"原来是西瓜视频的发布入口，视频以横屏为主，视频内容在西瓜视频中进行展示，如图 3-13 所示。目前头条号后台的视频发布除了是西瓜视频的内容发布入口，还可以发布一分钟以内的竖版小视频。此外，字节跳动旗下的各个产品逐渐实现了内部打通，这里的视频可以同步到抖音，抖音的视频也可以同步到头条号。

图 3-13　头条号视频发布页面

头条号此前提供图集的功能，图集是有关社会见闻、旅行记录、自然风光、城市掠影、历史照片、艺术摄影等内容的图片集合，以图片为主，每次至少发送 3 张以上。随着短视频的崛起，现在提供了视频合集功能，如图 3-14 所示。目前的视频合集仅支持横版视频，一个合集包含多个视频，合集里的视频都会出现在西瓜视频 App 中，用户点击进入视频，就能观看合集内的其他视频，加大了账号内容的曝光量。

（3）微头条

微头条是字节跳动旗下一款基于粉丝分发的轻量社交媒体产品，功能类似于微博，可以发起、参与话题和投票等，如图 3-15 所示。

（4）问答

今日头条的问答产品于 2016 年上线，作为"今日头条"的一个频道板块运营一年后，于 2017 年 4 月升级为"悟空问答"。从功能来看，类似一个资讯快消类的问答平台，而非知乎那样拥有更多的知识沉淀。随着短视频的崛起，悟空问答在 2018 年以后开始式微，2021年 2 月悟空问答 App 正式停止服务，以头条问答的形式并入今日头条继续运营，这里的问答即为并入头条后的问答入口，如图 3-16 所示。

图 3-14　头条号视频合集创建页面

图 3-15　头条号微头条发布页面

图 3-16　头条号问答发布页面

2. 管理

"管理"模块的主要功能是对账号的内容进行管理，包括作品管理和评论管理两个方面。

（1）作品管理

在"作品管理"中，运营人员可以查看已发表、未通过、草稿箱内的文章、微头条、问答、小视频、音频等内容并对这些内容进行修改、分享、置顶以及号外投放等操作，如图3-17所示。

图 3-17　"作品管理"模块

（2）评论管理

在"评论管理"中，运营人员可以对评论进行回复、推荐、删除、举报等操作，每篇文章仅可推荐一条评论。在账号的运营过程中，账号运营者需要通过积极的评论加强账号与用户之间的互动管理，如图3-18所示。

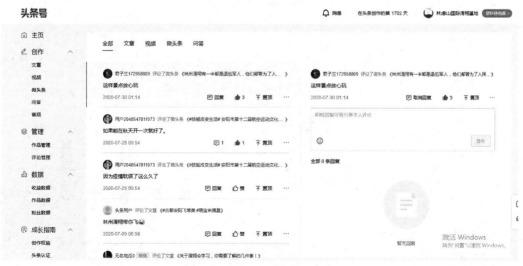

图 3-18　"评论管理"模块

3. 数据

有效的数据追踪和支持是新媒体与传统媒体最大的区别之一。在头条号后台的"数据"模块，可以查看账号的收益数据、作品数据以及粉丝数据。

（1）作品数据

在"作品数据"模块中，平台提供了账号内容的展现量、阅读量、评论量、转发量等数据，如图 3-19 所示。这些数据可以是账号整体的，也可以是单个内容的；有趋势图以及数据列表两种展示形式；可以在线查阅也支持以 Excel 格式导出，以帮助运营者进行运营辅助和内容优化。

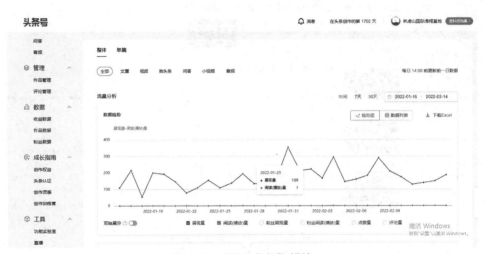

图 3-19 "作品数据"模块

（2）粉丝数据

在"粉丝数据"模块中，可以对粉丝的活跃指数、用户列表、用户特征等进行分析，如图 3-20 所示。"雁过必留痕"，只要用户在平台上有行为、动作，平台就会抓取到相关的数据，数据分析能力也是新媒体营销人员必备的岗位技能。

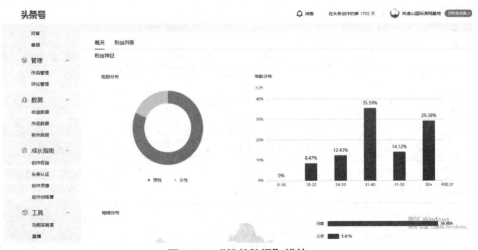

图 3-20 "粉丝数据"模块

4. 成长指南

头条号的"成长指南"是为头条号创作者和运营人员提供各种权益和帮助的功能模块，帮助运营人员生产出更优质的内容。

（1）创作权益

头条号平台为运营者提供了收益、赞赏、付费专栏、创作者社群等各项功能和权益，随着账号的持续运营和粉丝的不断增加，达到相应级别即可申请开通相应权益，如图 3-21 所示。"创作权益"页面对各项权益的使用说明和开通条件作了详细说明，运营人员可以点击相应按钮了解详情。

图 3-21　"创作权益"模块

（2）头条认证

在"头条认证"模块可以对自己的账号进行官方认证以及资质证明，如图 3-22 所示。目前头条提供了职业认证、兴趣认证、机构认证、企业认证四种类型。财经、健康领域的账号要提供相应的资质证明。经过认证后的账号将会获得"+V"标识，增加消费者信赖度，也能获得平台更多的搜索和流量扶持。

（3）创作灵感

"创作灵感"有"创作活动"和"创作灵感"两个子模块。在"创作活动"模块，可以看到头条号官方平台发布的一些内容创作活动和大赛，运营人员可以选择相应的垂直领域参与活动，提高账号自身内容的曝光量，帮助账号主实现内容变现，如图 3-23 所示。

在"创作灵感"模块可以看到平台阅读量和讨论量比较高的热点话题，为运营人员提供创作参考，如图 3-24 所示。

（4）创作训练营

创作训练营类似于头条号的官方培训学院，这里提供了大量有关内容创作和账号运营的培训课程。运营人员可以选择感兴趣的内容进行深度学习，如图 3-25 所示。

图 3-22 "头条认证"模块

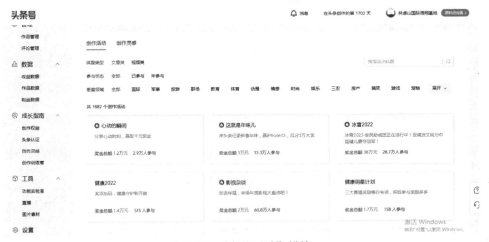

图 3-23 "创作活动"模块

图 3-24 "创作灵感"模块

图 3-25 头条号"创作训练营"页面

5. 工具

在"工具"模块，头条号提供了功能实验室、直播、图片素材等实用的创作工具，如图 3-26 所示。其中，功能实验室有在线视频剪辑、大纲编辑器、头条小店、小程序等多种功能；直播是西瓜视频的直播入口；图片素材相当于运营人员的图片素材库。这些功能高效、实用，能很好地帮助账号主体辅助运营。

图 3-26 头条号"功能实验室"页面

（1）设置

设置模块主要包括"账号详情""功能设置"和"黑名单"三个模块。

（2）账号详情

在"账号详情"中可以对账号的名称、头像、介绍、登录方式、运营人信息等内容进行设置和更改，如图 3-27 所示。单击相应的编辑按钮就会显示出平台的修改规则和要求，运营人员按照要求操作即可。已通过的机构类账号同样可以申请修改账号名称、简介和头像，但需要与账号的申请领域保持一致。

图 3-27　头条号"账号详情"页面

（3）功能设置

在"功能设置"模块中可以对图片进行智能优化，提高推文中的图片质量；为账号文章的配图设置水印，防止图片被盗用，头条图片水印为"头条@账号名称"，会以白色字体出现在图片的右下角；开启草稿保存在至云端，方便运营人员在不同设备上进行内容编辑；开启非可信设备登录短信验证，保障账号安全等，如图 3-28 所示。

图 3-28　头条号"功能设置"页面

（4）菜单设置

头条号可以在"功能设置"模块中添加移动端的页面菜单，用户可以通过头条号主页底部的菜单项快速获取账号的更多内容，如图3-29所示。每个头条号可以设置3个一级菜单，每个一级菜单下最多可创建5个二级菜单，菜单名称不得多于4个汉字或8个字符。菜单在设置的过程中可以跳转网页，也可以跳转小程序，帮助账号实现头条小店的店铺入口链接以及订单查询等功能。

图 3-29　头条号账号菜单

【实训任务】

一、实训目的

通过头条号、百家号的注册装修和运营启动，掌握资讯新媒体的平台特征、内容规范、推荐机制以及后台的各项功能。

二、实训项目

头条号、百家号的注册装修与运营启动。

三、实训资料

河南御厨有机粮业有限公司相关资料见项目二。

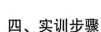

四、实训步骤

1. 根据了解到的相关知识，为河南御厨的官方头条号和百家号账号设计名称、头像、简介、自动回复和底部菜单以及人设形象，体现企业的产品特质以及人设定位。按照平台要求，进行账号的注册及装修。

2. 使用注册好的账号登录头条号和百家号平台，浏览与有机农业和农产品相关的账号和内容，进行分享、点赞、收藏、转发等操作，帮助系统识别账号偏好，完成账号冷启动。观察冷启动过后，账号的推荐页面发生了哪些变化。

3. 结合国家乡村振兴战略等其他热点信息，在头条号与百家号平台上各发布一篇推文，观察账号的推荐情况和各项阅读指标。

4. 登录头条号后台的"成长指南"—"创作训练营"模块，完成"新手入门""创作技巧"课程的学习；登录百家号后台的"实验室"—"成长中心"模块，完成"新手入门""领域深耕"课程的学习。

五、实训评价

实训评价如表 3-9～表 3-11 所示。

表 3-9　小组自评表

小组自评表（得分可采用十分制/百分制/五星制）				
小组成员	承担工作	工作完成情况	个人得分	小组综合得分
		☐未完成　☐完成　☐超额完成		
		☐未完成　☐完成　☐超额完成		
		☐未完成　☐完成　☐超额完成		
……	……			
问题自查				
改进措施				

表 3-10　小组互评表

小组互评表（得分可采用十分制/百分制/五星制）			
	评分细则	细则得分	小组综合得分
小组名称	账号名称是否突出品牌特点且容易辨识和传播		
	账号头像是否突出品牌特点且容易辨识和传播		
	账号简介是否能说明账号功能和品牌特色		
	账号菜单是否功能明确		
	账号内容的推送质量		
	……		
存在问题			
改进建议			

表 3-11　教师评价表

教师评价表（得分可采用十分制/百分制/五星制）			
小组名称	评分细则	细则得分	小组综合得分
	团队协作精神：小组实训任务分工及团队协作情况		
	账号定位设计能力： 头像、名称、简介等是否符合品牌特质和产品调性		
	账号内容生产能力：账号发布内容情况		
	……		
存在问题			
改进建议			

【案例分析】

《水果猎人杨晓洋》内容助农新形式

　　湖北秭归是著名的脐橙之乡，已经有 2000 多年培育脐橙的历史。那里生产的脐橙肉嫩多汁、清新爽口，但常年因为交通不便和缺少曝光度而无法打开更大的消费市场。

　　为了寻找古老的脐橙原生种，也为了帮助秭归脐橙走出大山，中国扶贫基金会旗下的善品公社与百家号内容创作者杨晓洋联合出品了微综艺纪录片——《水果猎人杨晓洋》新年特辑之《传橙》。用户打开百度 App 搜索"水果猎人杨晓洋"即可观看全片，并可通过视频下方的链接购买到优质的秭归脐橙，如图 3-30 所示。

图 3-30　《水果猎人杨晓洋》新年特辑之《传橙》

在视频中，杨晓洋带领观众一同走入湖北秭归的大山之中，探寻秭归脐橙的前世今生以及一群年轻人回乡发展脐橙事业的故事。作为百度百家号旗下众多优质内容创作者的代表，杨晓洋也被赋予了一个新的身份——中国扶贫基金会旗下善品公社的秭归脐橙公益推荐官，开启了"新媒体+电商"的新尝试，并发挥标杆作用，号召百家号站内更多优质创作者助力公益事业，用优质内容助农增收。自 2020 年 10 月上线以来，该节目以趣味、生动的科普内容获得了大量观众的喜爱，总播放量已超过 1500 万。除 2021 年新年特辑外，用户可以登录百度 App 搜索"水果猎人杨晓洋"查看往期内容，跟随水果猎人杨晓洋一同穿越中国，探寻那些不为大众熟知的中国水果。

思政小课堂：巩固脱贫成果，走向共同富裕

我国脱贫攻坚战已经取得了全面胜利，习近平总书记强调，我们要切实做好巩固拓展脱贫攻坚成果同乡村振兴有效衔接各项工作，让脱贫基础更加稳固、成效更可持续。脱贫摘帽不是终点，而是新生活、新奋斗的起点。我们要在新起点上接续奋斗，推动全体人民共同富裕取得更为明显的实质性进展。

思考：

1. 头条号/百家号等内容平台在扶贫助农上有何优势？
2. 你还了解哪些新媒体助力乡村创业的故事，分享其成功的关键。

模块三　资讯新媒体营销的策略技巧

【理论知识】

任何一种形式的新媒体营销，不管外在形式如何变化，最终都会回归到内容。新媒体营销时代，也是内容为王的时代，在深耕内容的前提下，运营人员还要熟悉各类新媒体平台的特点，如平台的用户特征、推荐机制、优势内容领域等。只有掌握了不同平台的特征，才能更有针对性地开展营销和运营活动。下面以头条号和百家号为例，拆解资讯新媒体的营销策略和运营技巧，对其他资讯新媒体平台的营销运营同样具有借鉴和参考。

一、头条号的营销策略和运营技巧

1. 营销策略

（1）内容定位

任何新媒体平台的营销运营，首先要解决的都是定位问题。根据平台的属性特点、用户特征、运营主体的企业性质、行业地位、营销需求等因素来确定账号的营销和内容定位。定位理论不仅仅应用于营销学领域，在品牌建设、产品规划上都具有重要作用。

（2）推荐逻辑

字节跳动是国内算法工程师密度最大的公司，也是将智能算法推荐应用得最好的公司。在头条号的运营过程中，要根据算法的推荐机制来优化自己的内容。比如，在标题中尽量凸显有代表性的实体词，封页图尽量选三个，图片清晰与内容相匹配等。

（3）内容原则

长期处在舆论的风口，近年来头条号对内容的审核相对而言是比较严苛的。不涉及违法违规以及虚假信息的推送是最基本的要求，在此基础上，保持内容的原创首发，做到某个细分领域的垂直深耕，注重图文、视频的视觉体验都是需要运营者格外关注的内容原则。

（4）形式渠道

很多互联网企业都在打通自己产品之间的内部通道，字节跳动整合了旗下各产品的资源，运营者的内容可以在整个头条生态下进行分发。保持内容领域的专注和垂直，文章、图集、短视频、直播，在形式和渠道上可以进行多元尝试和分发。

2. 运营技巧

（1）注意标题技巧

有数据显示，一篇文章标题的阅读量是正文的 6 倍，好的标题有助于提高文章的点击率与阅读率。在任何新媒体的运营过程中都要注意标题的写法和技巧。头条号的特点在于智能推荐，因此标题要有自己的特点，如多用实词便于机器对关键词的抓取，字数尽量控制在 16 个字以内等。在头条后台有基于头条推荐逻辑的《爆款标题》写法公开课，运营人员可以关注学习。

（2）关注影响推荐的要素

文章的点击率、阅读率、图文质量、发文频率、发布时间、站外热度、点赞量、收藏量、转发量等都会影响推荐。在日常运营的过程中，应重点围绕上述几个维度进行优化和改进。例如：互联网上的热点内容站外热度通常较高，站内推荐指数也会相应提升；如果文章被收藏，系统会自动默认转发一次，点赞和收藏都会提升推送内容的推荐量。

二、百家号的营销策略和运营技巧

1. 内容同步

头条号通过今日头条、微头条、西瓜视频、抖音等布局自己的产品矩阵，从形式上在内部构建起一个相对完整的新媒体营销矩阵。百家号则通过账号关联，联手微博、微信公众号平台、头条号以及爱奇艺号，实现账号之间的授权认证及内容同步。通过内容助手同步到百家号账号平台的图文，不占据账号的发文数量，却最大限度地增加了品牌的流量入口和价值曝光。

2. 垂直运营

百家号的运营与账号的定位有关。在科技、娱乐、财经、体育等大领域的前提下，要进一步做细分领域的划分。如体育板块可以划分为器材设施、体育赛事、装备服饰等，也可以按照运动种类做进一步的划分。账号在定位的过程中要对标垂直细分领域，并在细分领域保持高频率的持续输出和运营。

3. 搜索营销

2019 年年初，一篇名为《搜索引擎百度已死》的文章在网络上刷屏，文章指责百度搜索结果一半以上会指向百度自家产品，尤其是百家号。随后百度回应称百家号的内容源在搜索中占比不超过 10%。这从另一层面也反映了百家号除了在信息流中展示外也会被搜索引擎收录。移动端的百家号相当于互联网 1.0 搜索引擎时代 PC 端的企业门户网站。在百家号的运营中要注意通过话题、关键词以及其他形式的软性植入方式，来加大企业的品牌曝光，以及优化搜索引擎的排名。

【实训任务】

一、实训目的

通过头条号和百家号账号的内容生产、数据分析和运营优化，熟练掌握资讯新媒体平台的各项使用功能，掌握资讯新媒体的营销策略和运营技巧。

二、实训项目

头条号、百家号的数据分析和运营优化。

三、实训资料

河南御厨有机粮业有限公司相关资料见项目二。

四、实训步骤

1. 登录头条号后台的"成长指南"—"创作训练营"模块，完成"账号运营""变现攻略"课程的学习；登录百家号后台的"实验室"—"成长中心"模块，完成"账号运营""多元变现""功能上新""搜索定制"等课程的学习。

2. 根据账号的内容规划对账号进行日常维护和运营。

3. 观察账号的数据变化，对账号进行调整和优化。

五、实训评价

实训评价如表 3-12～表 3-14 所示。

表 3-12　小组自评表

小组自评表（得分可采用十分制/百分制/五星制）				
小组成员	承担工作	工作完成情况	个人得分	小组综合得分
		□未完成　□完成　□超额完成		

（续表）

小组成员	承担工作	工作完成情况	个人得分	小组综合得分
		□未完成　□完成　□超额完成		
		□未完成　□完成　□超额完成		
……	……			
问题自查				
改进措施				

表3-13　小组互评表

小组名称	小组互评表（得分可采用十分制/百分制/五星制）		
	评分细则	细则得分	小组综合得分
	账号内容发布频率		
	账号粉丝数、阅读数等数据变化		
	……		
存在问题			
改进建议			

表3-14　教师评价表

小组名称	教师评价表（得分可采用十分制/百分制/五星制）		
	评分细则	细则得分	小组综合得分
	团队协作精神：小组实训过程中的任务分工及团队协作情况		
	内容生产能力：是否能持续高质量的输出		
	数据分析能力：是否能通过数据优化调整		
	账号运营能力：数据表现是否持续向好		
	……		
存在问题			
改进建议			

【案例分析】

"了不起的农创人"——新媒体赋能乡村振兴

2022年1月13日，"了不起的农创人"暨百度百家号两岸"三农"作者交流研讨会在北京百度大厦举行，该活动由国台办指导，百度百家号主办，天津市台办、四川省台办、河北省台办协办，如图3-31所示。"乡村野光"等多位百家号优质"三农"创作者与宓欣怡、黄中平、吴宛玲等台农青年代表分享了"三农"创作经验，探讨了新时代的"三农"领域新机遇。此次研讨会上，百家号推出了"了不起的农创人"台农扶持成长计划，并宣布即将发布"甘霖计划"，投入6亿流量及丰富的权益，从内容生产、IP孵化到生态赋能，全方位助力"三农"创作者。

图 3-31　"了不起的农创人"暨百度百家号两岸三农作者交流研讨会

乡村振兴政策及平台的技术赋能和政策扶持进一步刺激了"三农"相关内容的生产，互联网的"适农化"进程正在加快。北京师范大学新闻传播学院学术委员会主任、教授、博导喻国明认为，百家号等新型平台媒介的崛起，让获得和消费"三农"内容不仅变得高效、便捷，而且生动、有趣。

百家号总经理杨漾透露，2021 年上半年，百家号"三农"作者数量提升了 68%，内容数量提升了 59%，"三农"优势垂类凸显。各具特色的创作者 IP 结合丰富的"三农"场景，让优质创新内容爆款频出。

2021 年，国台办等部委联合出台了《关于支持台湾同胞台资企业在大陆农业林业领域发展的若干措施》，进一步推动了农林领域研发创新、开拓内销市场，响应乡村振兴。随着两岸农业交流合作日益密切，越来越多的台胞来大陆从事农业事业。宓欣怡作为来大陆创业已有十几年的台胞，对此颇有心得，她把成都醪糟与台湾烧仙草融合创新，还基于端午节日特色推出醪糟粽子，助力其打入高端市场，提升了产品附加值。她还在阜新有机大米基地做起了衍生旅游，联合各大品牌直播带货大米农产品；结合崇州五星村特色打造了"网红火锅""湿地跑步""十二时辰农体验"等创新项目，产生了周边民俗餐饮、旅游体验、人才回归等社会效应。她说："希望透过我们的这些项目，能够吸引更多台湾年轻人看到四川成都，更多地加入我们，来到大陆发展'三农'事业。"

百度百家号汇聚了 460 万创作者，构建了由政府媒体作者、MCN 机构作者、人格化作者、原生作者等组成的多样化"三农"内容生态矩阵。在振兴乡村的浪潮下，百家号耕耘生态、提供服务、扶持创作者，推动"三农"信息进一步大众化、知识化、价值化。百家号期待与更多政府机构、优质创作者密切沟通合作，实现多方共赢，为乡村振兴与两岸文化交流做出更多贡献。

思政小课堂：新形势面临新要求，新媒体打开新局面

习近平总书记在全国脱贫攻坚总结表彰大会上指出：乡村振兴是实现中华民族伟大复兴的一项重大任务。要围绕立足新发展阶段、贯彻新发展理念、构建新发展格局带来的新形

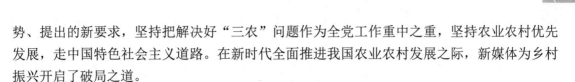

势、提出的新要求，坚持把解决好"三农"问题作为全党工作重中之重，坚持农业农村优先发展，走中国特色社会主义道路。在新时代全面推进我国农业农村发展之际，新媒体为乡村振兴开启了破局之道。

思考：

1. 查看百家号平台"三农"领域的优质作者，分析其内容有何特点？

2. 了解其他新媒体平台是否有相应的助农计划。

项目四　问答新媒体营销

【项目目标】

一、知识目标

（1）了解主流问答新媒体营销平台的类型。

（2）了解问答新媒体背后的知识营销以及营销逻辑。

（3）掌握问答新媒体平台的使用功能。

（4）掌握问答新媒体平台的营销运营策略。

（5）掌握不同问答新媒体平台的特征和区别。

二、能力目标

具备对问答新媒体营销平台账号进行营销定位和运营的能力。

三、素养目标

（1）培养新媒体运营者思维。

（2）培养新媒体营销的创新意识。

（3）培养新媒体从业者视角的互联网敏感度。

（4）培养新媒体工作岗位的专业素养和职业精神。

（5）培养运用问答新媒体普及科学知识、弘扬大国工匠的意识和能力。

四、岗位目标

具备企业问答新媒体营销运营专员的岗位素质和能力。

【内容结构】

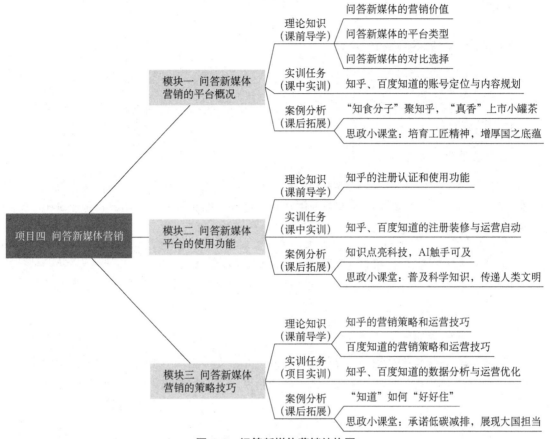

图 4-1　问答新媒体营销结构图

模块一　问答新媒体营销的平台概况

【理论知识】

　　问答新媒体营销平台是企业进行新媒体营销时经常用到的工具和渠道，尤其是在客户导流以及品牌曝光上。问答新媒体营销方式一般是通过提问和回答的形式与潜在的用户产生互动，在互动的过程中植入品牌或产品信息，对目标受众施加积极影响，使其成为企业的产品用户或者在互动中向企业的其他官方平台进行导流。

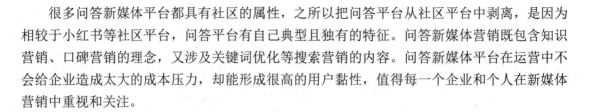
很多问答新媒体平台都具有社区的属性，之所以把问答平台从社区平台中剥离，是因为相较于小红书等社区平台，问答平台有自己典型且独有的特征。问答新媒体营销既包含知识营销、口碑营销的理念，又涉及关键词优化等搜索营销的内容。问答新媒体平台在运营中不会给企业造成太大的成本压力，却能形成很高的用户黏性，值得每一个企业和个人在新媒体营销中重视和关注。

一、问答新媒体的营销价值

（一）累积口碑效应

利用问答新媒体平台，模拟、聚集真实用户对产品的解释、说明和评价，以第三方的立场和态势达到口碑传播的目的和效果。

（二）强化用户互动

问答新媒体平台的互动以及账号主与用户共同的内容生产可以充分弥补传统官方网站和其他新媒体平台内容的不足，同时又能帮助用户获取更加全面有效的产品知识和企业资讯。

（三）客户精准细分

问答可以针对某个目标群体，根据群体的特点选择关注的焦点进行问答，充分调动特定人群的力量，达到具有针对性的效果。也可以针对话题做讨论，让对这个话题感兴趣的目标人群参与进来，达到人群聚合的效果。

（四）群体覆盖面广

问答营销的特点本身就决定了问答营销的覆盖面较为广泛。一个问题可以引来不同人群的讨论，一个事件可以吸引不同人群来评论，品牌的建议、产品的优化往往从问答开始。

（五）辅助搜索营销

问答新媒体平台上的内容一般都会被特定搜索工具收录，且权重占比很高，进行问答新媒体平台的运营可以有效辅助企业进行搜索引擎营销（SEM）。

二、问答新媒体的平台类型

（一）知乎

知乎发布于2011年，是中文互联网问答社区，具有问答和社区的双重属性。把知乎归类为问答新媒体平台，是因为知乎最主要的内容呈现形式是通过"提问"和"回答"来完成的。高质量的提问和高质量的回答会引发高流量的曝光和关注。知乎也可以称之为论坛或社区，只是从纵向上看知乎不像小红书和豆瓣那样垂类特征显著。除了打造企业或个人的私域流量、布局新媒体矩阵外，知乎已经具备了多种专业的互联网品牌推广形式，开放了商域流量入口，如"品牌专区""品牌提问"等，是企业进行品牌推广的重要渠道。

1. 平台概况

知乎官方招股书数据显示：截至2020年12月31日，知乎累计拥有4310万内容创作者，已贡献 3.53 亿条内容，过去两年的复合年增长率为 64%，其中包括 3.153 亿条问答，内容覆盖了 1000 多个垂直领域，涵盖了超 57 万个主题。针对专门的知识问答营销，知乎已经形成了从产品到路径再到资源的全面匹配。随着移动互联网的发展，用户的时间被不同的 App 分解，用户在各大移动 App 间的互相跳跃迁徙成了常态，知乎也就成了优质的头部流量聚合地。与其他平台相比，以知乎为代表的知识问答平台更容易被消费者所信赖。知乎通过平台所聚集的问答和专栏内容，将品牌相关的知识、经验、见解等有价值的信息传递给目标受众，使其逐渐形成对企业品牌和产品的认知，为品牌推广提供良好的信用背书。

2. 用户侧写

知乎用户呈现多元化分布的趋势。从性别上看，知乎男性用户占比 53.3%，男女比例接近均衡；从年龄上看，25 岁～35 岁的社会中坚力量占比 61%，是知乎的核心群体；从地域上看，一线、新一线、二线城市用户占比为 41.4%，新兴中产和影响力人群是知乎用户的主流，知乎用户的高学历、高收入、高购买力也让其整个群体呈现出高价值特性，其中高学历人群占比达到 80.1%，近两成用户拥有海外留学经历；从月收入分布来看，家庭月收入 2 万元以上的用户占比 41%，可投资资产 10 万元以上的用户占比 36%。

此外，从内容需求上看，渴望通过知乎学习知识与自我提升的用户占比最多，达 70.6%；65.5% 的用户使用知乎提问和查找专业领域知识，其主要行为是浏览和搜索话题内容；43.1% 的用户在知乎通过写文章和回答问题分享自己的知识和经验。通过知识问答，知乎把有学习需求和乐于分享的人群连接在了一起。（数据来源：艾瑞数据）

（二）分答

2016 年是移动互联网值得被记录的一年。这一年，有一款付费语音问答 App 表现抢眼，上线仅 42 天就拥有超过了 1000 万的授权用户，李银河、周国平、罗振宇、汪峰、章子怡等众多明星、网红及健康、理财、职场等领域的名人大咖纷纷入驻。各类明星答主究竟在分答回答什么样的问题，一度是 2016 年的热点话题。分答不仅开创了语音付费知识问答的先河，也首创了提问者、回答者、偷听者和平台四方受益的收益模式。模式创新、话题度高、明星加持，一度使分答成为 2016 年移动互联网领域的现象级应用。分答的收益分配和角色关系分别如图 4-2 所示。

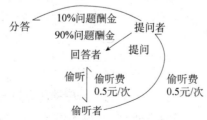

图 4-2　分答角色关系图

2018 年分答更名为"在行一点"，由最初的付费语音问答平台逐渐转变为以在线课程为主的知识服务平台。付费问答模式不会消失，但会越来越垂直化。进行细分之后的付费知识问答虽然不会独立存在，但也为个体或企业进行问答新媒体营销提供了可供选择的机会和路

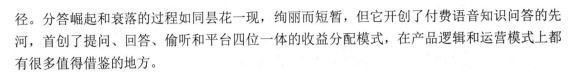

径。分答崛起和衰落的过程如同昙花一现,绚丽而短暂,但它开创了付费语音知识问答的先河,首创了提问、回答、偷听和平台四位一体的收益分配模式,在产品逻辑和运营模式上都有很多值得借鉴的地方。

（三）百度知道

百度知道于 2005 年发布,是一个基于搜索的互动式知识问答分享平台。与分答的专家模式不同,百度知道的用户更加多元化。百度知道的用户有针对性地提出问题,通过积分奖励机制发动其他用户解决该问题,同时这些问题的答案又会进一步作为搜索结果,提供给其他有类似疑问的用户,从而达到传播分享的效果。百度知道最大的特点在于具有搜索引擎的基因,用户既是使用者又是创造者。在这里积累的知识数据可以反映到搜索引擎的结果中,通过用户与搜索引擎的相互作用,实现企业或个人的问答营销。

1. 平台概况

百度知道背靠全球最大的中文搜索引擎百度,在 PC 互联网时代积累了大量的用户,是全球最大的中文问答互动平台,每天为数亿网民答疑解惑。自 2005 年发布到 2019 年,百度知道已经解决的问题量超过 5.5 亿,日活跃用户数量超 1.5 亿,日帮助用户数量超 4 亿人次。近年来,百度持续加大在人工智能上的布局,百度知道依托百度 AI 深度学习技术对提问内容进行抽取分类和个性化分发,用专业知识直接解决应用难题,减少用户学习成本。（数据来源:百度知道合伙人营销生态峰会）

2. 用户侧写

在百度知道的提问者中,男性用户占 57.9%;在回答者中,男性用户占 53.7%。百度知道的用户年龄绝大部分集中在 18 岁~34 岁,他们求知欲旺盛,更热衷于通过百度知道解决问题、探索世界。百度知道男性用户的问题集中在数码、升学入学、游戏等领域,女性用户的问题集中在升学入学、生活、时尚等领域,升学入学是男女共同关注量较大的问题领域。就地域分布而言,百度知道的提问者中来自北京的数量遥遥领先,百度知道的回答者中来自北京、河北、江苏、广东、河南、山东等地的占了一半。

在百度知道中,婚恋职业类问题讨论最激烈,健康娱乐类问题最容易引起互动,心理音乐文学类问题最容易引起共鸣。知识内容在用户生活消费决策方面发挥着巨大作用。经数据研究显示,知识问答内容对汽车、数码、美妆等行业的消费决策影响尤其突出。每一次提问,每一个回答,都是对消费者决策路径的再造（数据来源:百度知道合伙人营销生态峰会）。

（四）头条问答

头条问答是今日头条旗下的在线问答社区,是一个偏向浅层化、热点化的 UGC 综合问答社区。在知识分享、提问与回答的基础功能上,借助头条的海量用户及精准分发技术,为用户提供精准的内容推荐与多元的问答社交,为创作者提供海量的内容曝光,实现"所有人问所有人,所有人答所有人"。在平台特性与企业目标客户吻合的情况下,头条问答也是企业或个人新媒体营销的一个选择路径和平台。

1. 平台概况

头条问答于 2016 年上线,作为"今日头条"的一个频道板块运营一年后,于 2017 年 4

月正式升级为"悟空问答"。从功能来看，"悟空问答"更类似一个资讯快消类的问答平台，而非知乎那样拥有更多的知识沉淀。随着短视频的崛起，"悟空问答"在2018年以后逐渐式微，2021年2月正式停止服务，以头条问答的形式继续运营。虽然并入微头条，没有独立发展，但背靠今日头条的巨大流量池，头条问答的月用户活跃时长一直保持在与知乎相当的级别。

2. 用户侧写

根据腾讯指数提供的数据表明，头条问答与今日头条的用户高度重合，18岁～30岁的年轻人占比达到77.76%；从男女比例来看，男性占70%左右，明显高于女性；从学历教育上看，本科学历占比最大，其次为初中和高中，硕士及以上占比极小；从使用场景上看，大都集中在睡前、上下班途中、晚上等碎片化时间段。作为一个以问答形式为主的内容平台，头条问答主攻的也是此类碎片化的时间。

（五）"得到锦囊"

2020年1月17日，知识服务应用"得到"App正式发布了旗下的轻量问答知识服务产品"十万个怎么办"。据发布方表示，该产品旨在通过集结众多优秀知识创作者，输出应对真实世界和真实挑战的解决方案型知识，书写一部"属于这一代人的百科全书"。"得到"App由"罗辑思维"团队打造，从每天早上的60秒语音的公众号到发宏愿要做20年的跨年演讲，从线上知识服务应用"得到"App的发布到线下"得到大学"的开办，从"十万个怎么办"上线到举办"知识春晚"，"罗辑思维"的每一次动作，似乎都在开创知识服务和新媒体应用的新典范。在分答速起速落，"悟空问答"并入微头条，问答新媒体平台似乎前景广阔又一片"衰败"的背景下，"十万个怎么办"的上线，又将带给用户和新媒体运营人员怎样的期待？

1. 平台概况

"得到"App于2016年上线，由"罗辑思维"团队打造，是一款知识付费产品，旨在为用户从海量信息中筛选出有价值的内容，以音频、电子书的方式传授知识，帮助用户在碎片化的时间内通过学习提高自己。"得到"在2016年推出首个付费专栏"李翔商业内参"。2017年，"得到"App在主办的001号知识发布会上推出12款知识产品，并与业内同行共享"得到品控手册"。随后，在002号知识发布会上重推"每天听本书"VIP会员产品。2018年正式推出"少年得到"，涉足少儿教育领域。在2019年春季知识发布会上，发布"得到"电子书面向未来的全新升级版。2020年初上线"十万个怎么办"，2020年6月正式更名为"得到锦囊"。

2. 用户侧写

目前"得到"App的注册用户数量为3800万，在性别比例上以男性居多，为女性用户的两倍，这与"得到"所提供的内容更偏重于商业、职场等男性感兴趣的领域，而较少涉及娱乐、生活与美妆等女性感兴趣的领域有关。在年龄层上，以25岁至35岁的用户为主，占总用户数的60%以上，这个年龄阶段的用户正处于职业生涯的上升期，对于学习及自我提升有较强需求。在地域分布上，广东、江苏、浙江等沿海发达地区的用户占了较大比例，沿海

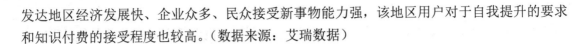
发达地区经济发展快、企业众多、民众接受新事物能力强，该地区用户对于自我提升的要求和知识付费的接受程度也较高。（数据来源：艾瑞数据）

三、问答新媒体的对比选择

就目前主流问答新媒体营销平台而言，知乎、百度知道、头条问答以及后发者"得到锦囊"各自基因突出，特征明显。有数据显示，前三款问答新媒体产品的用户重合比例不超过5%。由此可见，每个平台都有自己非常清晰的属性定位和用户特征。

（一）对比分析

对于不断涌现和快速迭代的问答互联网产品，企业和个人在进行新媒体营销平台入驻的时候该如何选择？同样还是需要首先对每个平台的流量大小、属性特点、用户特征等进行分析，如表4-1所示。比如，知乎与头条问答上在用户特征方面存在着明显的差异。企业和个人在进行入驻的时候，就需要首先对各个平台的特征进行分析，首选与自身目标用户相契合的平台。

表4-1　问答新媒体平台对比分析表

类型	定位	优势特点
知乎	有问题，就会有答案	专业、高知
百度知道	百度一下，生活更好	搜索引擎
头条问答	所有人问所有人，所有人答所有人	智能推荐
得到锦囊	人生一切难题，知识给你答案	务实、可信

（二）选择策略

有条件的企业和个人可以选择多平台运营，在资源有限的情况下，就需要有针对性地选择某一两个平台进行专注和深耕。同资讯新媒体营销一样，企业和个人在进行平台入驻选择的时候，要重点考虑三方面问题：一是平台的特点和用户侧写。平台的内容分发和推荐机制是什么？平台的用户规模和用户特点是什么？平台的联合分发渠道有哪些？二是企业或个人的目标用户的特征有哪些？官方账号的定位是什么？三是企业或个人账号的用户特点和需求定位与哪个平台匹配度最高？

【实训任务】

一、实训目的

通过知乎、百度知道、头条问答的对比分析，对不同平台的特征和用户属性有更深入的了解，为账号在进行问答新媒体营销和运营时的入驻选择、账号定位、内容规划、KOL合作、商业投放等提供决策参考。

二、实训项目

知乎、百度知道的账号定位与内容规划。

三、实训资料

河南御厨有机粮业有限公司相关资料见项目二。

四、实训步骤

1. 以"有机农产品"为核心关键词，参考本书"门户新媒体营销"中的关键词拓展方法，对该关键词进行拓展，将拓展出来的关键词以问题的形式呈现，例如"有机农产品 VS 常规农产品如何选择？"

2. 选择 3～5 个拓展出来的关键词，每一个关键词分别在知乎、百度知道、头条问答上进行检索，分析三个平台上的回答在答案质量、数量以及检索页面的呈现效果上有何不同，完成表 4-2。

表 4-2　知乎、百度知道、头条问答关键词对比表

关键词一				
平台名称	回答数量	答案质量	搜索页与着陆页的页面呈现效果	相关搜索
知乎				
百度知道				
头条问答				

关键词二				
平台名称	回答数量	答案质量	搜索页与着陆页的页面呈现效果	相关搜索
知乎				
百度知道				
头条问答				

关键词三				
平台名称	回答数量	答案质量	搜索页与着陆页的页面呈现效果	相关搜索
知乎				
百度知道				
头条问答				

······

3. 在知乎、百度知道内查看与"有机""农产品""饮食健康"等领域相关的账号，分析其内容特点和发布频率，完成表 4-3。

表 4-3　知乎、百度知道、头条问答账号对比表

平台	账号名称	账号简介	账号数据（粉丝数/内容数/获赞数等）	热门问答
知乎				

（续表）

平台	账号名称	账号简介	账号数据（粉丝数/内容数/获赞数等）	热门问答
百度知道				

4. 为河南御厨打造问答新媒体平台官方账号的人设形象，为此人设形象设计图片，撰写解读文字，完成表4-4。

表4-4　人设形象设计表

人设形象	创意解读

5. 参考上述内容，结合河南御厨的企业和产品特点，为账号制定内容规划方案。内容规划方案包含但不仅限于内容形式（图文、视频、直播等）、内容定位（有机、饮食健康、食育等）、内容频率（图文更新频率、短视频更新频率、直播的场次和时间安排等）等。

五、实训评价

实训评价如表4-5～表4-7所示。

表4-5　小组自评表

小组成员	承担工作	工作完成情况	个人得分	小组综合得分
		□未完成　□完成　□超额完成		
		□未完成　□完成　□超额完成		
		□未完成　□完成　□超额完成		
……	……			
问题自查				
改进措施				

表4-6　小组互评表

小组名称	评分细则	细则得分	小组综合得分
	关键词确定是否科学、合理		
	对比分析是否精准、到位		
	人设形象是否突出、得当		
	内容规划是否科学、合理		
	……		
存在问题			
改进建议			

表 4-7　教师评价表

小组名称	教师评价表（得分可采用十分制/百分制/五星制）		
	评分细则	细则得分	小组综合得分
	团队协作精神：小组实训过程中的任务分工及团队协作情况		
	对比分析能力：是否能通过问答分析出平台特征		
	形象设计能力：人设形象设计情况		
	方案写作能力：规划方案撰写情况		
	……		
存在问题			
改进建议			

【案例分析】

"知食分子"聚知乎，"真香"上市小罐茶

国盛茶兴，"小罐茶"是在消费升级和中国文化复兴趋势下诞生的高端中国茶品牌。茶为国饮，但长期存在"有品类，无品牌"的散乱局面。买茶时无标准，喝茶时太繁琐，导致越来越多国人亲咖啡而弃茶。

打破农产品思维的禁锢，小罐茶以消费品思维为核心，打造了现代派中国茶品牌。"让中国茶重新走向世界——不是原料，而是品牌；不只是产品，还有中国文化！"是小罐茶的梦想，也是中国茶文化奋斗的使命。

历时 4 年的研发测试，金骏眉红茶"真香"上市，上市活动期间在其全国线下门店发起新品品鉴活动，同时借助"知食分子"聚集的知乎，以优质的茶叶知识内容为媒介与年轻消费者进行深度的沟通，引导目标客户到店品鉴，反哺线上口碑和内容建设，为小罐茶"真香"系列在全网建立起优质的内容阵地。

一、铺设优质内容，植入活动信息

小罐茶官方机构号在知乎发布"不要小看真香系列，免费喝要不要！""夏日特调饮，我在等风也等你"等内容，发起以联名款香薰为礼物的线上、线下营销活动，配合知乎"知+"助力内容、加速流通，帮助品牌获得更多活动曝光，覆盖并触达目标人群，引导用户报名参与到店品鉴活动。

二、收集用户反馈，建立口碑阵地

活动内容成功收获上百人参与线上报名，全国各地的知友到店参与小罐茶"真香"上市品鉴活动，并于大众点评、知乎等平台主动分享小罐茶新品品鉴感受，给予品牌真实的体验反馈。这次活动不仅通过知乎用户"敢为天下鲜"的尝鲜属性增加了活动注册量，同时以用户 UGC 特点大大增加了小罐茶"真香"上市活动的参与热情和用户活跃性，为品牌获得了

出色的用户口碑传播效果，通过用户口碑实现了目标用户的好感转化，如图4-3所示。

图4-3 小罐茶"真香"的知乎活动

三、到店品鉴交流，实现消费转化

用户到店交流、体验小罐茶的茶文化，从知茶到品茶，从赏茶到消费转化。小罐茶与知乎的一系列知识营销动作，通过别具一格的方式鼓励消费者发表自己对于此次品鉴活动独一无二的感受与体验，从而影响了更多潜在客户实现消费转化。

思政小课堂：培育工匠精神，增厚国之底蕴

我国自古就有尊崇和弘扬工匠精神的传统。《诗经》中的"如切如磋，如琢如磨"反映的就是古代工匠在雕琢器物时执着专注的工作态度。"庖丁解牛""巧夺天工""匠心独运""技近乎道"……，经过千年岁月的洗礼，这种精益求精的精神品质早已融入中华民族的文化血液。当今时代，传统意义上的工匠虽然日益减少，但工匠精神在各行各业传承不息。除了中国茶的制作技艺，小到一颗螺丝钉、一块智能芯片，大到卫星、火箭、高铁、航母，它们背后都离不开新时代劳动者身体力行的工匠精神。

思考：

1. 查看小罐茶的知乎机构账号，分析其内容特点。
2. 什么样的产品适合开展知识营销？

模块二 问答新媒体平台的使用功能

【理论知识】

问答类新媒体平台类型多样，作为主平台一个子频道存在问答产品操作相对简单，核心在于日常的维护和运营。知乎功能更为全面，百度知道合伙人主要针对企业机构用户，下面以知为例，介绍问答新媒体平台的注册认证和使用功能。

知乎的账号类型分为个人账号和机构账号两大类。知乎主要采用问答的形式进行交流和传播，优势在于问题和答案的深度性。个人账号有利于专业垂直领域的意见领袖建立个人品牌，机构账号分为企业机构、政府机关及事业单位机构和其他机构三种类型。通过知乎的机构账号可以进行知识问答和用户互动，从而影响用户在消费链条上的决策导向。

（一）个人账号的注册

1. 知乎不强制使用真实身份证明进行注册，但个人用户不得使用企业、产品、机构等名称作为个人账号用户名；不支持含有特殊符号及无意义标点的用户名。知乎个人账号的注册认证页面如图4-4所示。

图4-4　知乎个人账号的注册认证页面

2. 知乎支持手机号、微信、微博、QQ等个人或第三方登录方式。

（二）机构账号的注册

1. 进入知乎首页可进行知乎机构账号的注册认证，如图4-5所示。

图4-5　知乎机构账号的注册认证页面

2. 知乎机构账号分为企业机构、政府机关及事业单位机构和其他机构三种类型，每种类型适用的主体如表4-8所示。

表 4-8　知乎机构账号类型分类表

账号类型	适用主体
企业机构	企业法人、企业非法人、个人独资、个体户、具有营利性质的组织机构
政府机关及事业单位机构	事业单位法人、机关法人、机关非法人
其他机构	社团法人、民办非法人、工会法人

3. 知乎机构账号的名称暂不支持修改，如果遇到特殊情况需要修改公司主体，需发送申请。已认证的机构号名称具有唯一性，采取先到先得的原则，后申请的账号不能与已认证成功的账号名称重复。若已经拥有该名称的合法权益，如已注册商标，可以主动搜索该账号名称，进入主页进行"举报"。

（三）机构账号的认证

认证后的账号具有蓝色认证标识、名称唯一保护、搜索结果排序优先、文章&回答数量增加、数据分析功能、机构盐值等权益。认证费用与微信公众号相同，为 300 元/年。

（四）使用功能

知乎的个人账号与机构账号页面基本相同，其中"我的主页""设置""首页""发现""等你来答"等功能模块都是一样的，不同的是个人账号中多了"创作者中心"功能模块，帮助个人创作者更好地进行内容输出和变现；机构账号中多了"管理中心"功能模块，通过奖励专区和数据概览帮助账号主更好地进行账号运营。

1. 我的主页

"我的主页"是知乎个人账号与机构账号共同的模块，且功能一致。登录进入知乎账号主页后，点击右上角头像图标即可进入。"我的主页"与早期博客的页面相类似。在"我的主页"中可以上传封面背景图，要求背景图长度不小于 1200px，宽度不小于 240px，也可以设置头像以及编辑个人资料。背景图和头像相当于"店招"，而个人资料则为回答提供了一定的信用背书。在背景图和头像下方，通过"提问""回答""文章""专栏""想法""关注"等一系列菜单，显示账号主在知乎上的相关内容。

（1）提问、回答。"提问""回答"是知乎最主要也是最基本的内容形式，各行各业的人以自己的角度分享个人经验等高质量的信息，在知乎平台上进行互动。一方面，传统的知识获取途径如书籍耗时耗力；另一方面，网页浏览器信息泛滥，鱼龙混杂，有很多低质甚至虚假不实的信息，不利于快速甄选到自己想要的结果。知乎高质量的问答在一定程度上弥补了上述两种情况的不足。

（2）文章、专栏。知乎的"文章""专栏"主要用于长内容的输出。尤其是"专栏"，为有意愿在特定主题下持续创作及有合作写作需求的用户提供了特定的写作工具和输出平台。创建专栏需要进行申请，通过审核后即可使用。在机构账号中，达到相应的级别才能开通专栏。

（3）想法。知乎的"想法"是主要应用于移动端的类似微博的轻量、即时的创作与分享功能模块。相较于知乎特定场景下的"问答"与"专栏"，"想法"使用起来更加便捷和高效。"想法"中的转发、鼓掌等功能，可以让好内容得到更加高效的传播。

2. 设置

"设置"也是知乎个人账号与机构账号共有的功能模块。在"设置"中可以对账号的基本资料如运营主体、运营人员基本信息、账号密码及绑定邮箱、图片水印、快捷键、私信保护、消息等进行设置。知乎账号的基本信息一经注册是不允许随意修改的，修改时均需提交正式的邮件申请，企业在账号入驻的过程中需慎重选择。

3. 创作者中心

"创作中心"功能模块是知乎个人账号所独有的，相当于头条号后台的管理页面。与头条号后台功能类似，这里可以发布问答、视频、文章等内容，进行内容和评论的管理，数据分析，解锁权益等。这些功能菜单在页面的左侧竖向排列，点击相应的菜单按钮即可进入，如图4-6所示。

图4-6 知乎个人号创作者中心后台页面

（1）创作。知乎的"创作"模块除了是问答、文章和视频内容的发布入口，还为账号运营人员提供了"近期热点""潜力问题""问题推荐"等特色子模块。其中"近期热点"提供了站内不同领域时榜、日榜、周榜的热点话题；"潜力问题"是站内浏览量和回答量都比较高的问题，如图4-7所示；"问题推荐"则是根据账号注册和冷启动时的领域推荐的相关问题。

（2）创作权益。在"创作权益"模块，知乎提供了"版权服务""知乎直播""圆桌主持人""品牌任务"等权益，账号达到相应的等级即可申请开通相应的权益，如图4-8所示。账号主在运营的过程中，可以根据运营需求及账号实际选择相应的模块进行申请。

（3）收益。在"收益"模块，账号运营人员可以使用"好物推荐"功能。开通"好物推荐"功能的账号可以在回答、文章、视频、直播、橱窗中插入商品卡片，向知友分享购物经验，购买商品，帮助账号主实现内容变现。"好物推荐"目前只针对知乎的个人账号，账号等级达到3级即可申请开通。

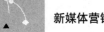

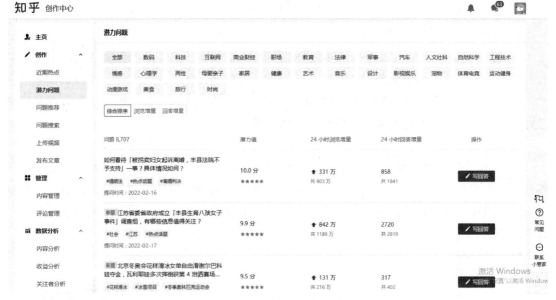

图 4-7 "潜力问题"模块

图 4-8 "创作权益"模块

4. 管理中心

"管理中心"功能是知乎机构账号特有的，在机构账号的页面左上方可进入查看。"管理中心"与"创作中心"一样是知乎机构账号进行内容发布、作品管理、数据概览的总后台。与"创作中心"不同的是，"管理中心"专门针对机构账号提供了订单管理、发票管理、礼包兑换等服务，如图 4-9 所示。

图 4-9 "管理中心"功能

【实训任务】

一、实训目的

通过知乎和百度知道的账号定位、人设打造、注册和运营启动，掌握问答新媒体平台的平台特征、内容规范、推荐机制以及后台的使用功能。

二、实训项目

知乎、百度知道的注册装修与运营启动。

三、实训资料

河南御厨有机粮业有限公司相关资料见项目二。

四、实训步骤

1. 根据相关知识以及打造的人设形象，为河南御厨设计知乎和百度知道的账号名称、头像、简介、封页图等。

2. 根据课程所讲内容及平台操作提示，完成河南御厨知乎和百度知道账号的注册及装修。

3. 使用注册好的账号登录知乎和百度知道平台，浏览与有机农产品、饮食健康等领域相关的账号和内容，进行点赞、分享、收藏、转发等操作，帮助系统识别账号偏好，完成账号冷启动。观察冷启动后，账号的推荐页面发声了哪些变化。

4. 结合国家乡村振兴、健康中国等其他战略信息，选择相应领域进行提问和回答，观察账号的推荐情况和各项阅读指标。

5. 登录知乎后台的"创作成长"—"创作者学院"模块，完成"新手入门""大咖请回答"等课程的学习。

五、实训评价

实训评价如表 4-9～表 4-11 所示。

表 4-9　小组自评表

小组自评表（得分可采用十分制/百分制/五星制）				
小组成员	承担工作	工作完成情况	个人得分	小组综合得分
		□未完成　□完成　□超额完成		
		□未完成　□完成　□超额完成		
		□未完成　□完成　□超额完成		
……	……			
问题自查				
改进措施				

表 4-10　小组互评表

小组互评表（得分可采用十分制/百分制/五星制）			
	评分细则	细则得分	小组综合得分
小组名称	账号名称是否突出品牌特点且容易辨识和传播		
	账号头像是否突出品牌特点且容易辨识和传播		
	账号简介是否能说明账号功能和品牌特色		
	提问是否契合品牌的特点		
	回答是否专业、严谨		
	……		
存在问题			
改进建议			

表 4-11　教师评价表

教师评价表（得分可采用十分制/百分制/五星制）			
	评分细则	细则得分	小组综合得分
小组名称	团队协作精神：小组实训过程中的任务分工及团队协作情况		
	账号定位设计能力：是否符合品牌特质和产品调性		
	问答运营能力：是否能结合产品和热点进行提问和回答		
	……		
存在问题			
改进建议			

【案例分析】

知识点亮科技，AI 触手可及

科技类品牌或产品经常面临的最大问题是需要对用户的认知和使用习惯培养进行长期投资。有了用户的认知和行为养成，才能在推动人类科技进步的同时赢得品牌发展机遇。品牌与用户之间的距离差了或者说"只差"一个科普，而问答类新媒体平台在"一问一答"中承担着品牌与用户之间桥梁的作用。

作为全民知识类科普平台的知乎，聚集了大量用户关注着各类热门或冷门话题，在众多话题当中，智能服务科技企业"优必选"与知乎共同关注到一个令大众为之动容的特殊群体——留守儿童。优必选作为 AI 科技公司，一直致力于将 AI 进行更有价值的落地应用，为社会贡献自己的企业责任，而知乎便为其在众多线上内容中迅速找到了营销切入点。

通过大量知乎用户贡献的真实内容，优必选发现留守儿童最缺失的其实是精神上的温暖和陪伴，他们也许并不缺乏物质条件，但长期与父母的分离令这样一个群体逐渐丧失了对温度的感知。基于此，知乎为优必选设定了"以 AI 相伴"的营销概念，让 AI 化为有形的陪伴，给予留守儿童健康、积极、有价值的人文关怀。

知乎从线上积累的优质内容中精选了六本图书，借助主持人李锐的名人效应发起了在线朗读接力，迅速发酵讨论热度，发动大众的力量共同关注留守儿童群体，用知识传递关爱，由优必选的 AI 科技机器人承载图书内容，送至孩子们手中，让机器人装载着来自社会的温暖，陪伴留守儿童们长大。活动期间，知乎发放了 1 万张读书卡，形成了万人接力的公益效应，而优必选在站内的热度激增，一跃成为公益话题的 Top 2，如图 4-10 所示。

图 4-10 "以 AI 相伴"在线朗读接力

知乎利用其天然内容平台的优势，拥有来自全民贡献的真实洞察，依托其高质量、高知识含量的内容属性，精准地为优必选制定出了能实现社会价值、品牌价值和公益价值的解决方案。

思政小课堂：普及科学知识，传递人类文明

科普不仅是科学家必备的责任和担当，和教育、社会都密不可分。科普会带来对专业认识的辨识力，带来整个社会的高素养、高水准、高认知能力，使民众不再惧怕、担忧、迷茫和困惑。科普承担的是提高社会认知和传递人类文明的使命。

思考：

1. 查看知乎"万人接力为留守儿童读书"活动，深度了解优必选与知乎联合开展的知识营销活动。

2. 查看知乎机构账号"优必选科技"的问答内容，分析其运营特点。

模块三　问答新媒体营销的策略技巧

【理论知识】

问答新媒体营销的核心在于对"提问"和"回答"的运营。相较于长的专栏文章，问答的形式相对轻量。但要根据用户需求、时事热点结合自己的产品特点和品牌调性孕育出好问题，也不是一件容易的事情。除此以外，还要考虑平台的公域流量特点，下面以知乎和百度知道为例拆解问答新媒体平台的营销策略和运营技巧，对其他问答新媒体平台同样具有借鉴意义。

一、知乎的营销策略和运营技巧

（一）营销策略

1. 有针对性地设置提问和回答

问答新媒体营销的关键在于有质量的提问和回答。在进行问答新媒体营销时，要有针对性地设置问题和答案。问题要具有一定的趣味性且容易引发讨论，回答要能巧妙地植入品牌关键词。在问答中，通过情感表达改变消费者看法；以自身经验知识分享促使消费行为发生；通过传递客观信息树立品牌形象；通过筛选相关问题进行软文植入。

2. 运营专栏文章

相较于问答，专栏文章所承载的信息量更大，是品牌背书的有力输出窗口。尤其是专业人士的专栏文章，其信服力更强，影响力更大，在搜索排位上所占的权重也相对较高。此外，专栏文章的转发收藏率也较高，更便于在其他媒体平台上进行二次传播。因此，在进行知乎营销的过程中，要注意专栏文章的运营比重。

3. 塑造品牌话题

关键词搜索能增加品牌的曝光，可以提出跟品牌名称有关的问题或话题。在策划品牌话

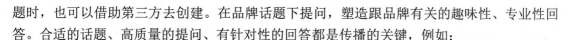

题时，也可以借助第三方去创建。在品牌话题下提问，塑造跟品牌有关的趣味性、专业性回答。合适的话题、高质量的提问、有针对性的回答都是传播的关键，例如：

（1）热点类话题：如何评价小米高管王腾在微信群对于抢购小米手机的言论？

（2）脑洞类话题：家里的电器会说话是怎样一种体验？

（3）经验类问题：考研英语如何考到90分？

（4）汇总和奇葩类问题：袋鼠整天一跳一跳的不伤膝盖吗？

（二）运营技巧

1. 明确账号定位

定位的作用在于当用户看到账号内容时能快速感知将从账号中获取什么样的价值，运营主体需要首先进行自己企业和产品的用户画像，然后确定账号风格。知乎社区氛围是认真、专业、友善的，以品牌调性为根基，融合产品或服务的价值，可以是观点输出型、干货分享型、脑洞创意型等风格的内容。知乎主要的内容大类有：

（1）行业知识类：如教育、电商、旅游、科技等行业或公司的资讯等。

（2）企业文化类：如企业文化墙、文化衫、团建、招聘等。

（3）产品信息类：如服务客户的案例、新上线产品介绍等。

（4）职场技能类：如新媒体运营、营销方法论、沟通能力提升、思维训练等。

2. 对标内容生态

知乎的内容生态相对丰富，涵盖了科技、职场、教育、美食、游戏、家居等有趣、多元、专业的内容赛道。在完成账号定位以及内容规划后，要重点了解知乎的产品生态，把相应形式的内容分发到相应板块。知乎的问答社区产品包括问答、文章、专栏、想法和圆桌；知识市场产品包括知乎书店和知乎Live。对知乎运营者而言，必须了解的产品板块是文章、问答、想法和专栏，同时要掌握相应的内容分发路径。

3. 确定风格结构

在账号的内容风格中，一般以一到两个专业领域为主，以干货为主的知识分享、有趣的文字风格、独到新颖的见解等类型普遍受到知乎用户的喜爱；在内容结构上，要以输出回答为主、文章为辅、想法为点缀，各种类型穿插避免账号内容过于枯燥；在互动引导上，要加强引导用户对账号的内容进行点赞、评论等互动行为。例如，可以在开头或结尾插入话术："此条回答分X步展开，建议收藏""整理不易，需要知友一个小红心的鼓励"等。

4. 把握发布节奏

在运营初期，账号会先经历冷启动阶段。运营主体在完成主页装修后发布内容的前期，要结合自身的运营规划及目标受众分析，对相关的知友、问答、话题、圆桌和专栏进行关注、点赞等互动行为，提高账号的活跃指数，让知乎平台更快速地了解账号，匹配更多符合账号定位的内容与流量。在更新频率上，一般每周发布5篇左右的问答或专栏文章。在没有更新内容的情况下，账号要通过热榜、推荐、关注等板块进行与自身账号相关的内容点赞、评论等互动，保持账号活跃度，提高账号盐值。盐值越高，账号的权重也会相应升高。

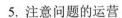

5. 注意问题的运营

在问答新媒体营销中，运营者们普遍重视回答的技巧。前"得到大学"教务长蔡钰曾经说过："多少好答案久藏于世，苦等一个好问题。"运营者在关注答案的同时也需要注意对问题的运营。一方面，一个好问题的出现会聚集一批回答者和关注者，问题与回答的互动讨论影响着人们的决策导向和认知边界；另一方面，答案的质量跟问题的质量有很大关系，因此问答新媒体平台在运营的过程中，既要专于回答，也要善于提问。

6. 提高回答质量

在回答的过程中，首先要对问题进行甄选，挑选相关领域浏览量高且回答数量较少的问题，回答的内容会比较容易被发现。其次篇幅要适中，不宜过长也不宜过短，1500字左右为佳。在回答的内容结构中，每300～500字配一张图片，避免全篇幅文字降低用户的阅读体验。配图可以是每一段的总结如思维导图，也可以是趣味性的表情包。在回答中先给出结论，再分析结论，"故事+经验分享"的模式普遍受平台用户的认可。

二、百度知道的营销策略和运营技巧

（一）营销策略

1. 选择恰当的关键词

由于百度的搜索基因，百度知道的问答营销与 SEO 相似，都需要加强关键词的设计。搜索引擎的工作原理是通过查找关键词来抓取信息，账号主所设计的问题能不能被展示，关键在于问题的标题中是否有相应的关键词。如果设置的关键词没有足够精确、合理地出现在标题中，被展示的机会就会大大降低。所以，提问之前务必规划好切合主题的关键词。

2. 站在用户的角度提问

确定好关键词之后，要围绕关键词来设计问题。站在用户的立场，依据用户的搜索习惯来提问，是提出一个好问题的核心原则。比如，如果账号的主营业务是新媒体代运营，那么"什么是新媒体营销"与"新媒体营销平台哪家好"这两个问题，后者要优于前者。

3. 对问题进行持续跟踪

如同其他新媒体平台，问答新媒体平台提问和回答的时机也很重要。账号主需要选择适当的时机进行回答和采纳，也需要不定期检查问题，查看问答的排名、转载情况以及被关注次数等。对问题持续跟踪，既能保证问题得到充分展现，也可以不断复盘反馈，为后续的营销做铺垫。

（二）运营技巧

1. 提问

提问的标题以关键词为主，关键词的设置要符合用户的搜索习惯。在提问的描述中，要合理出现一次或一次以上标题关键词。每个问题设置悬赏分，在激励的前提下有利于优化排名。

2. 回答

在问题发布2小时以后进行回答，主关键词要合理地出现一次以上。

3. 采纳

答案采纳的间隔时间要在1小时以上，如果想吸引更多的回答，可以把间隔时间延长。

4. 排名优化

在优化排名的过程中，一方面要在问答中合理展现关键词，另一方面可以提高悬赏。另外，每天对问题进行3～5次点赞可以提高活跃度。

【实训任务】

一、实训目的

通过知乎、百度知道账号的内容生产、数据分析和运营优化，熟练掌握问答新媒体平台的各项功能，掌握问答新媒体的营销策略和运营技巧。

二、实训项目

知乎、百度知道的数据分析与运营优化。

三、实训资料

河南御厨有机粮业有限公司相关资料见项目二。

四、实训步骤

1. 登录知乎后台的"创作成长"—"创作者学院"模块，完成"创作进阶""变现攻略"等课程的学习。

2. 根据账号的内容规划，对账号进行日常维护和运营。

3. 观察账号的数据变化，对账号进行调整和优化。

五、实训评价

实训评价如表4-12～表4-14所示。

表4-12　小组自评表

小组自评表（得分可采用十分制/百分制/五星制）				
小组成员	承担工作	工作完成情况	个人得分	小组综合得分
		□未完成　□完成　□超额完成		
		□未完成　□完成　□超额完成		
		□未完成　□完成　□超额完成		
……	……			
问题自查				
改进措施				

表 4-13　小组互评表

小组互评表（得分可采用十分制/百分制/五星制）			
	评分细则	细则得分	小组综合得分
小组名称	账号内容发布频率		
	账号粉丝数、阅读数等数据变化		
	……		
存在问题			
改进建议			

表 4-14　教师评价表

教师评价表（得分可采用十分制/百分制/五星制）			
	评分细则	细则得分	小组综合得分
小组名称	团队协作精神：小组实训过程中的任务分工及团队协作情况		
	内容生产能力：是否有持续的高质量内容输出		
	数据分析能力：是否能通过数据优化调整		
	账号运营能力：数据表现是否持续向好		
存在问题			
改进建议			

 【案例分析】

"知道" 如何 "好好住"

2021 年，家居分享社交平台"好好住"正式入驻百度知道合伙人，成为百度知道家居装修领域的权威答主，使用户可以通过百度知道获取来自"好好住"官方账号的权威内容。随着更多"好好住"认证设计师的入驻，用户通过回答者的昵称、头像、个人认证，以及答案上显示的"官方""正解""专业"等标签，感受到每个回答的背后都是一个真实、专业的回答者。百度知道也将为"好好住"等权威机构提供从"知识种草"到"商机转化"的多重服务，让"合伙人"在通过多元化互动问答帮助用户的同时，高效实现客户转化。

目前，"好好住"在百度知道已经发布了数万条优质内容，服务数百万人次。从这些问答中可以看出，近年来用户在家装中对于"环保""低碳""节能"等话题的关注度越来越高，普通老百姓的节能环保意识也越来越强，如图 4-11 所示。

在百度，每天都有大量用户搜索家居家装领域的相关问题，用户需要获取权威家装内容和知识科普服务。百度知道相关负责人表示，用户获得家居家装知识的途径很多，但是从问答平台获取内容是用户最直接获取解决方案的天然路径，百度知道承接了用户最集中、最强烈的询问诉求。

作为全球最大的中文互动问答平台，百度知道从 2017 年就推出了"知道合伙人"项目，与权威政府机构、品牌机构、行业机构以及高校合作，旨在为用户提供更多权威内容和

好好住APP
2020-09-29 · 百度认证家宅融智（北京）科技有限公司官方帐号

〔关注〕

垃圾减量，特别是少制造一次性垃圾，应该是普通人最容易做到的环保小举措。

要说起「一次性」，真的是让人又爱又恨，我们常常对这些东西带来的污染心生愧疚，但又无法完全拒绝掉这些便利。又有人说，谁不想环保？现在处处是一次性用品，用这些也是迫不得已。

我发现相比前两年，越来越多人对制造垃圾产生了「罪恶感」，并且自发地在寻找那些可以减少使用一次性用品的方法。

图 4-11　"好好住"入驻百度知道合伙人

精准服务。"好好住"通过入驻百度知道合伙人，使用户能便捷地获取更多权威内容和优质服务，让更多中国家庭从懂得"如何才能住得更好"，到真正实现"好好住"。

思政小课堂：承诺低碳减排，展现大国担当

2020 年 9 月 22 日，在第七十五届联合国大会一般性辩论上，国家主席习近平向全世界郑重宣布——中国"二氧化碳排放力争于 2030 年前达到峰值，努力争取 2060 年前实现碳中和"。习近平主席提出的愿景深刻体现了中国将应对气候变化的目标与自身现代化的目标高度融合。2020 年，中国正式踏上了现代化建设新征程，在事关老百姓衣食住行的方方面面用低碳转型打造经济增长新动能，是加快可持续发展，让中国和世界人民享受中国现代化红利的必然选择，也是中国作为负责任的大国在实现巴黎协定目标和建设全球治理中做出的卓越贡献。

思考：

1. 查看"好好住"百度知道合伙人账号，分析其热门问答集中在哪些领域？
2. 查看"好好住"知乎账号，分析其与百度知道官方账号在内容领域上有何不同？

项目五　社区新媒体营销

【项目目标】

一、知识目标

（1）了解社区新媒体营销的主要平台。

（2）了解社区新媒体营销的逻辑。

（3）掌握社区新媒体平台的使用功能。

（4）掌握社区新媒体营销的运营策略。

（5）掌握不同社区新媒体平台的特征和区别。

二、能力目标

具备对社区新媒体营销平台账号进行营销定位和运营的能力。

三、素养目标

（1）培养新媒体运营者思维。

（2）培养新媒体营销的创新意识。

（3）培养新媒体从业者视角的互联网敏锐度。

（4）培养新媒体工作岗位的专业素养和职业精神。

（5）培养树立民族自豪和文化自信的意识和能力。

四、岗位目标

具备企业社区新媒体营销运营专员的岗位素质和能力。

【内容结构】

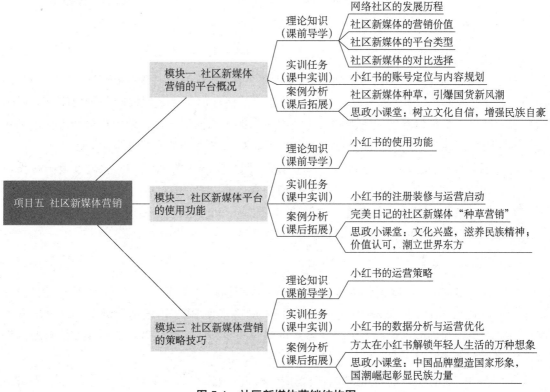

图 5-1 社区新媒体营销结构图

模块一 社区新媒体营销的平台概况

【理论知识】

社区新媒体营销平台是企业在进行新媒体营销时经常用到的工具和平台，尤其是在客户导流以及商品促销两个方面。社区新媒体营销一般是通过"兴趣"聚合，找到与自己目标客户吻合的社区和圈子，通过笔记、广播、小组等形式或活动进行"种草"，打造品牌的私域流量池，从而促进商品销售或是向企业电子商务、官方网站等其他平台进行导流。通过社区新媒体营销能形成较高的用户黏性，值得每一位新媒体从业者重视和关注。

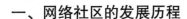
一、网络社区的发展历程

"社区"的概念源于社会学研究领域的"综合基础的群众基础机构",即"聚集在一定地域范围内的人们所组成的社会生活共同体"。互联网社区一般脱离了实体地域的概念,以虚拟的形式存在,主要指因某些"特质"聚合在一起的社交关系链。西祠胡同创始人响马曾经说过:"互联网从诞生的那一天起,就具备了社区的特点。"

(一)社区的萌芽

BBS 一般被看作社区的萌芽或雏形阶段,BBS 的英文全称是"Bulletin Board System",译为"电子公告板",起初以电脑为载体公布股市价格等信息,类似校园公告板或小区租房信息墙。其中,提供信息的人称为站长,获取信息的人称为用户。初期用户只能进行信息获取,不能跟站长或其他用户交流,站长之间也不能互动交流,属于单边信息传递。

随着惠多网(FidoNet)等网络组织的出现,用户实现了跨站交流,但也仅限于站长与站长之间相互传递信息。1995 年,大多数高校有了自己的 BBS 网站,用户主要是高校师生,学术气氛浓厚。其中,人气最高的是清华大学的"水木清华"BBS,也是中国大陆第一个同时在线人数超过 100 人的网络社区。

(二)社区的诞生

1995 年至 1998 年,微软公司通过 Windows 系统捆绑 IE 浏览器的形式,开启了浏览器+搜索引擎取代过去 DOS+Telnet IP 的时代。技术的进步使 BBS 论坛基于浏览器开发出网页版,降低了用户访问网站的门槛。操作系统的进化与更新,以及综合业务数字网的普及,为更多家庭与个人能够接入互联网铺平了道路。

1997 年 10 月 31 日,中国足球队在世界杯亚洲区预选赛主场以 2:3 负于卡塔尔,失去出线机会。此后 2 天,一位叫"老榕"的用户在四通利方(新浪前身)的体育沙龙论坛里发表了一篇《大连金州不相信眼泪》的文章,导致论坛的访问点击量达到了平时的数十倍。这篇文章在发表过后 2 个月内,被国内所有主流体育媒体转载和报道,以至于在那个年代的球迷群体里,几乎无人没有听说过这篇文章和"老榕"这个名字,这篇文章后来被称为"中国第一足球博文"。此事的发生,使人们第一次切身感受到互联网的力量和影响。1998 年,西祠胡同诞生,允许用户自主开版,并授予版主对版块的管理权限。至此,真正意义上的社区诞生。

(三)社区的快速发展

2001 年,康盛创想 CEO 戴志康发布了 Discuz! 软件,使得搭建社区变得简单,用户使用起来也方便快捷。其后,Discuz! 宣布开源、免费,促使各种论坛社区如雨后春笋出现,进入了中文社区的新时代。

此后,社区开始日渐细分,出现了如文学领域的"榕树下""起点中文网",IT 领域的"Donews""手机之家"等大量专业论坛社区。

以 2005 年为标志,随着 Facebook、MySpace 主导的网络社区风靡世界,SNS 开始深入人心，逐渐从传统论坛的以内容为重心转化为以关系为重心，或者内容与关系并重的新型网络社区概念。在传统论坛时代，大家在某个帖子回复进行交流；而新型网络社区，会出现私信、关注等形式，用户不仅仅可以关注某个帖子的动态，还可以查看帖主的其他动态，或私信该帖主，进行更深入的交流。

（四）社区的细分转型

2005 年之后，随着网络的多元化，尤其是博客、微博等互联网产品的问世，社区渐渐式微，但在以下三个领域依然发挥着重要影响，社区也迎来了自己的迭代转型期。一是聚焦垂直市场的论坛，如小红书、虎扑、汽车之家、懂车帝等；二是小米社区、花粉俱乐部等产品或明星达人的粉丝社区；三是某个互联网产品的功能模块，如中关村 App 首页社区、Keep 的社区模块等。

二、社区新媒体的营销价值

（一）垂直特征明显

互联网社区往往是各种具有某种兴趣爱好特长的人群的线上聚合，比如豆瓣是以电影、读书、兴趣、交友为主的文艺青年聚合社区；简书是以写作输出为主的内容创作社区；领英是以职场社交为主的网络社区；小红书是以社交购物为主的电商社区。每个平台都有自己鲜明的特色，聚合着黏性高、特征明显的用户。在相应的社区平台上开展新媒体营销活动，具有很强的针对性。

（二）适合"种草"

"种草"最早起源于美妆圈，意为向他人推荐。社区具有天然适合"种草"的土壤，通过在社区平台上发布原创性内容，能够进行场景沉浸式营销，从而引发用户的主动搜索，完成购买和转化。社区通常会有一些"圈主""站长""达人"等 KOL，甚至明星也会选择不同的社区进行入驻，社区种草会对大众产生强大的消费引导。

（三）带动性强

以兴趣爱好特长聚合的互联网社区一般黏性都很强，明星达人的消费引导又具有一定的引领带动作用。一旦与用户匹配，就会触发较高的转化，同时产生口口相传的爆款效应。社区的天然属性决定了在商品销售和品牌触达上具有较强的带动性，用户联动效应明显。

三、社区新媒体的平台类型

（一）豆瓣

豆瓣是一个垂类特征明显的网络社区，同天涯、猫扑一样在互联网 1.0 时代就已经存在。也许是因为定位和用户特征性更加显著，豆瓣经过移动互联网时代的冲击和考验，并没有像早期风靡全国甚至全球华语圈的其他论坛社区一样流于沉寂。现在的豆瓣是一个集品味系统（读书、电影、音乐）、表达系统（我读、我看、我听）和交流系统（同城、小组、友邻）于一体的垂类互动社区，致力于帮助并聚合都市人群发现生活中有用而美好的事物。

1. 平台概况

豆瓣创立于 2005 年，是一个优质的网络兴趣社区。以书影音起家，提供关于书籍、电影、音乐等作品的信息，同时提供线下同城活动、小组话题交流等多种服务功能。豆瓣的平台基因和优质的用户属性决定了豆瓣在讲述品牌故事、让用户的品牌好感上升为品牌忠诚上具有天然的优势。如果说小红书的社区平台更适合商品销售，豆瓣的社区平台则更适合品牌塑造。

2. 用户侧写

在性别分布上，豆瓣用户中男性占了 53%，略高于女性；在年龄分布上，豆瓣用户以年轻群体为主，19 岁～35 岁的用户占了豆瓣用户总量的 80%；在学历构成上，豆瓣用户具有典型的"高知"群体特征，本科及以上学历超过 58%，硕士及以上学历占将近 20%；在地域分布上，80% 的豆瓣用户分布在北京、上海、广州、深圳、成都、武汉、南京、杭州等城市，其中北、上、广、深占了 30%，另外有 7% 的国际用户，来自美国、英国、加拿大等国家。（数据来源：艾瑞数据）

（二）领英

领英（LinkedIn）是全球职场社区平台，于 2003 年在美国硅谷创立，会员遍布世界 200 多个国家和地区，会员数量超过 6.45 亿。2014 年 1 月，领英正式入驻中国，用户数量已经超过 4200 万，增长规模迅速。领英是目前唯一一家获批可以在中国境内自由使用的海外职场网络社区平台。如果说豆瓣以兴趣聚合，简书以内容创作聚合，那么领英则是以"职场"聚合。领英具有多国语言界面，用户更加精准和专业，有利于企业建立专业形象或个体提升个人影响力。

领英是一个全球性的职场社区，用户质量较高，是一个非常有效地开发潜在客户并与之建立信任关系的社区平台。领英适合 B 端外贸类企业的入驻。同时，专注职场培训等领域的个人也可以开设领英专栏，针对职场人士打造自己的自媒体品牌和个人影响力。

（三）小红书

小红书成立于 2013 年，是一个生活方式分享社区，以笔记的形式为用户提供文字、图片、视频等内容的分享。小红书起步于 UGC 购物分享社区，通过对社区的构建和不断完善，接入电商模块。社区影响消费决策，电商实现消费变现，小红书逐渐发展成为社区和电商并重的年轻人分享生活方式的社区电商平台。

1. 平台概况

目前，小红书月活跃用户数突破 2 亿，且增长迅速。小红书有社区、品牌号、福利社三个线上模块和小红书之家一个线下模块。在社区模块，每天产生超过 30 亿次的笔记，内容覆盖时尚、美妆、旅行、读书、健身等众多领域；品牌号相当于各新媒体平台的机构账号，通过品牌号可以发布权威笔记进行种草营销，链接粉丝进行互动和数据营销，接入小红书品牌旗舰店，促成交易和转化；福利社是小红书的自营电商平台；小红书之家则是集合线上社区精选的口碑好物所形成的线下体验店。

2. 用户侧写

小红书的用户，在性别分布上，女性用户占比 88.8%，占了小红书用户的绝对主体；在年龄分布上主要以 35 岁及以下为主，占比 85%；在地域分布上，二线及以上城市占比 50%；在消费水平上，中等消费者及以上占比 90%。由此可以看出，小红书的用户主要为生活在大城市的年轻女性，并且消费水平中等偏上。他们对于生活有着较高追求，也具备相应的消费能力，同时乐意将自己生活的方方面面分享给和自己具有一样特点的人。

（四）头条圈子

1. 平台概况

头条圈子是字节跳动在 2019 年推出的社区平台，用于实现账号与粉丝的深度互动，打造账号主自己的专属 VIP 社区。对于账号主而言，圈子可以有效提升用户黏性，帮助品牌方进行品牌传播和价值分享；另一方面又可以促进消费转换，实现品牌变现。对于用户而言，头条圈子提供了一个聚合平台，帮助用户找到志同道合的朋友，了解品牌增量信息，获得专业指导。

2. 流量入口

（1）今日头条 App 推荐或关注页面

用户在今日头条的信息流或者在自己所关注账号的关注流里可以刷到一些与圈子有关的微头条。微头条详情页下方的"圈子卡片"展示了圈子的详细信息，点击"圈子卡片"可以进入圈子页面，如图 5-2 所示。用户可以根据圈子属性以及自己的兴趣喜好，在圈子页面中选择是否加入该圈子。

（2）账号主页的圈子标签

账号主页面有专属的圈子标签，如果品牌方账号建立了自己的圈子，可以进入该账号的圈子页面查看详细信息，如图 5-3 所示。

图 5-2　头条圈子页面

图 5-3　头条圈子账号主页

（3）固定入口"我的圈子"

已经加入固定圈子的用户，可以在固定入口"我的圈子"中进入圈子页面。

3. 圈子类型

（1）按圈子内容划分

① KOL 类。在人人都是媒体的时代，多样的媒体平台造就了多元的信息源，多样的信息源成就了众多关键意见领袖。在头条圈子中有很多因为账号主的个人品牌价值和魅力建立的圈子，可以通过账号主的个人品牌实现圈子的价值和功能。

② 兴趣类。头条圈子的本质属性是社区，与其他社区平台不同的地方在于依托了今日头条的生态基础。社区的特征是以兴趣聚合，头条圈子中很大一部分是因为兴趣而建立的圈子。

③ 打卡类。第三类是以自我监督和自我约束而建立的打卡圈子。在这类圈子中，账号主提供某项打卡行为的监督和指导，帮助用户完成自我成长和蜕变。

（2）按费用类型划分

① 免费圈子。如果圈子的定位主要是用户兴趣爱好的讨论，这样的账号比较适合建立免费圈子。用户加入这类圈子时，不需要支付任何费用。虽然圈子不能立即变现，但可以帮助账号主更好地维护客户关系、提高客户黏性、传输品牌价值。

② 付费圈子。如果账号主能为用户提供更多增量信息，为用户提供更有价值的指导，就可以选择建立付费圈子。用户加入圈子需要支付固定的费用，这是头条圈子直接变现的渠道之一。

四、社区新媒体的对比选择

互联网社区并不是这几年才有的网络形态和概念。1991 年，北京架设了中国最早的 BBS 交换系统"中国长城站"。1997 年，随着一篇关于中国男足失利世界杯预选赛的网络文章《大连金州没有眼泪》在四通利方论坛的体育沙龙上发布，中国的互联网论坛社区开始崛起。除了新浪、搜狐、网易三大门户网站的论坛以外，天涯、猫扑、西祠胡同等专业社区也开始发力，社区论坛开始成为中国网络文化的重要发源地之一，也成为企业进行营销活动的重要阵地。

随着移动互联网的发展，1.0 时代的论坛社区慢慢沉寂，具有电商、导购、营销属性的新的互联网社区形态不断出现。社区新媒体营销也成为企业和个人在进行商品导购和品牌变现时的重要选择。

（一）对比分析

社区新媒体平台一般有两种类型：一种是独立存在的社区平台，如豆瓣、简书、领英、小红书等；一种是依托于主平台生态的细分品类，如百度旗下的百度贴吧，今日头条旗下的头条圈子。独立的社区新媒体平台一般平台定位清晰，目标受众的特征明显，附属的社区新媒体工具就需要考虑所附着的平台属性和用户特征，社区新媒体平台的对比分析如表 5-1 所示。

表 5-1 社区新媒体平台对比分析表

类型	品牌口号	优势特点
豆瓣	我们的精神角落	国内最大的"兴趣社交"社区平台；高质量的用户；对搜索释放友好的网络架构
简书	创作你的创作	人工编辑审核；高效的内容输出；垂类特征明显的用户群体
领英	一站式的职业发展平台	职业领域；全球基因；B端客户
小红书	标记我的生活	"她经济"爆发圈；社交电商
头条圈子	头条账号与用户的专属深度互动社区	背靠今日头条

（二）选择策略

独立型社区新媒体平台的平台属性和用户特征相对明显。豆瓣具有文艺气质；简书注重内容输出；领英专注于职场社交；小红书的优势在于社交和电商的双重联系和转化。企业和个人可以根据自己企业的特点和产品特性进行选择。附属类社区新媒体工具往往更看重主平台的流量特征和工具的使用功能。此外，附属类社区新媒体工具可以作为社群新媒体运营的辅助。关于社群新媒体营销，在接下来的项目模块中会有详细介绍。

【实训任务】

一、实训目的

通过对小红书特定内容领域典型账号的分析，熟悉平台的优势内容领域和爆款笔记特征，为账号的账号定位、内容规划、KOL 合作、商业投放等提供决策参考。

二、实训项目

小红书的账号定位与内容规划。

三、实训资料

随着社会的发展，公众健康意识的不断觉醒，"体育"和"健康"成为大众所关心的热门领域。党的二十大报告指出："促进群众体育和竞技体育全面发展，加快建设体育强国。"

随着国家战略层次对体育和健康产业的不断推进，中国体育门类越来越齐全，受众越来越广泛，既是关系民生的基础产业，也是新的投资焦点和竞争蓝海。

航空体育是体育的一个重要门类，早期公众对航空体育项目存在着较大的理解偏差，认为太过专业和高端。随着社会的发展，航空体育项目越来越受到大众的青睐。经过三十余年的发展，河南省林州市的滑翔伞、动力伞、三角翼、热气球等航空体育项目的赛事组织、飞行培训、低空旅行、研学教育等在国内外形成了较大的影响力。林州市的林虑山国际滑翔基地先后3次承办过滑翔伞世界杯比赛，是国内赛事承办规格最高的场地，获得国家体育产业示范项目、全国群众体育先进单位、中国航空运动协会航空飞行营地、国家体育旅游精品景区、中国旅游业态创新奖、河南省体育产业示范项目、河南省体育旅游示范基地、安阳市非公有制党建试点等奖项和荣誉。

林州滑翔目前拥有自己的百科名片、官方网站、官方微信公众号、官方微博、官方抖音号、官方视频号、官方知乎号等，在品牌曝光、形象塑造、项目推广、商品销售等方面都发挥着重要作用。但各个平台账号的粉丝量增长进入瓶颈期，没有发挥出更大的效用，需要对这些官方新媒体平台进行优化提升。

四、实训步骤

1. 分别以"运动""体育""滑翔伞"为关键词，在小红书上进行用户搜索，每个关键词下选择三个典型账号，完成表5-2。

表5-2　典型账号对比表

关键词	账号名称	账号简介	账号数据（粉丝数/内容数/获赞数等）	内容特点
运动				
体育				
滑翔伞				

2. 根据上述材料，搜索林州滑翔官方网站、微信公众号等，或通过其他网络渠道了解航空体育和滑翔运动的相关知识。

3. 根据小红书的平台特点，结合航空体育的产品特质，为林州滑翔打造小红书账号的人设形象，为此人设形象设计图片，撰写解读文字，完成表5-3。

表5-3　小红书人设形象设计表

人设形象	创意解读

4. 参考上述内容，结合航空体育的特点为账号制定内容规划方案。内容规划方案包含但不仅限于内容形式（图文、视频、直播等）、内容定位（运动介绍、器材装备、飞行知识等）、内容频率（图文更新频率、短视频更新频率、直播的场次和时间安排等）等。

五、实训评价

实训评价如表5-4～表5-7所示。

表 5-4　小组自评表

小组成员	承担工作	工作完成情况	个人得分	小组综合得分
		□未完成　□完成　□超额完成		
		□未完成　□完成　□超额完成		
		□未完成　□完成　□超额完成		
……	……			
问题自查				
改进措施				

小组自评表（得分可采用十分制/百分制/五星制）

表 5-5　小组互评表

	评分细则	细则得分	小组综合得分
小组名称	账号选取是否典型、得当		
	账号分析是否精准、到位		
	人设形象是否突出、得当		
	内容规划是否科学、合理		
	……		
存在问题			
改进建议			

小组互评表（得分可采用十分制/百分制/五星制）

表 5-6　教师评价表

	评分细则	细则得分	小组综合得分
小组名称	团队分工协作能力：小组实训过程中的任务分工及团队协作情况		
	信息收集分析能力：典型账号研究分析状况		
	形象定位设计能力：人设形象设计情况		
	规划方案写作能力：规划方案撰写情况		
	……		
存在问题			
改进建议			

教师评价表（得分可采用十分制/百分制/五星制）

【案例分析】

社区新媒体种草，引爆国货新风潮

2018年被称为国潮元年，老干妈、颐和园、旺旺雪饼、故宫等国货品牌齐齐亮相9月份的纽约时装周。别具一格的跨界定制单品引发轰动，在国内和国际上掀起了一股"国潮"风尚，向世界展示了独特的东方美学和中国品位。哈尔滨啤酒、创维、大白兔奶糖、蒙牛等也在各自领域展现出了独有的"新国潮"形象。买国货、用国货、晒国货，成为了"国潮青年"一种新的生活方式，如图5-4所示。

图5-4 "大白兔"国潮

从2018年国潮元年到2019年的"老牌焕新生"，再到2020年新国货的集中爆发，"国潮"或"新国货"已经成为一种文化现象，成为国人的一种精神共鸣和表达。国潮的崛起已经从产业链变革、品牌高速发展这样的数据增长发展为消费者心智的彻底转变，这离不开国际局势和经济环境的外部推动，离不开中国消费者尤其是年轻一代消费者从心底树立起的民族身份认同和文化自觉，同样也离不开社区新媒体"种草"的助力。

"种草"是指通过体验、测评、好物推荐、推荐清单等内容形式，让用户产生购买欲望，从而实现销售转化的过程。"种草"是近年来品牌主在新媒体领域尤其是社区新媒体极其重视的营销形式。对于新国潮而言，通过"种草"，可以将文化做进一步的渗透，进而激发用户更强的购买欲望。所以，不管是新品牌还是老国货的新产品，都非常重视KOL心智"种草"、消费加购以及私域运营的营销闭环管理。

新国潮的兴起既是年轻消费者市场的诉求，也是民族自信心恢复、自豪感提升的必然表现，必定是最重要的消费趋势之一。我们相信，每一种产品都值得用新媒体的方式与用户互动，激发新的商业生机。

思政小课堂：树立文化自信，增强民族自豪

"国潮"不仅是"中国元素"和"中国标签"，也不仅是符合前沿审美和技术趋势，而是关注新生代的需求。"国潮"最关键的是"国际视野"和"文化自信"。"国潮"的流行不是

靠软情怀，而是靠硬实力，"新国货"要能持续地成为国民引以为豪的新名片。

思考：

1. 查阅有关"国潮"的资料，总结在电商和新媒体领域开展过哪些助推国潮品牌的活动。

2. 查找有哪些"大 V""网红"、专家、达人等"种草"过国潮产品，分析 KOL 人设与产品的契合度以及种草方式。

模块二 社区新媒体平台的使用功能

【理论知识】

社区类新媒体平台类型多样，各自特色鲜明。下面以小红书为例，介绍社区新媒体平台的注册认证和使用功能。

（一）笔记

笔记是小红书运营的最基础形式。2013 年发布的一份 PDF 形式的《小红书出境购物攻略》使小红书具备了以笔记形式进行 UGC 分享的社区基因。小红书的用户主要以年轻女性为主，在笔记模块匹配文字、图片、视频等媒体形式以及契合女性用户需求的美化功能。

1. 美化

（1）滤镜。小红书目前一共提供了 15 类滤镜，用户可以通过左右滑动页面切换滤镜效果，同时也可以选择美颜的类型。

（2）调节。账号主可以对上传的照片进行亮度、对比度、色温、饱和度等方面的调整，可以通过左右拉动"拖动条"进行操作，也可以直接关闭退出到编辑功能页面。

小红书通过操作简单、方便实用的照片优化功能，帮助用户提高笔记图片的质量，触发更多用户的关注、喜欢、收藏等行为，增加浏览时间及次数，从而达到增加用户黏性的目的。

2. 标签。点击照片、视频可以直接添加地点、好友、商品标签。用户通过点击商品标签可以跳转到相应的商品详情页。商品标签直接跳转的功能，减少了用户搜索商品的步骤，优化了用户的购买体验，降低了用户购买的流失率。

3. 贴纸。可以标记时间、温度等。用户点击所标记的贴纸可以改变贴纸的形式和进行隐藏或显示贴纸的选择设置。

4. 配乐。可以从本地音乐、平台推荐等渠道进行笔记配乐的选择。点击后可以先播放试听然后再确认是否使用，提高了配乐的容错空间。在选择的过程中也可以对配乐和原声音量进行调整。

5. 视频拍摄。小红书在视频拍摄上非常人性化，满足用户的各种拍摄习惯，可以翻转

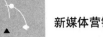
镜头、添加滤镜和美颜效果。在视频拍摄的过程中可以使用"分段"功能，用户中断拍摄后，可以接着中断前的视频继续拍摄，给用户更多的发挥空间。在视频录制完成以后提供剪辑功能，完成视频剪辑。

除此以外，小红书的笔记发布还可以添加标签、话题、地点位置等信息，也可以@好友进行互动。从小红书的笔记发布可以看出，小红书将社交+电商的模式发挥到了极致。

（二）品牌号

小红书品牌号是对原有账号的认证，认证后的品牌号可以自定义账号页面，打造独特的风格以传递品牌信息和品牌文化。账号主体可以通过品牌号进行内容运营，创造商业话题，聚合用户进行 UGC 创作。同时，品牌号可以直接接入小红书品牌旗舰店，从而高效完成从社交到电商的交易转化。

1. 账号权益

（1）品牌权威标识。认证后的品牌号在站内具有品牌标识，作为品牌身份的权威认证。品牌号在搜索结果页、品牌话题页等有更多展示入口和流量加持。

（2）笔记推广曝光。认证后的品牌号可以邀请用户合作发布商业推广笔记且被正常曝光，不会因为有潜在的商业行为而被封号。

（3）商业数据分析。认证后的品牌号可以获取粉丝、笔记等多维度的数据支持，帮助品牌了解粉丝增长趋势、爆款笔记特点，最终实现品牌账号的优质成长。

（4）店铺转换直达。品牌号可以与小红书官方品牌店铺进行绑定，且在个人页面增加商品展示栏，使得品牌触达用户更便捷，从而提高社区流量的转化率。

2. 申请方式

（1）登录小红书品牌号平台按照操作提示进行注册认证，提交后等待审核。出于便捷性和安全性的考虑，目前小红书仅支持手机号注册和登录。

（2）品牌号的名称需基于商标、网站或软件应用命名，支持与所属行业、地域等具有相关性的拓展命名。如果绑定店铺，则账号名称需要与店铺名称保持一致。

（3）品牌简介在 20 个字以内，需要客观真实地描述品牌、网站的信息。

（4）头像要与账号的品牌、产品、应用具有一定的相关性，不得含有网站链接以及各种非官方"加 V"标识。

（5）认证类型及提交材料如表 5-7 所示。

表 5-7 小红书认证类型及提交材料表

类型	提交材料
境内企业	营业执照；官方认证申请公函
境内品牌	商标注册证；官方认证申请公函
境内网站	工信部网站备案查询的截图；官方认证申请公函
境内软件/App	软件著作权登记证书原件的彩色扫描件；官方认证申请公函
境外品牌	公司注册文件；官方认证申请公函；商标注册证；认证信息表格（包括认证头像/认证名字/品牌简介）

3. 注意事项

（1）认证中上传的营业执照和商标注册证必须是彩色的，如果是黑白复印件，则需要加盖营业执照主体公章，且公章不能是电子章。

（2）在申请公函中，运营公司盖章与运营人签字缺一不可。小红书账号名字要与商标注册证完全一致，不允许添加诸如"旗舰店""品牌店""官方账号"等后缀。

（3）小红书品牌号运营方与品牌方不一致的，需要提供品牌方授权第三方运营品牌号的授权函。

（4）认证信息。出现在账号主页顶部的品牌简介不能超过 20 个汉字，认证名称需填写品牌账号名字，而非公司名称。

【实训任务】

一、实训目的

通过小红书账号的注册装修和运营启动，掌握平台的平台特征、内容规范、推荐机制以及后台的各项功能。

二、实训项目

小红书的注册装修与运营启动。

三、实训资料

林州滑翔相关资料见模块一。

四、实训步骤

1. 根据相关知识以及打造的人设形象，为林州滑翔设计小红书账号的名称、头像、简介、自动回复和底部菜单等。设计内容要符合账号的定位和人设形象，并按照平台要求进行账号的注册及装修。

2. 使用注册好的账号登录后，浏览与体育、健康、滑翔等相关的内容，进行点赞、分享、收藏、转发等，帮助系统识别账号偏好，完成账号的冷启动。观察冷启动过后，账号的推荐页面发生了哪些变化。

3. 结合国家促进体育产业发展的战略以及其他热点信息，在小红书上发布一篇图文或视频笔记，观察账号的推荐情况和各项指标的变化。

4. 登录小红书创作服务平台，在"创作学院"模块完成"官方课程"的学习。

五、实训评价

实训评价如表 5-8～表 5-10 所示。

表 5-8 小组自评表

小组自评表（得分可采用十分制/百分制/五星制）				
小组成员	承担工作	工作完成情况	个人得分	小组综合得分
		□未完成　□完成　□超额完成		
		□未完成　□完成　□超额完成		
		□未完成　□完成　□超额完成		
……	……			
问题自查				
改进措施				

表 5-9 小组互评表

小组互评表（得分可采用十分制/百分制/五星制）			
	评分细则	细则得分	小组综合得分
小组名称	账号名称是否突出品牌特点且容易辨识和传播		
	账号头像是否突出品牌特点且容易辨识和传播		
	账号简介是否说明账号功能和品牌特色		
	账号菜单设计是否功能明确		
	账号内容推送质量		
	……		
存在问题			
改进建议			

表 5-10 教师评价表

教师评价表（得分可采用十分制/百分制/五星制）			
	评分细则	细则得分	小组综合得分
小组名称	团队协作精神：小组实训任务分工及团队协作情况		
	账号定位设计能力： 头像、名称、简介等是否符合品牌特质和产品调性		
	账号内容生产能力：账号发布内容情况		
	……		
存在问题			
改进建议			

【案例分析】

完美日记的社区新媒体"种草营销"

2017 年前后，一批通过"淘外"平台撬动"淘内"流量的新品牌出现了高增长，完美日记就是其中的代表品牌。在完美日记爆红后，业界对其增长策略的分析铺天盖地。几乎所有的分析都指向一个点，即完美日记最重要的增长策略就是重视小红书种草和私域流量运营。

2017 年 7 月，完美日记入驻天猫，品牌上线几个月后销量并不突出。后来，团队发现有用户在小红书上自发分享了完美日记的试色和种草内容，引发了热度和讨论。创始团队由此意识到内容对于品牌成长的重要性，开始重用优质内容平台。

经过初期尝试，2018 年 2 月，完美日记将小红书作为重点渠道开始运营，并加大了投放力度，按照"金字塔式"的投放策略，投放了各个量级的 KOL。此时，抖音、B 站、微博等平台还未投入运营。数据显示，2018 年 11 月，小红书平台上与完美日记相关的搜索曝光量是 1 月份的 12 倍，这直接带来了销售数据的变化。在当年"双 11"期间，完美日记成为销售额破亿元的国货美妆品牌，只花了 18 个月就做到了彩妆类品牌天猫销量第一。从 2018 年"双 12"开始，完美日记超越国际大牌，成为天猫彩妆销量第一，并将这一纪录延续至今，如图 5-5 所示。

图 5-5　完美日记的小红书账号主页

逸仙电商创始人兼 CEO 黄锦峰曾表示，小红书在品牌打造的过程中创造了不可替代的价值。在他看来，小红书聚集了一批时尚而挑剔的年轻用户以及 KOL，他们基于社交媒体获取了大量的商品及品牌的资讯，购买商品时更理性。与此同时，他们对于商品的创新点也更加有眼光，"我们内部经常会说，如果一款商品能服务好小红书用户以及能够得到他们的认可，那我们对这款商品在上市之后的表现会有更强的信心"。

"完美日记"是在小红书上成长起来的国货品牌代表，它在品牌账号中这样描述自己："用精简设计、大牌品质打造年轻人喜爱的彩妆"。凭借有潮流感的设计元素、时尚联名款以及彩妆教学笔记等，完美日记的品牌账号很快积累了167万粉丝，并在小红书平台产生了超过12万篇笔记。"国潮之风愈演愈烈，是年轻人的消费选择，也是文化选择，"小红书指数研究院相关负责人表示，"我们希望帮助更多国货通过小红书和年轻人进行有效沟通，展现'中国质造'的魅力。"

思政小课堂：文化兴盛，滋养民族精神；价值认可，潮立世界东方

坐啸看潮起，国风如梦来。在双循环经济格局的战略背景下，国货渐强，国潮渐起，从单一的实用属性到具有文化纽带与精神图腾，十年间国货实现了华丽蜕变。也正是这十年的积淀，"国潮"概念横空出世，成为体现文化禀赋与科技元素的出圈潮流。从故宫IP走红，到诗词成语以综艺形式走入大众视野；从国产品牌在产品中植入中华美学，到中国自主设计潮牌兴起……国潮作为构筑年轻群体共鸣最直接的方式之一，正在成为滋养民族精神重要标的。

思考：

1. 对比私域流量和电商平台站内流量的异同。
2. 在小红书进行明星、KOL、素人笔记营销时，应各自重点考虑哪些方面的内容？

模块三　社区新媒体营销的策略技巧

【理论知识】

社区新媒体平台的用户特征和平台特色差异较大，有的专注于内容输出，有的专注于生活方式的分享；有的由编辑推荐，有的由算法推荐。运营人员在深耕内容的同时，也要了解不同平台的特点。下面以小红书为例，介绍社区新媒体平台的营销策略和运营技巧，对其他资讯新媒体平台同样具有借鉴意义。

（一）把控流量入口

小红书的流量入口有三个：关键词排名、自然展现、相关推荐。在小红书账号的运营过程中，要首先梳理清楚账号可能争取的流量在哪里，是商域流量、公域流量还是私域流量。

1. 关键词排名。小红书App内自带搜索功能，搜索关键词的时候就会出现对应的内容。一般而言，搜索关键词的客户都是精准的目标客户，因此争夺关键词排名自然是小红书运营推广的关键一步。关键词排名展现时，又分为综合排名、最热排名、最新排名三部分。

2. 自然展现。小红书首页的发现页展现的内容是自然展现，自然展现建立在智能匹配机制下，系统根据用户的身份属性，给用户匹配和展现感兴趣的内容。

3. 相关推荐。相关推荐主要出现在每篇笔记评论底部，一般是跟笔记内容接近或相关的内容。

（二）提高权重要素

账号的权重直接影响着账号的流量匹配，如果账号被降权，则将直接影响账号的流量。

1. 昵称不带任何营销词。小红书是一个生活方式分享社区，对于任何形式的营销行为，遏制力度是比较大的。昵称上带有品牌词，如"X产品总代"，账号会被降权限流。

2. 笔记内容要垂直聚焦。发布的笔记保持在某一个领域垂直深耕，有利于体现账号的专业性，从而帮助系统更好地识别账号定位。系统在推荐内容给用户的时候会首选主题明显、特色突出、专业性强的笔记。

3. 提升账号等级。小红书的用户等级分为12级，等级越高权重越大，系统的流量加持比例也会增大。账号注册完成以后要解锁账号等级晋升规则并按照规则进行等级提升。

（三）打造爆款笔记

1. 标题优化。标题的阅读量是正文的6倍，不管在哪一个新媒体平台，标题的重要性都不言而喻，因此也诞生了很多所谓的"标题党"和"封面党"。在小红书运营中，可以重点研究热门笔记中标题的写法，比如善用数字、植入热门关键词等，同时也要避免过度"标题党"而被系统打压。

2. 精选话题。笔记发布的时候，可以选择插入话题。每个话题都会有对应的指数，话题也会参与关键词排名。在选择话题的时候要选择与内容相关和指数高的话题，选错话题也可能会导致笔记被系统审核不通过。

3. 图片标准。小红书图片全屏显示的尺寸比例是4:3，在插入图片的时候保证清晰度是最基本的要求。在保证清晰度的同时尽量选用标准尺寸、内容匹配的图片。小红书提供了较为丰富的图片美化工具，可以对笔记图片进行一定程度的美化处理。

4. 内容原创。小红书起家于真实经历和生活方式的分享，在小红书运营中内容要真实原创，同时具有一定的话题性，能引发一定程度的互动和讨论，更新的频率和内容的质量也要保持相对稳定。小红书的女性用户居多，在内容中可以提高感叹号、表情符号等情绪带动字符的使用频率，强化情绪渲染。

【实训任务】

一、实训目的

通过对小红书账号的内容生产、数据分析和运营优化，熟练掌握社区新媒体平台的各项使用功能，掌握社区新媒体的营销策略和运营技巧。

二、实训项目

小红书的数据分析与运营优化。

三、实训资料

林州滑翔相关资料见模块一。

四、实训步骤

1. 登录小红书创作服务平台，在"创作学院"找那个完成"创作指导"课程的学习。
2. 根据账号的内容规划对账号进行日常维护和运营。
3. 观察账号的数据变化，对账号内容进行调整和优化。

五、实训评价

实训评价如表 5-11～表 5-13 所示。

表 5-11 小组自评表

小组成员	承担工作	工作完成情况	个人得分	小组综合得分
		□未完成　□完成　□超额完成		
		□未完成　□完成　□超额完成		
		□未完成　□完成　□超额完成		
……	……			
问题自查				
改进措施				

小组自评表（得分可采用十分制/百分制/五星制）

表 5-12 小组互评表

小组名称	评分细则	细则得分	小组综合得分
	账号内容发布频率		
	账号粉丝数、阅读数等数据变化		
	……		
存在问题			
改进建议			

小组互评表（得分可采用十分制/百分制/五星制）

表 5-13 教师评价表

教师评价表（得分可采用十分制/百分制/五星制）			
	评分细则	细则得分	小组综合得分
小组名称	团队协作精神：小组实训任务分工及团队协作情况		
	内容生产能力：是否能持续高质量的输出		
	数据分析能力：是否能通过数据优化调整		
	账号运营能力：数据表现是否持续向好		
	……		
存在问题			
改进建议			

【案例分析】

方太在小红书解锁年轻人生活的万种想象

在媒介环境日益复杂、信息过载的当下，消费者留给每个品牌的注意力越来越短暂了。国内不少知名的品牌也面临着圈粉 Z 世代的营销难题。作为厨具品牌代表，方太与小红书深度合作，对老品牌新国潮和品牌年轻化进行了有益的探索和尝试，如图 5-6 所示。

图 5-6 "生活的万种想象"视频

2021 年，方太厨具与小红书携手邀请了时尚、生活、旅行等领域的优质博主"安吉林 Angelene""Doubleliker""明仔和二毛子""打哈欠的大狮子"以"生活的万种想象"为主题，拍摄了四支视频。视频通过"群体共鸣+情感满足"在小红书成功引起了年轻用户群体的关注，用生活、爱情、职场、个人发展等领域的真实场景，有效地撬动了年轻群体的注意力，让这组视频成功地契合了 Z 世代的生活态度和理念，同时将方太的产品巧妙地融入到 KOL 的日常生活场景中。多元的场景式内容组合打法帮助品牌获得了消费者的认同和好感。

"如何获得真正的自由？""如何与同一个人相爱 8 年？""收入翻 10 倍后的一天是怎样度过的？""女性如何平衡生活和事业？"……这些当代年轻人关注的问题都能在方太这组创意视频里找到答案。

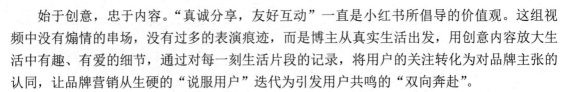
始于创意，忠于内容。"真诚分享，友好互动"一直是小红书所倡导的价值观。这组视频中没有煽情的串场，没有过多的表演痕迹，而是博主从真实生活出发，用创意内容放大生活中有趣、有爱的细节，通过对每一刻生活片段的记录，将用户的关注转化为对品牌主张的认同，让品牌营销从生硬的"说服用户"迭代为引发用户共鸣的"双向奔赴"。

方太立足于小红书在营销 IP 与传播上的强大势能，通过"生活的万种想象"与 KOL 共创出优质内容，精准实现 KOL、用户、品牌三位一体的内容生态链，建立了具有亲和力、有爱的品牌形象，成功圈粉了大批年轻人。小红书营销 IP 联动 KOL 共创，把符合 Z 世代喜好的品牌主张传递给消费者，通过丰富多彩的营销玩法，助推小红书社区话题热度攀升。在站内共创话题引起讨论加上小红书官方的流量加持，激发了用户的情感共鸣，并引发了站外二次传播，进一步发酵热度。

思政小课堂：中国品牌塑造国家形象，国潮崛起彰显民族力量

曾经，提起中国产品，大家脑海中会闪现出"便宜""山寨"等字眼，西方也普遍认为中国是一个缺乏创新的国家。不过，这种印象正在改变，尤其是近年来的国潮热不仅催生了大量新品牌，很多传统品牌也通过品牌升级焕发生机。中国品牌塑造国家形象，国潮崛起背后是中国制造、科技实力的增强，也是民族自信的映射。

思考：

1. 查看文中提到的视频，试着针对方太的其他产品做一款推介小视频。

2. 查看"生活的万种想象"下的其他品类，总结如何利用小红书平台积累私域流量。

项目六　社交新媒体营销

【项目目标】

一、知识目标

（1）了解微博和微信的发展历史。
（2）了解微博和微信的营销价值。
（3）掌握微博的传播特征和微信的主要类型。
（4）掌握微博和微信的注册装修。
（5）掌握微博和微信的使用功能。
（6）掌握微博和微信的内容策略。
（7）掌握微博和微信的营销策略。
（8）掌握微博和微信的特征和区别。
（9）掌握微博和微信的选择策略。

二、能力目标

具备对企业官方微博和官方微信进行营销定位和运营的能力。

三、素养目标

（1）培养新媒体运营者思维。
（2）培养新媒体营销的创新意识。
（3）培养新媒体从业者视角的互联网敏感度。
（4）培养新媒体工作岗位的专业素养和职业精神。
（5）培养运用社交新媒体挖掘文化价值、助力文化觉醒的意识和能力。

四、岗位目标

具备企业微博、微信运营专员的岗位素质和能力。

【内容结构】

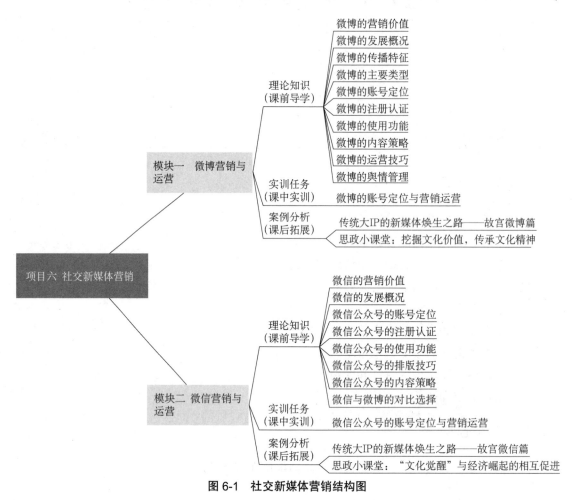

图 6-1　社交新媒体营销结构图

模块一　微博营销与运营

【理论知识】

　　有人的地方就会有社交，有社交的地方就需要借助媒体来分享彼此的意见、见解、经验和观点。社交媒体是一个非常宽泛的概念，几乎每一款互联网产品和应用都或多或少地带有社交的属性。

在移动互联网时代，社交媒体的使用远超搜索引擎，成为第一大流量入口。企业通过社交平台进行商业活动，用户通过社交产品交流信息，社交媒体也几乎成了新媒体的代名词。

从世界社交互联网发展历程来看：1995 年，Classmates 网站成立，旨在帮助曾经的幼儿园、小学、中学、高中、大学同学重新取得联系；1999 年博客工具 Blogger 和 LiveJournel 出现；2002 年 Friendster 上线，是首家用户规模达到 100 万的社交网络；2004 年 Facebook 成立；2005 年 YouTube 成立；2006 年 Twitter 成立……社交新媒体平台发展迅速、类型多样。

根据新媒体营销应用场景下的影响力，在社交新媒体平台中，我们重点选取了微博和微信两款工具。微博和微信的产品生态完整、功能更新频繁、营销规律沉淀深厚。尤其是微信，是目前唯一能在售前、售中、售后形成完整商业闭环的互联网产品。在本项目模块的学习中，将把微博和微信独立成两个相对完整的子项目，进行深度理论解析和实训练习。

一、微博的营销价值

微博是社交媒体中最活跃的平台之一，不仅改变了媒体和信息的传播方式，也形成了完备的媒体传播路径，具备极高的营销价值。对于企业和个人来说，微博的营销价值可通过以下四个方面来体现。

（一）品牌传播

品牌是企业的核心竞争力，越来越多的企业开始重视新媒体在品牌传播过程中的重要性。品牌包括知名度、美誉度和可信度。品牌宣传是一个长期的过程，微博的即时性、互动性、低成本等特点使其成为企业开展品牌推广的首选。

（二）客户服务

企业可以通过微博进行客户的挖掘、维护以及服务工作。利用微博开展客户服务和管理工作可以及时有效地消除企业危机，倾听用户声音，建立用户忠诚关系，增加企业盈利以及提高长期良性经营能力。目前利用微博开展的客户服务管理主要集中在客户咨询、投诉受理、建议征集、市场调查等方面。

（三）产品推广

微博具有媒体和社交的双重属性，有着天然开放的裂变式传播基因。这种传播特质不仅在品牌曝光中有很高的价值，同样可以促进产品的推广和用户导流。同时，可以通过微博引导用户晒单，打通线上线下营销闭环，提高用户的消费转化和消费体验。

（四）危机公关

由于具有裂变开放的传播特点，微博既是品牌推手，同时又可能成为扼杀品牌的快刀和利剑。从微博的发展现状来看，涉及知名企业产品质量和企业信用问题的公众事件，都会迅速登上微博的热门词汇、热门转发、热门评论排行榜。正确利用微博应对突发事件能帮助企业快速有效地进行危机公关以及形象再造。

二、微博的发展概况

微博是微型博客（MicroBlog）的简称，是一个基于用户关系的信息获取、分享以及传播的平台。博客可以说是微博的前身，早在微博崛起之前，博客就曾经一度引领社交新媒体传播的风潮。

（一）发展历程

"博客"一词源于英文单词"Blog/Blogger"，Blog 是 Weblog 的简称，Weblog 是 Web 和 Log 的组合词。Web 指 World Wide Web，即互联网；Log 的原意是"航海日志"，后指任何类型的流水记录。合在一起来理解，Weblog 就是在网络上的一种流水记录形式，简称"网络日志"。Blogger 或 Weblogger，是指习惯于日常记录并使用 Weblog 工具的人。国内早期常将博客翻译为"网志""网录"等，"博客"一词最早在 2002 年 8 月 8 日由著名的网络评论家王俊秀和方兴东共同撰文提出。

从技术角度而言，博客是网页的一种形式，内容可以是文字、图片、音频、视频等，以时间轴的形式倒序呈现，用户可以通过发表评论与博主进行互动。博客作为早期公众发声的主要平台，曾经产生过巨大的社会影响力，但博客对创作者的要求较高，普通人参与有一定的门槛，微博的出现正好在某种程度上弥补了这种不足。

2006 年 3 月，由博客技术先驱埃文·威廉姆斯（Evan Williams）创建的互联网公司 Obvious 推出了一款微型博客产品——Twitter。Twitter 以其便捷的进入门槛和特殊的传播方式迅速进入大众视野，并很快风靡全球。随着 Twitter 的爆发，国内的微博也悄然兴起，一度成为最重要的社交新媒体形式。Twitter 问世以后，2009 年下半年到 2010 年，国内以各大门户网站为主要代表，有实力的网站型互联网公司分别推出自己的微博产品，新浪微博、搜狐微博、人民微博、网易微博、腾讯微博先后上线，使得微博的用户规模不断扩大，也让微博从早期少数 IT 发烧友的"极客"时代，走向了人人都能参与的普及化阶段。

随着移动互联网时代的到来，不断有新的互联网产品分散和抓取用户的注意力和时间。2012 年之后，各大门户网站的微博产品逐渐式微。2014 年，腾讯关停了自己的微博事业部，网易微博与搜狐微博也处于停滞状态。在这一轮微博产品逐渐被弃架的浪潮中，新浪微博却保持了自己良好的发展态势，不仅于 2014 年正式在美国纳斯达克股票交易所上市，更在企业新媒体营销中占据了举足轻重的地位。本书中的微博营销，主要以新浪微博作为示例。

（二）平台概况

新浪微博由新浪公司于 2009 年发布，是一款即时信息分享和传播工具。由于便捷的操作、较低的输出门槛、良好的互动形式，很快就得到了大众用户的认可和喜爱。随着用户需求的不断变化，微博也在不断更新迭代自己的产品，取消了最初 140 字的限制，增加了发图的数量，开放了菜单和头条文章等功能。微博不断完善商业转化的要素和需求，越来越受到企业和个体在品牌塑造和内容传播上的重视。

截至 2021 年年底，新浪微博月活跃用户数量为 5.73 亿，日活用户数量突破 2.49 亿，并持续多年占据手机 App 下载量的前十位。微博一直是热点发布、关注、讨论的重要平台，"70 后""80 后"更关注"泛社会"的热点资讯，"90 后""00 后"更关注"泛娱乐"的热点资讯。

（三）用户侧写

在新浪微博的用户中，从年龄上看，呈现年轻化的趋势，"90 后""00 后"占比 78%，如图 6-2 所示；从性别比例上看，出现"代际结构上的性别转变"，从"90 后"开始，女性用户数量反超男性，如图 6-3 所示；从地域分布上看，微博用户主要集中在东部沿海地区以及川渝两省市，尤其是北、上、广、深等一线城市，如图 6-4 所示。

微博用户群体以90、00后为主，两者总占比接近80%，微博用户呈现年轻化趋势。

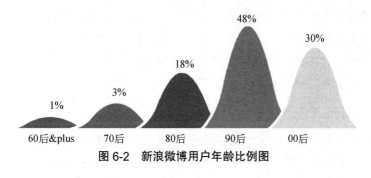

图 6-2 新浪微博用户年龄比例图

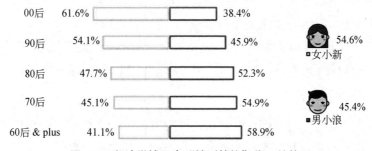

图 6-3 新浪微博用户"性别转换"代际结构图

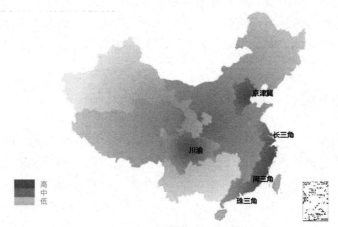

图 6-4 新浪微博用户地域分布图

三、微博的传播特征

微博作为一种社交型的网络媒介形态，具备"社交"与"媒体"的双重属性。与传统的社交型网络平台强调双向互动的紧密人际关系不同，微博可以是单向的关注模式。微博的关注与被关注从社交网络的角度来看是一种不对称的人际关系，这种不对称形成了微博广播式的信息流动模式。

（一）传播主体大众化

微博影响力的广泛性首先体现在对社会话语空间的释放。微博极大地降低了普通人发布信息的门槛，不像网站需要编辑审核，不像博客需要长篇大论，任何人都可以随时随地发布感兴趣的信息、当下的生活状况、个人的感悟等。便捷的操作门槛消除了传播者和接收者的界限，激发了普通大众创作和发表的欲望，形成了"人人即媒体"的传播格局。与传统的大众传媒严肃、权威的面孔不同，微博提供了一个平等的交流平台，让沉默的大多数有了更多的发声机会。微博时代，每个普通的个体都可以生产、传播、接收信息。当然，同样也会带来信息冗余、真假难辨、网络暴力等负面影响。

（二）传播内容碎片化

早期因为传播容量的限制，微博的内容和信息量受到了限制，因而呈现出"碎片化"的特点。这种信息传播特点，限制了某些复杂和有深度要求的内容传播，但这也恰恰显示了微博的独特性和分众传播的优势。它一方面契合了现代社会信息化、快节奏的生活方式，大大节约了人们的时间成本；另一方面又在影响现代人关注信息的方式和习惯，甚至引领整个社会的生活方式和人际交往模式的潮流。随着微博产品的迭代，微博"头条文章"和"群发信息"等功能补充了微博在长内容沉淀上的不足，产品形态也越来越完善。

（三）传播方式交互化

在现代生活节奏加快、信息爆炸性增长的情况下，人际交往变得扁平和快捷。人们普遍需要传递信息、表达情绪、分享感受的机会，微博的交互功能自然受到人们的关注。任何一个微博用户在转发信息的同时，都可以对微博信息进行二次加工，把接收到的信息加工后转发传播给自己的粉丝，所以微博用户随时可以在发布者、接收者和传播者的身份间切换。微博的传播路径主要包括粉丝路径和转发路径两种，因此在微博中很容易形成多个裂变点的爆发式传播，如图 6-5 所示。

四、微博的主要类型

按照不同的分类标准可以将微博划分为不同的类型。作为新媒体营销和运营的从业人员，可以从微博的使用主体和内容两个方面对微博的类型进行分类梳理和总结。按平台的使用主体，微博账号可以分为个人账号、企业账号、政务账号、媒体账号、机构团体账号及其他账号等六种形式。

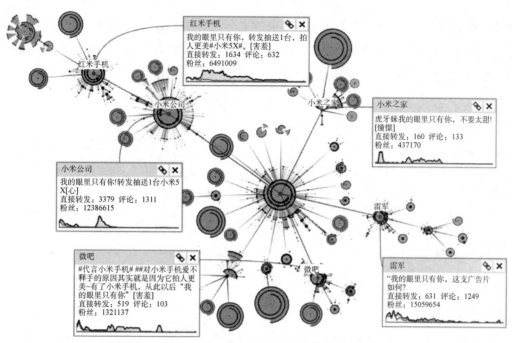

图6-5　微博传播机制图（点越大表明传播量级越大）

（一）个人账号

个人账号是微博中数量最大也最活跃的一部分，这里汇聚了文艺工作者、政企高管、草根达人、普通公众等众多类型，如图6-6所示。个人账号不仅是个人用户表达观点、抒发情感的场所，也是个人或团队开展新媒体营销的主要阵地。一方面，个人账号本身就基于账号主的个人品牌和影响力，同时又通过账号运营进一步提升账号主的个人品牌价值，从而形成一个相互促进的良性循环上升系统；另一方面，企业高管和艺人代言通常会配合企业或机构账号形成影响链条，扩大企业品牌在开展商品促销等活动时的影响力。

图6-6　新浪微博个人账号示例

（二）企业账号

企业账号一般都经过了企业官方认证，具有企业的信誉背书，在信息发布上具有权威性。企业账号一般用于塑造企业形象、发布企业信息、促进商品销售、进行危机公关等方面。除了企业统一的官方账号外，企业在进行微博营销的时候往往会根据自己的部门、产品或业务类型进行矩阵式布局，在营销上也往往多账号联动，起到裂变式的传播效果，如图6-7、图6-8所示。

图6-7　新浪微博企业账号产品布局示例

图6-8　新浪微博企业账号地域布局示例

（三）政务账号

2003年"非典"期间的每日疫情播报，政府用最大限度的公开和透明赢得了公众的一致认可和信赖。在2020年新冠病毒感染疫情防控期间，微博同样是公众获取信息源的重要渠道。微博对于政府信息发布、政务公开、提高信誉度以及增加民众的信任等方面意义重大且影响深远。经常有各地市的政府机构入驻新浪微博，微博已成为政府与公众沟通的重要窗口，如图6-9所示。

图6-9　新浪微博政务账号示例

（四）媒体账号

虽然微博具有较强的社交属性，但本质上仍然是媒体，具有天然的信息传播优势。在微博产品开发之初，就有大量媒体入驻微博，使得微博成为媒体新闻资讯重要的发布平台，如图6-10所示。新浪董事长曹国伟在担任首席执行官时曾经说过："将来报道事实将是每一个人的事，如果每一个人有微博的话，就可以把事实通过微博向全世界发布出去。"个人尚且如此，媒体自然更是肩负着新闻报道和信息发布的重要责任，媒体账号是微博的重要类型。

（五）机构团体账号

微博的"媒体+社交"的平台属性以及传播特征，使其在信息扩散、沟通交流、活动开展、信任公关等方面有天然的优势。除了政府、企业外，很多学校、社团、公益组织等社会团体也纷纷开设了自己的官方微博（如图6-11所示），并在品牌塑造、信用背书、信息传播等领域发挥着重要作用。

图6-10 新浪微博媒体账号示例

图6-11 新浪微博机构团体账号示例

（六）其他微博

除了使用主体为特定的组织和个人外，还有一些具有特定用途和时效性的账号。如图6-12所示，这些账号主要是为了某个重要活动、重要事件或影视作品宣传等特意开设的。这类账号通常跟活动和事件密切相关，只发挥阶段性作用，不会持续运营。

图6-12 新浪微博其他账号示例

五、微博的账号定位

账号在进行装修之前，首先要解决的问题仍然是账号的定位。所申请的微博官方账号的目的是什么？主要承担什么样的功能？微博账号的人设是什么？向公众传递什么样的企业形象和信息？对未来的内容布局有什么样的规划？账号的装修主要体现在账号名称、头像、简介、封页图、背景图、个性域名、个性标签等方面。

（一）账号名称

不管是个人账号还是企业账号，一个好的微博账号名称是微博营销的第一步。微博账号名称类型示例如表6-1所示。个人账号昵称可以是真实姓名，或真实姓名+兴趣/特长/职业/单位等前缀后缀，也可以是有趣、方便记忆、具有辨识度的昵称。企业账号名称应与企业有相关性，可以是品牌词、产品词以及品牌词或产品词+地域/品类等前后缀，但不能为通用性词语，如不可以用"@中国""@电视"等。微博账号在选取名称的时候应注意以下几点。

表6-1　微博账号名称类型示例表

账号	类型	示例
个人账号	真实姓名	姚晨 V ＋关注 北京 朝阳区 个人主页 演员，联合国难民署中国亲善大使。 关注 512 | 粉丝 8322万 | 微博 1万
	真实姓名+公司	小米洪锋 V ＋关注 北京 海淀区 个人主页 小米科技联合创始人洪锋 关注 286 | 粉丝 485万 | 微博 1014 简介：披着产品经理皮的工程师
	姓名+兴趣	瑜伽于老师 V ＋关注 浙江 杭州 个人主页 知名综艺博主 关注 147 | 粉丝 20万 | 微博 5049 简介：书籍是造就灵魂的工具。
	简洁，方便记忆	秋叶 V ✔已关注 湖北 武汉 个人主页 知名职场博主 微博故事红人 微博签约自媒体 关注 274 | 粉丝 76万 | 微博 3986 简介：武汉工程大学校团委大学生创新创业中心主任
企业账号	品牌名	话题 京东 V ✔已关注 北京 个人主页 京东官方微博 关注 321 | 粉丝 438万 | 微博 2万
	产品名	话题 支付宝 V ✔已关注 浙江 个人主页 支付宝官方微博 关注 236 | 粉丝 1641万 | 微博 8632 简介：就是你熟悉的那个支付宝
	品牌词+前/后缀	DJI大疆创新 V ＋关注 广东 深圳 个人主页 深圳市大疆创新科技有限公司 关注 258 | 粉丝 103万 | 微博 8371 简介：深圳市大疆创新科技有限公司

（1）新浪微博的账号名称是唯一的，不可重名。

（2）名称不要太长，避免在移动端折叠显示。

（3）名称拼写要简单、便于输入，避免使用生僻字。

（4）微博"橙V"和"蓝V"认证用户在一个自然年内可以更改一次名称；会员用户

根据会员等级每个自然年内可修改 3~5 次。

（二）头像

头像相当于店铺的门头和店招，也是公众在接触官方账号时的第一触觉。头像清晰可辨是最基本的要求，同时也要结合账号的定位，传达企业和个人或专业或亲切或深沉的"人设"信息。微博账号头像类型示例如表 6-2 所示。个人头像可以选择最能体现个人特点的真人照片或拟代卡通人设；企业头像可选择企业 Logo、品牌字、代言人、吉祥物及企业标志性建筑或设施照片等；官方账号头像尽量避免频繁变动。

表 6-2　微博账号头像类型示例表

账号	类型	示例
罗振宇	真人头像	话题 罗振宇 V ✔已关注 ♂北京 朝阳区 个人主页 得到App创始人 关注 202 ｜ 粉丝 164万 ｜ 微博 3146 简介：知识就在得到。
肯德基	卡通人设	话题 肯德基 V ＋关注 ♂上海 个人主页 肯德基中国 关注 662 ｜ 粉丝 250万 ｜ 微博 2万
人民日报	品牌字	话题 人民日报 V ＋关注 ♂北京 个人主页 《人民日报》法人微博 关注 3024 ｜ 粉丝 9865万 ｜ 微博 11万 简介：人民日报法人微博。参与、沟通、记录时代。
华为	Logo	话题 华为中国 V ✔已关注 ♂广东 个人主页 华为技术有限公司（中国区）官方微博 关注 275 ｜ 粉丝 312万 ｜ 微博 1万
北京大学	校徽	话题 北京大学 V ＋关注 ♂北京 个人主页 北京大学官方微博、教育官微联盟成员 关注 193 ｜ 粉丝 142万 ｜ 微博 2万
湖南省博物馆	主体建筑	湖南省博物馆 V ＋关注 ♀湖南 长沙 个人主页 湖南省博物馆官方微博 关注 177 ｜ 粉丝 23万 ｜ 微博 3254 简介：你爱，或者不爱，湘博就在这里，光 标签：湖南 博物馆 文物 历史 文化 教育 艺 职业信息：湖南省博物馆

（三）简介

简介能帮助用户在第一时间读取账号的关键信息，需要尽量用简洁明了的语言说明该账号或者账号背后所代表的个人/企业的核心功能和价值。在这里需要说明的是，企业的标语并不适合做简介。标语更突出价值观、使命、愿景等精神层次的内容，而简介更着重说明个人特长领域、企业业务范围、官微功能作用等实用信息。

（四）封页图和背景图

账号头像后的封页图和背景图片是用户进入账号页面的主视觉，相当于一个房间装修的主格调。封页图和背景图都可以通过开通会员进行自主设计。通过自定义设计的封页图和背景图，为账号设立一个立体的广告位，来充分地展示官方账号背后的个人或企业形象。同时，也可以通过封页图和背景图对企业的其他官方新媒体平台做一个导流，具体示例如图6-13、图6-14所示。

图6-13　新浪微博账号封页图装修示例

图6-14　新浪微博账号背景图装修示例

（五）个性域名

微博账号可以设置账号的个性域名，这是一个快速进入账号主页面的通道。在日常工作和生活中，个性域名会经常用到，如电子邮件的签名、电子名片后的链接等。个性域名一经确定将无法修改，所以应谨慎选取，最好与企业或企业的官方网站保持一致。个性域名可以在"账号设置"—"我的信息"—"个性域名"中进行设置，如图6-15所示。

图 6-15 新浪微博账号个性域名设置页面

（六）个性标签

在资料编辑的过程中，可以输入标签信息，如图 6-16 所示。标签从另一个层面传达了品牌、功能、价值以及个人的兴趣特长等信息，是企业或个人核心价值展示的另一个途径和窗口。同时，标签的存在可以让用户更为便捷地找到其感兴趣的微博账号。

图 6-16 新浪微博账号个性标签设置页面

六、微博的注册认证

微博的注册分为个人注册和官方注册。个人注册主体是个人，官方注册及认证主体包括政府、企业、媒体、网站、应用、机构、公益、校园组织等。注册过程操作简单便捷，打开新浪微博首页按要求完成即可。新浪提供了微博注册帮助指南，对于用户在注册过程中经常遇到的问题给予答疑和帮助。

（一）账号注册

新浪微博的账号注册页面如图 6-17 所示。

1. 新浪微博提供手机号和邮箱两种注册方式，每个手机号和邮箱只能注册一个账号。

2. 新浪微博的登录密码由 6～16 位半角字符（字母、数字、符号）组成，区分大小写。

3. 官方注册目前不开放给"个人"和"其他"两种类型的账号。为了确保官方注册信息的真实性，官方注册的账号在注册完成后需要进行组织机构代码有效性的验证，通过验证后方可正常使用。

4. 特别注意：新浪微博的用户名不能与站内已有昵称重复，企业和个人在注册自己的账号的时候要做好前期调查和规划。

个人注册 | 官方注册

官方认证类型包括：政府、企业、媒体、网站、应用、机构、公益、校园组织
注意：
1. 非官方类用户，请直接在个人注册处注册。
2. 为了保障帐号安全，注册同时会默认为您开启双重登录验证功能，下次登录需要短信验证。

📧 *邮箱 ☐ 使用邮箱登录
或使用手机注册

* 设置密码 ☐

* 官方注册微博名： 请参考组织/企业/品牌全称

* 所在地 河南 ▼ 郑州 ▼

* 验证码 ☐ 🔲换一换

立即注册

微博服务使用协议
微博个人信息保护政策
全国人大常委会关于加强网络信息保护的决定

已有帐号，直接登录»

微博注册帮助
1 微博注册操作指南
2 注册时提示"你所使用的IP地址异常"，该怎么办？
3 企业用户希望使用的微博被别不能注册怎么办？
4 注册后，是否可以找回被他人占用的企业昵称？

更多帮助»

图 6-17 新浪微博账号注册页面

（二）微博认证

选择微博作为企业或个人官方新媒体营销工具的时候，入驻平台后最好进行认证，确保账号的权威性。认证后的个人账号会加上"橙 V"标识，企业和组织机构账号会加上"蓝 V"标识。据统计，截至 2019 年，98%的中国 500 强和 60%以上的世界 500 强企业均开通了自己的官方认证微博。经过认证后的微博，不仅会提升账号本身的公信力与权威性，在搜索排名中也会具有较高的优先权重。

1. 个人认证。个人认证主要针对个人账号。认证后的个人账号在头像右下角会出现"橙 V"标识。微博与简书等自媒体平台实行认证体系的互通互认，简书的认证作者可以直接在微博上申请个人认证。微博的个人账号认证主要包括六大类，不同类型的适用主体及认证条件如图 6-18 和表 6-3 所示。

图 6-18 新浪微博个人账号认证类型

表 6-3　新浪微博个人账号认证类型及认证条件表

认证类型	适用主体	认证条件
身份认证	个人用户真实身份的确认	拥有清晰的头像；账号绑定手机号；关注数超过 50；粉丝数超过 50；互粉"橙 V"的数量大于 2
兴趣认证	垂直领域知名博主	拥有清晰的头像；账号绑定手机号；近 30 天内发博数量大于 30，微博阅读量不低于 5 万，粉丝数不低于 1000；内容垂直聚焦，且领域在微博体系认可范围之内
超话认证	超级话题主持人	具备微博认可的 4 种资历之一；当月在超话内发帖数≥10 篇；完成身份验证和手机号绑定
金 V 认证	优质作者	近 30 天内微博阅读量大于 1000 万；粉丝数大于 1 万
视频认证	视频博主	微博视频提供了原创、二次创作、非自制 3 大类 7 小类的视频类型认证。不同类型的要求可以进入微博"V 认证"模块进行详细查看
文章/问答认证	文章/问答博主	拥有清晰的头像；账号绑定手机号；文章认证要求原创文章发布量≥20 篇，原创度≥80%。90 日内发布原创文章，每月发布量≥2；认证要求原创度≥80%，30 日内有原创回答发布，180 日内 250 字以上原创回答量≥20 条

2. 机构认证。机构认证包括六种类型，各类型的适用主体及认证条件如图 6-19 和表 6-4 所示。

机构认证

企业认证 ＞
营利性组织、企业、个体
工商户等

机构团体 ＞
公立行政机构、体育、粉
丝、社会团体等民间组织

政府认证 ＞
各党政机构及事业单位、
国企、行政属性的社团

媒体认证 ＞
电视台、报纸、杂志、媒
体 网站、新媒体等机构

校园认证 ＞
校园官方机构及学生组织
等 相关团体

公益认证 ＞
社会公益组织、公益性账
号认证

图 6-19　新浪微博机构账号认证类型

表 6-4　新浪微博机构账号认证类型及认证条件表

认证类型	适用主体	认证条件
企业认证	营利性组织、企业、个体商户等	营业执照副本原件扫描；加盖企业彩色公章的认证公函

（续表）

认证类型	适用主体	认证条件
机构团体认证	公立行政机构、体育、粉丝、社会团体等民间组织	营业执照副本原件扫描；加盖彩色公章的认证公函
政府认证	各党政机构及事业单位、国企、行政属性的社团	加盖公章的政府机构官方微博认证申请信息表和公函
媒体认证	电视台、报纸、杂志、媒体网站、新媒体等	媒体认证申请公函；印刷类媒体的出版许可证；电视电台媒体的组织结构代码证等
校园认证	校园官方机构及学生组织等相关社团	校园用户认证申请公函；加盖彩色公章并由校长签字的授权书
公益认证	社会公益组织、公益性账号	公益组织认证申请公函；民政系统登记注册证明

七、微博的使用功能

（一）内容发布功能

微博的基本功能是图文、视频等内容的生产和传播，操作便捷、门槛低、效率高，在PC端和移动端均能完成，如图6-20、图6-21所示。

图6-20 新浪微博PC端内容发布页面

1. @目标用户。账号生产的内容可以通过"@微博账号名称"提醒其他账号查看、评论和转发。通过@功能，可以与任何想关联的微博账号发生联系，这为微博内容在不同的传播节点实现裂变传播提供了基础和可能。

2. 话题功能。通过"#关键词#"可以发布话题。在话题的讨论和培育中植入产品或品牌信息，可以增加内容的传播热度和曝光率。话题可以由微博官方发起，也可以自主创建，同时还可以查看话题榜单，借势热门话题。

3. 头条文章功能。通过"头条文章"可以发布图文混排的长内容，这在一定程度上弥补了微博早期内容过于碎片化的不足。

4. 直播功能。微博也提供了直播的入口，关于直播新媒体营销，将在本书的后续项目模块中做详细介绍。

在文字数量上，微博在上线之初，对图文信息做了 140 个字的限制。2016 年，微博平台取消了发布器的字数限制，用户可以发布多达 2000 字的长微博。超过 140 个字的长微博在信息流中依然只显示 140 字，但在文末有"展开全文"的标志，用户点击即可查看全文。除了长信息外，微博还开放了"头条文章"以及文章的个人"橙 V"认证，在头条文章发布后台提供简单的编辑和排版功能，如图 6-22 和图 6-23 所示。

图 6-21　新浪微博移动端内容发布页面

图 6-22　新浪微博头条文章编辑页面

图 6-23　新浪微博头条文章示例

在图片内容上，微博也进行了迭代升级。最初微博一次性图片发布的最大数量是 9 张，企业也经常用九宫格，中间放上品牌字或 Logo 图做企业的形象展示。现在微博单次发图的最大数量是 18 张，主页显示仍然是 9 张，超过 9 张的图片被折叠但显示数量，如图 6-24 和图 6-25 所示。

图 6-24　新浪微博九宫格图示例　　　　图 6-25　新浪微博 18 图功能示例

除了基础的图文、视频等内容的发布外，微博还提供了热门图书/音乐/影视作品点评、地点标注、新鲜事制作、定时发送等功能。工作人员在日常运营中，可以多加探索和尝试。

（二）群发功能

在微博中可以像微信公众号一样向粉丝群发信息，内容可以是图片、文字、图文信息、语音、音乐等。每个账号每天只能群发一次，群发内容通过审核后会发送至每一位粉丝，触达率高。微博群发功能可以成为企业在微博营销上的利器，如图 6-26 所示。

（三）自动回复

微博账号可以通过设置"自动回复"来提升账号的互动服务和互动效率，增加信息曝光的频率和机会。微博平台提供了"被关注自动回复""私信自动回复""关键词自动回复"三种类型的自动回复。回复内容可以是文字、图片以及长图文信息，暂不支持视频回复。

"被关注自动回复"是用户关注账号时收到的自动回复；"私信自动回复"是用户与账号进行私信沟通时的自动回复；"关键词自动回复"是用户在与账号沟通时出现特定的关键词触发的回复内容。登录官方微博账号进入"管理中心"，点击页面左侧的"消息管理"，下拉菜单展开后点击"自动回复"即可进入页面进行相关设置，如图 6-27 所示。

（四）自定义菜单

认证后的微博账号可以设置账号的自定义菜单，自定义菜单会在移动端的微博页面进行

图 6-26　新浪微博群发功能编辑页面

图 6-27　新浪微博自动回复设置页面

展示。一级菜单可以设置 3 个，每个一级菜单下又可以设置不超过 5 个二级菜单。菜单的内容可以选择图片、文字、语音、图文消息等形式的回复，也可以选择跳转网页链接。

　　菜单的设置可以有效地帮助用户获取账号信息以及从微博到其他官方新媒体平台的跳转和导流。用户点击相应的菜单选项，就可以收到预先设定的响应。自定义菜单可以在微博

"管理中心"页面左侧的"消息管理"下进行设置，如图 6-28 和图 6-29 所示。

图 6-28　新浪微博自定义菜单设置页面

图 6-29　新浪微博自定义菜单示例

（五）运营活动

新浪微博的"运营活动"—"抽奖中心"为账号提供了完善的抽奖活动设置和活动数据分析功能，帮助账号更好地进行微博线上活动的开展，增强账号与用户之间的互动沟通。运营人员可以在新浪微博的"运营活动"任务栏中进行相关活动的设置与发布，如图 6-30 所示。

图 6-30 新浪微博活动设置页面

（六）数据中心

同其他新媒体平台一样，新浪微博也提供了数据监测和收集功能。在管理中心左侧的"数据中心"—"数据助手"模块，可以对账号的整体运营状况进行数据分析，通过数据辅助和优化微博账号的运营。同时，在"数据中心"还有"微热点"和"微沸点"两个功能模块，如图 6-31、图 6-32 所示。"微热点"功能类似于百度指数，用来监测网络上的热门事件，帮助运营者捕捉微博上的热门话题和内容，进行互联网热点内容借势营销。"微沸点"是上市公司正负向情绪、财经热议话题以及 KOL 影响力等的趋势排名呈现和分析。

图 6-31 新浪微博"微热点"分析页面

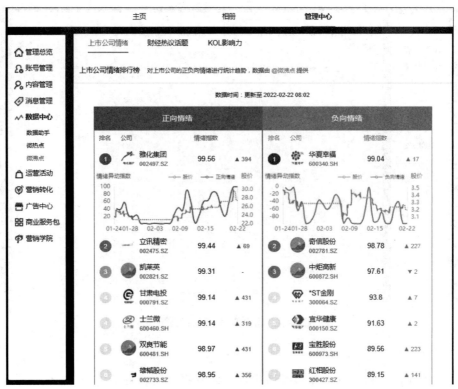

图 6-32　新浪微博"微沸点"分析页面

（七）营销转化

　　早期微博没有布局自己的商业模块，但开放的生态为商业布局提供了基础和准备条件，一旦时机成熟，微博将完成自己的商业闭环。微博的"营销转化"模块，就是微博正在完善的商业布局。在"营销转化"中可以创建和发布商品，在"卡券中心"可以创建商品的优惠券和代金券，帮助账号主不用跳转就能完成在微博生态内的营销转化，如图 6-33 所示。

图 6-33　新浪微博卡券创建页面

（八）广告中心

"广告中心"是微博商域流量的购买入口，在这里可以为账号开通粉丝通、粉丝头条等推广功能，也可以与平台上的头部账号开展商业合作，共同完成企业的微博的营销推广行为。在微博管理中心左侧菜单的"广告中心"即可进入设置页面，如图6-34所示。

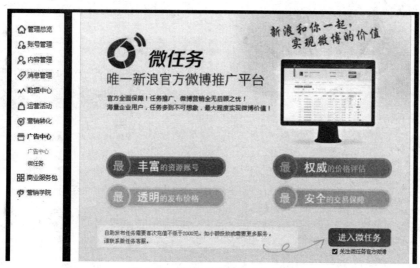

图6-34　微博"广告中心"页面

（九）营销学院

"营销学院"提供了很多官方培训课程，帮助运营人员更好地熟悉平台规则、生产优质内容，利用微博开展各种社会化新媒体营销活动。不管是对于学生还是新媒体职场人士，都是一个很好的学习窗口，如图6-35所示。

图6-35　微博"营销学院"页面

（十）微群管理

在微博中同样可以建立微群以及对微群进行管理。如图 6-36、图 6-37 所示，在微博移动端消息页面左侧的"发现群"可以查看已有的微群并选择是否加入；在右侧"设置"图标下，账号主可以发起自己的群聊。关于社群新媒体营销，本书后续内容中将有专门的项目模块，这里不再做细致介绍。

图 6-36　新浪微博群创建页面

图 6-37　新浪微博群入口

八、微博的内容策略

从 2009 年新浪微博平台开放至今，十余年间微博的产品也在不断地迭代升级，在媒体本质的基础上不断强化社交属性，持续推进社交赋能；垂直深耕细分领域，不断满足用户多元化诉求，强化平台的网络效应；坚持拓展平台内容和完善传播形式，全媒体化内容布局，优化内容品质和用户体验。

微博的全媒体内容生态为用户提供了多种表达方式，其中日均文字发布量为 1.3 亿，日均视频/直播发布量超过 150 万，日均回答问题数超过 5 万，垂直领域的内容生态主要集中在娱乐、媒体、情感等方面，如图 6-38 所示。微博作为移动互联网时代最重要的新媒体营销和内容生产平台之一，其内容策略是需要运营人员重点关注的领域。

（一）明确内容定位

美国营销专家艾·里斯（Al Ries）与杰克·特劳特（Jack Trout）在 20 世纪 70 年代提出了定位理论。他们认为："定位是你对未来的潜在顾客的心智所下的功夫，也就是把产品定位在你未来潜在顾客的心中。"除了营销学领域外，在其他学科，定位理论也被广泛应用和借鉴。

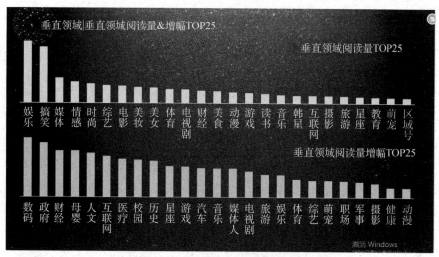

图 6-38　新浪微博内容领域分布图

在前面微博账号装修等内容中我们提到过，在注册装修之前，首先要解决的是微博的账号定位问题，结合微博的平台特征、用户特点和内容生态领域，确定内容的调性和账号的人设。清晰的账号定位能够有效地指导账号的内容构建。常见的定位类型有针对品牌传播的定位、针对营销转化的定位、针对客户服务的定位以及针对产品推广的定位。

（二）建立素材库

从微信、微博等社交新媒体的流行到抖音、快手等短视频平台的崛起，新媒体营销平台在工具和形式上不断发生变化，但不管呈现形式如何改变，最根本的落脚点一定是内容。新媒体运营的一个核心问题是高质量内容的持续输出，这就需要运营人员结合账号内容规划建立自己的素材库。

素材库的内容一方面是与自己的产品、企业、行业有关的知识、资讯和动态，需要运营者在自己企业所属的领域进行搜集；另一方面是一些网络热门事件，需要在一些"热搜榜""话题榜"上进行采集。此外，需要在每年年末提前制定下一年的"营销日历"（见图 6-39），在营销日历中对这一年中的行业动态、重大节庆、纪念日等进行清晰的标注，根据营销日历提前做内容的布局和规划。

图 6-39　营销日历示例图

（三）做好内容规划

微博的内容应该与产品或品牌相关，且具有趣味性和互动性。在内容中设置特定的栏目，与产品、企业、行业有关的内容作为定时栏目，网络热点事件作为不定时栏目。在做内容规划时，可以按照时间节点分为每日内容规划、每周内容规划、每月内容规划以及季度内容规划。

151

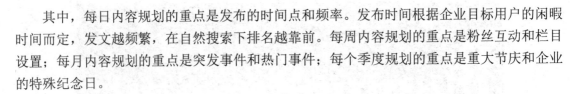
其中，每日内容规划的重点是发布的时间点和频率。发布时间根据企业目标用户的闲暇时间而定，发文越频繁，在自然搜索下排名越靠前。每周内容规划的重点是粉丝互动和栏目设置；每月内容规划的重点是突发事件和热门事件；每个季度规划的重点是重大节庆和企业的特殊纪念日。

（四）科学输出和互动

一般而言，微博内容的原创难度较大，尤其是对于大型企业来说，要进行微博的矩阵布局，多个子账号同时进行内容输出，因此要合理界定原创与转发的比例。原创内容保持有知识有干货，有趣味有话题；转发内容要选择质量较高的内容或是一些公益转发，但在转发之前要核定内容的真实有效性。

互动可以与名人、专家、粉丝进行。在企业活动中，尤其要重视品牌与品牌之间以及子账号与公司母账号之间的联动，通过互动制造关注度，保持热度，提高用户黏性。如海尔等品牌在冯绍峰和赵丽颖官宣微博下的互动，取得了较高的话题热度和关注度。

九、微博的运营技巧

（一）选择合适的内容发布形式

140字限制的取消以及逐渐开放的直播、头条文章、多图等功能，使得微博在内容形式上不断完善自己的全媒体生态布局。文字、图片、长图文、视频、直播、超链接……账号运营人员可以选择任何适合的形式进行内容的发布。

除了上述基础的内容形式外，微博秉持开放的平台属性，允许其他平台的超链接和导流二维码的植入，可以对腾讯系、阿里系的产品进行导流。同时，微博也有自己的橱窗可以进行商品售卖，提供签到、点评、卡券等功能进行营销转化，运营人员需要根据企业和账号实际，合理运用微博的商业生态。

（二）善用@及话题功能

在微博上，只要你想，就可以跟任何一个你感兴趣的微博账号发生联系。微博的传播特征决定了它不止有一个扩散源，运营人员需要争取让自己的内容得到大号的转发并进行持续的裂变和传播。一个现象级的传播，一定有多个引爆的节点。

用两个"#"把关键词围住，就能发布话题。好的话题能引发讨论和转发，从而引起更多人的关注。一旦话题成为热门，就有可能登上新浪微博热门话题榜，从而带来更多的流量。除此之外，微博的话题可以申请主持人，主持人对特定的话题页面具有管理权限，可以对话题进行编辑和完善，通过话题提升品牌影响力。

（三）注意发布时间

微博在运营期间要进行有规律的更新，建设期的账号每天的发博数量不少于30条；运营期的账号每天的发布数量以5～10条为宜。通常情况下，更新越频繁，活跃度越高，自然搜索越靠前。上班通勤的途中、午休、下班后到晚上12点之间、周末和法定节假日都是用户刷微博的高峰时段。

（四）熟悉互动策略

微博具有较强的社交属性，在运营的过程中一定要注意与粉丝的互动。常见的互动方式有评论、转发、私信等。对于常规评论，可简单回复或不回复；观点类评论通常是对发布内容的补充及意见，需要认真对待。在转发的过程中要注意排除负面新闻以及未被证实的消息和言论。除了评论、转发、及时和有选择地回复私信以外，对与企业相关的关键词要进行定时搜索监控，及时了解相关热点信息以及危机事件。

（五）布局微博矩阵

企业的微博矩阵营销是指企业根据产品和品牌的不同功能或用户群体，构建不同的微博账号进行矩阵营销。对具有不同特征的消费者采用不同的营销策略，有针对性地发布既相互联系又有不同侧重的内容，从而提升企业微博营销的有效性和精准性，扩大营销信息的覆盖面，在吸引新的关注者的同时保持原有关注者的忠诚度。微博矩阵营销更适用于那些促销活动较多、产品更新换代较快、与用户互动性强的企业，如互联网、时尚美妆和快速消费品行业等。

十、微博的舆情管理

从传统的报纸杂志到单向输出的门户网站再到实时互动、全民参与的新媒体平台，社会和企业的舆情场已经发生了根本性的迁移。由于微博的传播特点和性质，微博已经成为突发事件集中爆发后公众的第一信息源，同时也是企业应对突发事件、对外发声的首选窗口。除了营销推广外，微博也是企业进行舆情监控的重要工具。企业在利用微博进行舆情管理时，通常包括以下步骤和内容。

（一）舆情研判

企业负面突发事件发生时，要首先对舆情进行研判，包括事件的对象是否具体，负面消息指向性是否明确；线索是否翔实，是否有充分而有利的证据；情节是否严重，是否涉及企业的核心产品或服务；后果承受范围是否可控，对企业品牌声誉、商品销售、消费信任度等方面的影响大小等。

（二）官微发声

遵循快速、诚恳、多样、持续的原则，官微在第一时间要针对舆情进行回应。回应的内容要不讲空话、不敷衍，态度不必卑微但一定要诚恳。企业要利用多种渠道将官微的声音传递出去，包括但不仅限于话题、私信、群发等，同时要注意回应内容的持续跟踪和互动反馈，在互动区进行评论回复，注意观察公众的情绪导向。

（三）提升曝光

通过微博的商业应用"粉丝头条"等工具使得回应内容尽可能广泛地传播。企业的创始人、负责人等高层需积极而又谨慎地同步参与，回应或转发企业官微，从而树立负责任的企

业和管理团队形象；借助站外推广、热门微博、新鲜事、推荐等产品资源和相关机制将正面回应的效应发挥到最大；与媒体、KOL 保持良好沟通，助力企业发声。

（四）善用工具

新浪"舆情通"产品可以帮助企业进行日常舆情监控和研判，避免在遭遇危机进行处理时陷入被动，减少人工搜索获取信息的局限性。企业账号在日常运营中可以把"舆情通"作为常规监控工具，尽早发现危机、抓住传播节点，进行有针对性地应对。同时也可以利用"#微博辟谣#"，结合粉丝头条、微任务等工具进行辅助应对。

【实训任务】

一、实训目的

通过微博账号的定位和注册，熟悉平台的基本操作；通过对账号的持续运营和数据分析，掌握微博的营销策略和运营技巧。

二、实训项目

微博的账号定位与营销运营。

三、实训资料

河南御厨有机粮业有限公司相关资料见项目二。

四、实训步骤

1. 根据上述材料及课堂所讲授的内容，在新浪微博进行河南御厨的账号注册，探索相关功能。

2. 选择与有机农产品相关的微博"大 V"进行关注，关注数量为 10 个以上。

3. 为账号设置私信回复和自定义菜单。

4. 发布一条微博并@某一"大 V"，争取获得评论或转发。

5. 从微博今日话题榜前十的话题中选择一个可以借用的话题或发起一个与企业或产品相关的话题，发布一篇添加话题的微博。

6. 发布一条相关的微博头条文章。

7. 进入微博热搜，对排名前三十的内容进行分类整理，查看并分析微博用户关注的热点内容集中在哪些领域。

8. 根据企业性质以及微博热门领域，为河南御厨的官方微博进行内容规划，并撰写规划报告。

9. 对账号进行持续运营，每周定时查看微博账号数据反馈信息，根据数据反馈结果，对微博账号的日常运营进行优化。

10. 登录微博后台，在"管理中心"—"营销学院"模块，完成"精英课""专家课""总裁课"的学习。

五、实训评价

实训评价如表 6-5～表 6-7 所示。

表 6-5　小组自评表

小组自评表（得分可采用十分制/百分制/五星制）				
小组成员	承担工作	工作完成情况	个人得分	小组综合得分
		□未完成　□完成　□超额完成		
		□未完成　□完成　□超额完成		
		□未完成　□完成　□超额完成		
……	……			
问题自查				
改进措施				

表 6-6　小组互评表

小组互评表（得分可采用十分制/百分制/五星制）			
	评分细则	细则得分	小组综合得分
小组名称	账号设置是否符合品牌定位		
	账号菜单和私信回复是否体现相应功能		
	账号内容是否符合企业营销要求		
	账号粉丝数、阅读数等数据情况		
	账号是否持续运营		
	……		
存在问题			
改进建议			

表 6-7　教师评价表

教师评价表（得分可采用十分制/百分制/五星制）			
	评分细则	细则得分	小组综合得分
小组名称	团队协作精神：小组实训任务分工及团队协作情况		
	账号定位能力：是否能对账号进行准确定位		
	内容生产能力：是否能持续高质量的输出		
	数据分析能力：是否能通过数据优化调整		
	账号运营能力：数据表现是否持续向好		
	……		
存在问题			
改进建议			

【案例分析】

传统大IP的新媒体焕生之路——故宫微博篇

"故宫博物院"微博作为故宫博物院官方微博，主要内容包括常设展览和特展信息、文物介绍、故宫景色、故宫壁纸、故宫与人的故事等，此外还有一些关于讲座和志愿招聘的信息。图文内容基本以原创为主，账号拥有超过1028万粉丝，影响力巨大，如图6-40所示。

图6-40　"故宫博物院"账号首页

故宫另外一个官方微博是"故宫淘宝"。一直以来，"故宫淘宝"都在以"精分"的人设和状态与用户进行互动。比如，在微博评论区自称"本公"，撒得了娇卖得了萌。这样的互动不仅让用户觉得有趣，也塑造了极强的账号性格，在用户心中留下深刻印象，目前粉丝量近百万，如图6-41所示。

图6-41　"故宫淘宝"账号首页

从定位上看，故宫的两个官微人设有着巨大的差异，但热点借势都是在微博营销和运营中最常用到的技巧。除了热点借势，故宫微博撒开高大、正统的形象，用诙谐、调侃的语气打造萌萌的人设，拉近与用户的距离，也是故宫微博频频出圈的利器。2015年10月30日，故宫淘宝官方微博发布《够了！朕想静静》文章，以幽默、调侃的语气介绍了"一个悲伤逆流成河的运气不太好的皇帝的故事"。通过调皮的文风，搭配各种搞笑表情图，把崇祯帝从登基到自缢的人生故事终于"调侃"完了，但崇祯帝的故事只是个铺垫，"故宫淘宝"真正的目的是推销"新年转运必买的2016故宫福筒"，这完全是一个高级别的软文广告。这种方式能让受众在获得知识和乐趣之后，对商品也产生了兴趣，明明知道是广告，心甘情愿掏钱。因此，把微博单纯当作广告发布平台只会引起用户的反感，好的广告一定是不违和的。最完美的效果就是：不看到最后不知道是广告，即便知道了是广告也不反感，还觉得可爱，还交了钱，故宫在这一点上做得很好。

最后，在"故宫淘宝"的微博上，可以看到账号经常与粉丝互动，同时也会参与一些话题，包括品牌之间的调侃。一个愿意且及时与粉丝互动的品牌，用户黏性才会越来越好，品牌价值也就越来越高。

通过微博，故宫不断对社会大众关心的话题进行曝光。人们关心故宫的猫，故宫就讲《故宫猫记》；人们喜欢紫禁城的色彩，故宫就制作"点染紫禁城"，使孩子们可以参与；人们关心故宫的春夏秋冬，故宫就发故宫春夏秋冬、早中晚的景色。至此，媒体开始冠以"故宫出品，必属精品"的美誉。故宫的社交运营能力，促使其吸引了大批粉丝的关注和参与。庞大的粉丝数让故宫发出的每一条消息都有可能瞬间传遍网络，引发人们的热议。进而故宫推出的每一款文创新品，都可能立马热销。实践证明，传统IP与新媒体的结合能够提升文化创意产品的内涵和品质，塑造文化品牌形象，提升文化市场占有率。

思政小课堂：挖掘文化价值，传承文化精神

近年来，国潮崛起，河南卫视出圈，传统品牌开始尝试年轻化的品牌升级，东方美学也越来越受到大众的接受和喜爱。一方面，这背后是国家强盛、人民富裕所带来的文化自信和文化自豪的觉醒；另一方面，这些通过新媒体重新焕发生机和品牌得到进一步升级的传统大IP也更好地诠释了中国元素，传递了中华文化精神，展现了当代中国的风貌。

思考：

1. 登录故宫博物院和故宫淘宝的官方微博，查看其内容，分析两个微博的人设形象分别是什么？

2. 总结故宫在微博上开展的活动大致分为几类，分别达到了什么样的效果？

模块二　微信营销与运营

【理论知识】

一、微信的营销价值

微信是一个开放的社交平台，蕴藏着巨大的流量红利。从微信系产品的分类和每个细分产品的定位可以看出，微信完成了社交、内容、商业的完整布局。在这个闭合的商业生态中，企业或个人可以实现从数据到业务流的完整闭环，这是相对于其他新媒体平台而言微信最大的营销价值和特点。

（一）完整的商业闭环

在互联网商业生态领域，比较经典的模型是 AARRR 模型以及 TLSRRR 模型，如图 6-42、图 6-43 所示。AARRR 模型以及 TLSRRR 模型所包含的所有环节在微信系产品生态中都能实现，整个过程不存在任何平台跳转所带来的流量流失。更重要的是，在这样一个营销闭环中，每一个环节的数据都是一致、无缝联通的。微信使企业的商业行为不仅实现了业务的闭环、体系平台的闭环，更实现了数据的闭环。完整的数据能力是企业进行优化提升、保持良性运行的基础。

图 6-42　AARRR 互联网生态模型

图 6-43　TLSRRR 互联网生态模型

（二）巨大的流量和信息入口

微信是一款国民级互联网产品，私域流量、公域流量、商域流量完整，是一个巨大的移动互联网流量入口。流量的入口又会转而带来信息的接口。在 PC 时代，企业需要官网为客户提供信息查询。在移动互联网时代，企业依然需要这样的官方入口，这种入口的呈现形式可以是 App，而微信公众号同样也提供了这样的入口，能够接入企业发布的企业介绍、产品服务、联系方式等信息，以及通过底部菜单跳转到微网站和小程序。

（三）便捷高效的客户服务

客户关系管理（Customer Relationship Management，CRM）的核心是通过自动分析来实现市场营销、销售管理和客户服务，从而吸引新客户、保留老客户以及将已有客户转化为忠实客户，增加市场份额。微信作为用户数据最大、使用频率最高的沟通工具，极大地方便了用户与企业的沟通。将微信与企业原有的 CRM 系统结合可实现多人人工接入，提高客户服务的满意度。通过设定相关的关键词，可以实现自动回复，降低人力成本。在此基础上，通过小程序、公众号等帮助企业完成导流以及后续因服务提升而带来的"老带新"。

（四）社交关系链中的电子商务

未来的零售是全渠道模式，企业需要尽可能让消费者随时随地方便快捷地购买到自己想要的商品。在微信的产品形态中，个人微信和社群可以实现消费引导，微信公众号和小程序可以实现在线转化。如果用户在看微信图文时想买某件商品，可以不用跳出微信而直接下单

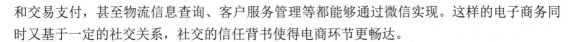

和交易支付，甚至物流信息查询、客户服务管理等都能够通过微信实现。这样的电子商务同时又基于一定的社交关系，社交的信任背书使得电商环节更畅达。

（五）品牌塑造和形象宣传

微信是一个社交平台，也是一个内容平台。微信公众号可以承载文字、图片、音频、视频等多元化内容形式，重点在于长内容的沉淀和输出。完善的内容平台、丰富的内容形式能帮助企业进行多维度的品牌展示；另一方面，微信的社交属性又提供了实用高效的互动工具，帮助品牌精准地投放信息，便捷地参与和用户之间的互动，从而塑造品牌形象，深化品牌传播。

二、微信的发展概况

微信（WeChat）是深圳腾讯控股有限公司于 2011 年 1 月 21 日推出的一款智能即时通信服务应用程序。微信是微型邮件的简称，由腾讯广州研发中心邮箱产品团队打造，该团队的负责人张小龙曾成功开发过 Foxmail、QQ 邮箱等互联网邮箱产品。微信项目于 2010 年 10 月筹划启动，公司总裁马化腾在产品策划的邮件中确定了这款产品的名称为"微信"。

微信是一款真正的国民级应用，根据腾讯 2021 年财报显示，微信的月活跃用户数量已经突破了 12.68 亿。张小龙在微信十周年的演讲中提到：每天有 10.9 亿用户打开微信，3.3亿用户进行视频通话；7.8 亿用户进入朋友圈，1.2 亿用户发表朋友圈，其中照片 6.7 亿张，短视频 1 亿条；3.6 亿用户阅读公众号文章，4 亿用户使用小程序。微信如今已经不再是一个简单的通信工具，不仅在我们日常工作和生活中扮演着越来越重要的角色，而且深刻地影响着我们的生活。随着在社交、内容、商业上的布局，微信已经成为目前唯一能便捷流畅地实现全营销闭环的新媒体工具和平台。

微信的产品类型大致分为个人微信、公众号、视频号以及企业微信。视频号与企业微信的内容在视频新媒体营销和社群新媒体营销中详细介绍，本项目模块的内容以微信公众号为主。

（一）平台概况

1. 研发背景

2010 年美国出现了一款名为 Kik 的专门针对移动互联网用户的即时通信 App。Kik 无须使用电话号码，只需要一个用户名就可以注册使用。Kik 能非常迅速及时地与好友进行文字、表情等即时信息的交流，分享图片、音乐、视频等文件，如图 6-44 所示。Kik 在短短15 天内就获取了 100 万的用户。当时腾讯的 QQ 邮箱团队正在着手开发一个叫作"手中邮"的 App，也就是 QQ 邮箱的移动版。邮箱团队的负责人张小龙看到 Kik 之后，马上申请了微信产品的研发，于是就有了微信的第一个版本。

2. 发展历程

2011 年 1 月 21 日，微信发布针对 iPhone 用户的 1.0 测试版。该版本支持通过 QQ 号导入现有的联系人资料，但仅有即时通信、分享照片和更换头像等简单功能；2011 年 5 月，微

图 6-44　Kik 产品页面展示图

信发布了 2.0 版本，该版本新增了语音对讲功能；2012 年微信公众号上线；2013 年微信支付上线；2014 年微信红包的推出，使我们度过了一个全民抢红包的欢乐春节；2016 年企业微信上线，这是腾讯微信团队为企业打造的专业办公管理工具；2020 年视频号上线。至此，微信已经形成了一个集社交、内容、商业于一体的完整的闭合生态。从 2011 年 1 月至今，微信已经更新了近百个版本，平台几乎每周都会有新规则发布的提示，微信已经成为移动互联网的一个现象级、国民级枢纽产品，如表 6-8 和表 6-9 所示。

表 6-8　微信发展历程表

时间	版本	主要功能	产品属性
2010 年 10 月	启动研发		一个新的移动互联网时代国民级产品的孕育
2011 年 1 月	1.0 测试版	支持多人会话； 通讯录和会话搜索； 与腾讯微博私信互通	熟人社交的即时通信工具
2011 年 5 月	2.0 版本	匹配通讯录； 接收 QQ 离线消息； 查看附近的人	进入全新的陌生人接入社交模型
2011 年 10 月	3.0 版本	分享二维码名片； 自定义聊天背景； 自定义表情包； 微信小游戏	
2012 年 4 月	4.0 版本	支持视频通话； 实时对讲； 摇一摇搜歌； 微信公众号正式上线	社交和内容平台

（续表）

时间	版本	主要功能	产品属性
2013 年 8 月	5.0 版本	微信红包	人、内容、商业的生态链接，开始成为移动互联网枢纽
2014 年 10 月	6.0 版本	增加小视频功能；小程序发布	在产品功能上进一步插件化，"用完即走"，功能完善，却不臃肿
2018 年 12 月	7.0 版本	界面优化；搜一搜一级入口	用人的连接塑造内容和社交形态
2021 年 1 月	8.0 版本	动态微信表情包；新增"我的状态"；微信浮窗、下拉页面改版；听歌体验视觉化；视频号界面改版与私密赞；"附近的直播和人"改名、视频号直播白名单、视频号拍同款等	更加注重用户体验和微信生态系内部产品之间的链接

表 6-9　微信公众号发展历程表

时间	功能
2012 年 8 月 23 日	正式上线，命名为"官号平台"和"媒体平台"
2013 年 8 月 5 日	账号被分为订阅号和服务号，其中订阅号主体可以是组织和个人，服务号主体则只能是组织
2013 年 8 月 29 日	增加数据统计功能，用户数以及阅读数据开始量化，主要包括用户管理分析、群发图文消息分析、用户消息分析；正式的数据统计从 7 月 1 日开始算起，7 月 7 日首次公布文章"阅读数"和"点赞数"
2014 年 7 月 7 日	新增推广功能，公众号可申请成为广告主和流量主
2015 年 1 月 22 日	上线原创声明功能，维护原创者权益，鼓励优质内容生产，又一批新媒体平台开始走上 UGC 的变现之路
2015 年 4 月 1 日	自动回复、自定义菜单配置全面开放，微信公众号自主性增强，越来越多的新媒体人瞄准这块市场，向前行进
2015 年 8 月 11 日	"赞赏"功能邀请内测，原创保护机制再升级，新媒体变现方式也再升级
2018 年 6 月 20 日	订阅号消息列表改版，提升阅读效率

（二）用户侧写

微信是一款国民级应用软件，用户群体几乎覆盖了每一位智能手机用户。微信的用户侧写部分主要集中在内容兴趣领域和使用场景上。微信的高峰使用时段为午饭前和下班后；微信公众号的打开活跃高峰为晚上 9 点，年轻用户喜欢在微信公众号内阅读关于动漫的内容，中年人喜欢育儿教育；男性用户喜欢在朋友圈分享工作和游戏，女性用户则喜欢分享情感和美食。

在微信中，小程序的日活用户数量超过 3 亿，创造了 8000 多亿交易额；电商购物类的小程序和文化娱乐类的小程序是年轻女性和中年女性群体的最爱；微信二维码催生的"码上经济"规模已超 8.58 亿元，微信支付用户数突破 1 亿；企业微信的活跃用户数量突破 6000 万。

（三）主要类型

微信系产品主要由个人微信、微信公众号、微信视频号、企业微信四大部分组成。个人微信主打社交，公众号与视频号深耕内容，企业微信则布局商业。各产品形态之间既有各自的定位和领域，又相互融合补充，共同构成了社交、内容、商业的完整生态链条，如表 6-10 所示。

表 6-10　微信产品类型分类表

类型	功能	特征	品牌口号
个人微信	跨平台的通信工具，支持单人、多人参与，通过手机网络发送语音、图片、视频和文字	即时通信，在线支付	微信，是一个生活方式
微信公众号	订阅号：为媒体和个人提供一种新的信息传播方式，构建与读者之间更好的沟通与管理模式	主要偏向于为用户传达资讯，功能类似于报纸杂志，每天可群发 1 条消息	再小的个体，也有自己的品牌
微信公众号	服务号：为企业和组织提供更强大的业务服务与用户管理能力，帮助企业快速实现全新的公众号服务平台	主要偏向于服务交互，功能类似于 114、银行，为用户提供绑定信息，服务交互，每月可群发 4 条消息	再小的个体，也有自己的品牌
微信公众号	小程序：一种新的开放能力，可以在微信内被便捷地获取和传播，同时具有出色的使用体验	一种轻量级应用，不能推送消息，不存在订阅关系，不能直接分享到朋友圈，但可以关联到公众号，在某种程度上弥补了服务号的不足，更适合做单点服务	再小的个体，也有自己的品牌
微信公众号	企业微信：依托微信公众号大生态，建立在微信整体框架和关系链之上的专业办公管理工具	由原来的企业号升级而成，主要是企业管理内部员工使用；与独立的企业微信 App 相互打通	
微信视频号	人人都可创作的短内容平台	支持视频、图片、文字以及直播功能	
企业微信	独立的 App，与微信一致的沟通体验，链接微信，丰富的办公应用，全面的安全保障	与微信公众号的企业微信相通	让每个企业都有自己的微信

三、微信公众号的账号定位

微信公众号是一个内容平台，账号的名称、头像、简介等共同组成一个完整的形象系统，为用户传递品牌价值和形象。在内容运营之前，首先要解决的是账号的装修定位问题。

（一）头像

头像是公众号识别的重要窗口，公众号头像有 Logo 型、文字型、卡通型、真人型等几种形式，如表 6-11 所示。从头像的显示效果来看，建议选择 Logo 型和文字型，这两种类型简单明了、识别度高，同时也展示了企业的形象，树立了账号的权威。

表 6-11　微信公众号头像类型示例表

头像类型	示例
Logo 型	百事可乐上海 百事可乐上海地区官方微信 >
文字型	一条 每天一条原创短视频，每天讲述一个动人的故事，每天精选人间美物，… >
卡通型	重庆大学 重庆大学官方微信 >

（续表）

头像类型	示例
真人型	**罗辑思维** 每天一段罗胖的60秒语音，推荐一本值得阅读的好书。关注罗辑思维，…
主体建筑型	**中国文字博物馆** 中国文字博物馆是经国务院批准的集文物保护、陈列展示和科学研究为…
隐喻型	**网易公开课** 上好人生每一课。
其他型	**理想国imaginist** 知名文化品牌。想象文化与生活的另一种可能。

（二）名称

名称是用户识别企业公众号的重要标志之一，也是直接与公众号搜索相关联的关键部分。从某种角度来说，名称就是品牌标签。名称不需要与公司或组织名称一致，但不能与其他账号名称重复。

公众号可设置 4～30 个字符的名称，但最好不超过 7 个字。在订阅号中，超过 4 个字就会被折叠显示，如图 6-45 所示，"玩转手机摄影""中国国家地理"账号名称被折叠。目前个人类型的公众号一年内可修改 2 次名称，认证过的政府、企业、媒体和其他类型账号在微信认证过程中有 1 次重新提交命名的机会。

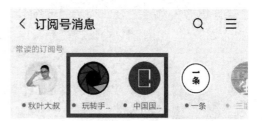

图 6-45　微信订阅号头部展示页面

（三）介绍

在功能介绍中，企业型公众号一般会选择品牌口号、企业简介、产品简介、业务简介等内容，实现品牌曝光或销售导流的目的；个人公众号一般会选择个性定位或情感表达来作为功能介绍，如表 6-12 所示。

表 6-12　微信公众号功能介绍类型示例表

类型	案例	功能介绍
品牌口号	**天猫** 理想生活上天猫	理想生活上天猫
产品简介	**小米手机** 了解最新的小米手机从这里开始	了解最新的小米手机从这里开始
业务简介	**林州滑翔** 滑翔运动普及与推广 飞行技术培训与交流 赛事组织 双人伞体验飞行 器…	滑翔运动普及与与推广，飞行技术培训与交流，赛事组织，双人伞体验飞行，器材销售

（续表）

类型	案例	功能介绍
平台导流	**玩转手机摄影** 每天 7:30 分享一篇原创手机摄影教程，学会了你就是大神！合作：hsds1234	每天 7:30 分享一篇原创手机摄影教程，学会了你就是大神！合作：hslds1234
价值定位	**三联生活周刊** 一本杂志和他倡导的生活。	一本杂志和他倡导的生活
官方声明	**腾讯** 腾讯公司唯一官方帐号。	腾讯公司唯一官方账号
个性定位	**混子曰** 专治各种不明白。	专治各种不明白
情感表达	**拾遗** 无论你的人生历经多少磨难，生命中总会有束光，足以穿透黑暗。	无论你的人生历经多少磨难，生命中总会有束光，足以穿透黑暗

四、微信公众号的注册认证

微信的公众号上有四类产品的细分，分别为订阅号、服务号、小程序、企业微信，如图 6-46 所示。在注册之前，首先应确定注册类型。

图 6-46 微信公众号注册类型

（一）微信公众号的注册

1. 根据自己企业的定位运营需要，确定好注册类型后进入微信公众号官方网站页面，按照页面操作提示进行注册。

2. 不同类型的运营主体，可以根据自己的企业性质、运营目标选择不同的微信公众号类型。有条件的企业也可以在微信的生态链上进行全品类布局。

3. 在注册过程中，完成基本信息和邮箱激活后，会进入"主体选择"页面。公众号的主体类型有五种，如表 6-13 所示。

表 6-13　微信公众号注册类型及提交材料表

类型	适用主体	提交资料
个人	个体户、个体工商户、个体经营	运营者姓名； 运营者身份证号码； 运营者手机号码； 已绑定银行卡的微信号
企业	个人独资企业、企业法人、企业非法人、非公司制企业法人、企业分支机构、合伙企业、其他企业等	企业全称； 营业执照注册号； 运营者姓名； 运营者身份证号码； 运营者手机号码； 已绑定银行卡的微信号； 企业对公账户
政府	国家行政机关法人、民主党派、政协组织、人民解放军、武警部队、其他机关等	政府全称； 运营者姓名； 运营者身份证号码； 运营者手机号码； 已绑定银行卡的微信号
媒体	事业单位媒体、其他媒体、电视广播、报纸、杂志、网络媒体等	媒体全称； 组织机构代码； 运营者姓名； 运营者身份证号码； 运营者手机号码； 已绑定银行卡的微信号； 媒体对公账户
其他组织	基金会、政府机构驻华代表处等； 社会团体法人、社会团体分支、代表机构、其他社会团体、群众团体等； 民办非企业、学校、医院等； 事业单位法人、事业单位分支、部队医院、国家权力机关法人、其他事业单位等； 宗教活动场所、农村村民委员会、城市居民委员会、自定义区、其他未列明的组织机构等	组织全称； 组织机构代码； 运营者姓名； 运营者身份证号码； 运营者手机号码； 已绑定银行卡的微信号； 组织对公账户

（二）微信公众号的认证

微信为用户提供认证服务，完成认证的公众号将获得更大的开放权限。微信公众号的认证一般交给第三方公司，每年认证一次，需提供相应的资料并缴纳相应的费用。目前微信公众号的认证费用为 300 元/年，认证后的权益如表 6-14 所示。

表 6-14　微信公众号不同类型认证权益表

功能权限	订阅号	认证订阅号	服务号	认证服务号
消息显示在好友对话列表中		√	√	
消息显示在"订阅号"文件夹中	√	√		
每天可以群发 1 条消息	√	√		
每个月可以群发 4 条消息		√	√	
基本的消息接收/回复接口	√	√	√	√
自定义菜单	√	√	√	√
九大高级接口			√	
可申请开通微信支付功能			√	

五、微信公众号的使用功能

（一）内容发布

微信公众号的内容形式多样，页面排版较为复杂，目前内容发布一般在 PC 端完成。微信公众号的内容可以转载，也可以原创。转载的内容必须经过原公众号进行白名单设置，否则对于已经申请原创保护的账号，未经许可转载的内容将会被折叠；原创的内容可以是图、文、音频、视频混排的长内容，也可以是单纯的文字、图片、音频、视频等，点击相应的创作按钮，即可进入相应的内容编辑页面，如图 6-47 所示。

图 6-47　微信公众号后台内容发布和管理页面

随着短视频和直播的崛起，微信公众号后台连接了微信视频号和直播的入口。进行了公众号和视频号绑定的账号，视频号动态将支持展示公众号身份，用户在视频号观看视频时可以直接关注公众号，也可以点击头像或昵称信息进入公众号主页，如图 6-48 和图 6-49 所示。同时，账号发布的视频号动态（含历史视频）也将同步展示在公众号主页。在"视频号"—"账号设置"或微信公众平台的"公众号设置"中可以进行绑定设置。

（二）原创管理

在"原创管理"功能下，账号运营者可以对在微信公众号发表的原创文章以及长期转载账号进行管理。在"原创文章"中，可以通过"转载设置"对单篇文章进行转载账号的添加，也可以对长期转载账号进行移除和添加，如图 6-50 所示。被添加为单篇文章转载的账号可以在自己的公众号上对相应的文章进行转载推送，内容正常显示不会被折叠。被添加为长期转载的账号可以在自己的公众号上对被转载公众号的任意文章进行转载推送，内容正常显示不会被折叠。

在"转载数据"中，可以对文章的转载数量、转载账号等数据进行跟踪和查询，分析哪些账号的二次曝光造成了数据攀升，如图 6-51 所示。通过转载管理，一方面可以有针对性地选择转载账号进行二次推送，扩大原文章的传播主体和传播受众；另一方面可以对文章进行原创保护，预防侵权转发等行为的发生。

图 6-48　公众号展示视频号信息

图 6-49　视频号展示公众号信息

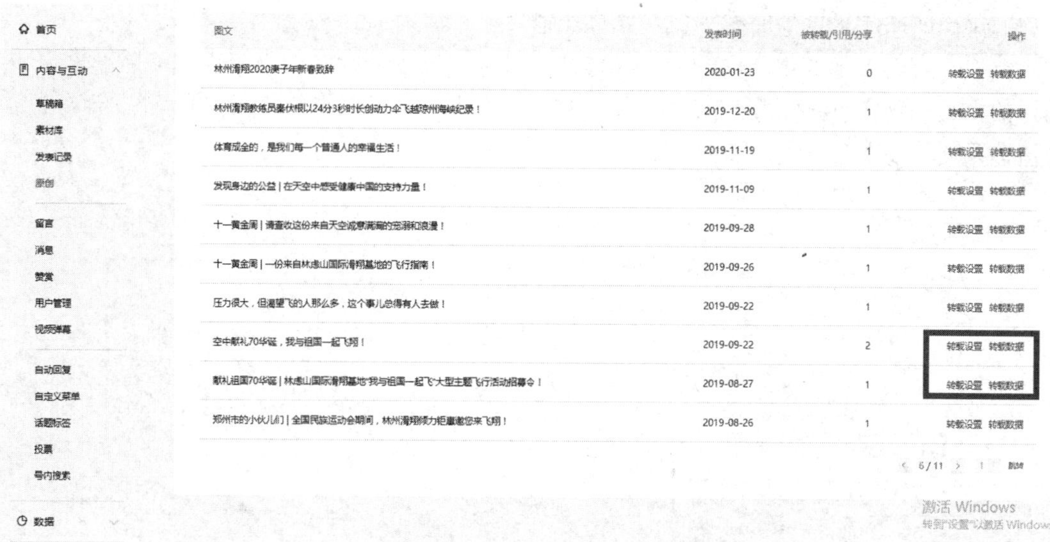

图文	发表时间	被转载/引用/分享	操作
林州滑翔2020庚子年新春致辞	2020-01-23	0	转载设置 转载数据
林州滑翔教练员蛮伏根以24分3秒时长创动力伞飞越琼州海峡记录！	2019-12-20	1	转载设置 转载数据
体育成金的，是我们每一个普通人的幸福生活！	2019-11-19	1	转载设置 转载数据
发现身边的公益丨在天空中感受健康中国的支持力量！	2019-11-09	1	转载设置 转载数据
十一黄金周丨请查收这份来自天空浪漫满屏的浪漫！	2019-09-28	1	转载设置 转载数据
十一黄金周丨一份来自林虑山国际滑翔基地的飞行指南！	2019-09-26	1	转载设置 转载数据
压力很大，但渴望飞的人那么多，这个事儿总得有人去做！	2019-09-22	1	转载设置 转载数据
空中献礼70华诞，我与祖国一起飞翔！	2019-09-22	2	转载设置 转载数据
献礼祖国70华诞丨林虑山国际滑翔基地我与祖国一起飞"大型主题飞行活动招募令！	2019-08-27	1	转载设置 转载数据
郑州市的小伙儿们丨全国民族运动会期间，林州滑翔倾力邀您激您来飞羽！	2019-08-26	1	转载设置 转载数据

图 6-50　微信公众号图文原创设置页面

（三）留言管理

　　微信是一个相对闭合的生态，用户可以对微信公众号所推送的内容进行评论和转发，但留言需要经过后台管理人员的审核，才会出现在推送内容的下方。在后台的"留言管理"模块可以对各种评论进行精选、置顶、删除等操作。

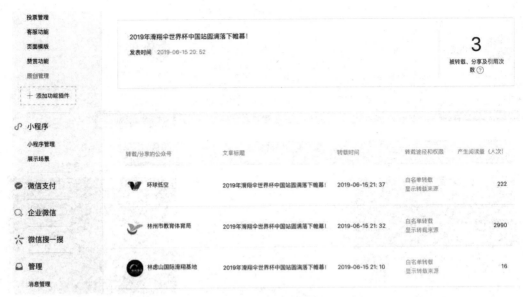

图 6-51　微信公众号转载数据追踪页面

1. 精选。点击留言右侧的黄色五角星，可以对留言进行"精选"和"取消精选"的操作。"精选"留言将会出现在评论页面下方，"取消精选"则会退出文章内容的评论页面。

2. 置顶。点击留言右侧"✦"按钮可以对精选留言进行置顶管理，置顶后的留言将会出现在留言页面的最上方，一次最多可以置顶 5 条。置顶精选留言将按照时间顺序排序，后置顶的排在前面，未置顶的精选留言以点赞数排序。

置顶留言是一项非常实用的公众号运营工具，可以为公众号的内容提供一些补充说明和勘误的机会，如图 6-52 和图 6-53 所示。同时，运营者还可以将精彩留言或者引导读者互动的留言置顶，提高公众号内的互动性。

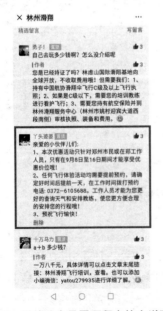

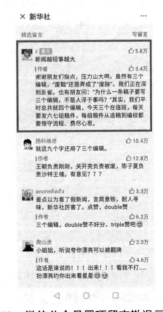

图 6-52　微信公众号置顶留言补充说明示例　　　图 6-53　微信公众号置顶留言勘误示例

3. 删除。点击留言右侧被折叠的部分，可以对留言进行"移到垃圾留言"和"删除留言"的管理。留言设置中"屏蔽骚扰留言"选项开启后，存在骚扰行为或黑名单用户的留言也会被移入"垃圾留言"。

4. 回复。对留言进行回复，解答用户问题，能拉近公众号与用户的距离，如图 6-54 所示。

图 6-54　微信公众号留言管理页面

（四）消息管理

微信公众号"消息管理"页面内展示的是粉丝发送过来的即时消息。账号运营人员可以在此页面查看消息内容，并直接进行消息回复。每天的回复消息数量没有上限，在消息搜索输入框中，输入关键字即可搜索相关的消息内容，如图 6-55 所示。目前微信仅支持搜索文字消息内容，无法通过用户微信昵称搜索到某个粉丝的所有消息内容。

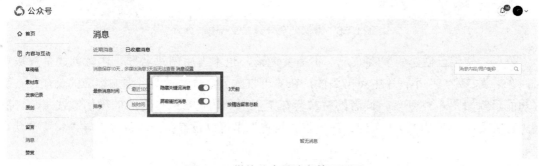

图 6-55　微信公众号消息管理页面

1. 全部消息。对公众号接收到的订阅用户发送的全部消息，系统会保留最近 5 天的内容，图片和语音只保留 3 天，超过时间的消息会自动清空。在"实时消息"中对订阅用户发送的消息标记为"星标消息"，将永久保存该消息，与单个粉丝用户的实时消息最多保留 20 条。图片需在有效期内标记为"星标消息"才有效，如果图片出现"裂开"的状态将无法保存。图片、语音在有效期内可另存到素材里面。

2. 隐藏关键词消息。在"自动回复"设置中，微信公众号提供了关键词的自动回复，用户发送包含有相关关键词的消息，会触发设定好的自动回复内容。在消息管理中勾选"隐藏关键词消息"，用户发来的关键词消息则会被隐藏掉，使账号运营人员更方便地进行人工回复。未勾选该功能的情况下，会显示"粉丝发来的关键词消息"，从而触发关键词自动回复。

3. 屏蔽骚扰消息。屏蔽骚扰消息主要是为了能让公众号避免粉丝的骚扰行为，默认勾选后相当于公众号投诉该粉丝，后台会进行统计并核实，确认属实之后即标记该粉丝发送的消息为"骚扰消息"，勾选该选项即可屏蔽该骚扰消息，便于账号运营者更好地与粉丝用户之间进行运营和互动，避免过度骚扰。

（五）赞赏功能

用户可以通过"喜欢作者"向作者赞赏。原创文章需选择赞赏账户才可以开启赞赏功能，款项由赞赏账户收取。同一作者发表 3 篇以上原创文章后可以创建一个赞赏账户，用于赞赏收款。一个公众号可以邀请创建 3 个赞赏账户，在"赞赏功能"里点击"邀请"，填写微信号发送创建邀请至相应的作者即可，如图 6-56 所示。被邀请的账号作者进入"赞赏账户"小程序填写相关信息，即可完成创建，成为该公众号的赞赏作者。

图 6-56　微信公众号赞赏账号邀请页面

公众号使用已创建的赞赏账户，不需要邀请，也不占用创建名额。作者创建赞赏账户后，在"赞赏账户"小程序中点击头像，在"可收款公众号"里即可添加相应的公众号。赞赏功能示例如图 6-57 所示，读者的赞赏会在 7 天后到达赞赏账户对应的微信零钱账户。进入"赞赏账户"小程序点击头像，在"收款设置"里可以设置和修改赞赏引导语和赞赏默认金额。

（六）用户管理

用户管理模板主要是对关注该公众号的粉丝用户进行管理。在搜索框中可以快速地检索出已关注的粉丝账号。新关注的粉丝在 24 小时后才可以被快速搜索到。若粉丝用户昵称更新，则需要 48 小时同步后，才可以根据新昵称快速搜索。

1. 已关注。对已关注的用户可以修改备注，支持特殊符号，字数在 30 字以内，修改没有次数上限，也可以对关注的粉丝用户进行分组管理。分组排序根据用户加入此分组的时间排序，最新加入的粉丝会排列在前面。

图 6-57 微信公众号赞赏功能示例

2. 黑名单。在用户管理中将关注的粉丝添加到黑名单分组后，粉丝将无法再收到该公众号的群发消息及自动回复消息，但可以通过"查看历史消息"查阅 10 条历史消息。同样，用户被加入黑名单分组后，给公众号发送的消息将不会在消息管理中显示，就算后续该用户被移出黑名单，该消息也不会显示。用户加入黑名单分组后，如果取消了关注，然后重新关注该公众号，那么该用户仍然无法接收到群发消息以及自动回复消息。

（七）视频弹幕

微信公众号内发布的视频内容可以开启弹幕功能。在后台左侧菜单栏的"视频弹幕"中即可进行相关设置，如图 6-58 所示。在任一位置修改视频的弹幕设置，所有位置都将同步生效（包括图文消息、视频消息和素材库）等。视频弹幕开启后，存在骚扰行为的弹幕会自动移入"垃圾箱"。

图 6-58 微信公众号视频弹幕设置页面

（八）自动回复

微信公众号的自动回复包括关键词回复、收到消息回复、被关注回复三种。在后台"功能"模块中的"自动回复"可以进行相关设置，如图 6-59 所示。

图 6-59　微信公众号自动回复设置页面

1. 关键词回复。"关键词回复"是通过添加关键词规则，对用户快速进行自动回复的设置。回复内容可以是文字、图片、音频、视频、长图文等。账号主体一般会通过关键词回复对用户需求进行引导分类，快速做出回应。

① 字数限制：账号的关键词自动回复设置规则上限为 200 条；每条规则内最多设置 10 条关键词、5 条回复；每条关键词最多可设置 30 个汉字，每条回复最多可设置 300 个汉字。

② 规则设置：可设置多个关键词，如果订阅用户发送的消息中含有所设置的关键词，则系统会自动回复，同一规则中可设置 5 条回复内容。

③ 匹配设置：若选择了了全匹配，在编辑页面则会显示"已全匹配"，用户发送的内容与设置的关键词必须完全一致，才会触发关键词回复，比如设置"客服电话"，仅回复"客服电话"才会触发关键词回复；若没有选择全匹配的情况下，编辑页面则会显示"未全匹配"，只要用户发送的内容包含设置的完整关键词，就会触发关键词回复，比如设置"电话"，回复"客服电话"同样也会触发。详细示例如图 6-60、图 6-61 所示。

（2）收到消息回复。回复的内容可以是文字、图片、音频、视频等，如图 6-62、图 6-63 所示。公众号只能设置一条消息回复，暂不支持设置图文长信息和网页跳转链接消息。

（3）被关注回复。"被关注回复"是当用户关注公众号时，可以设置触发的自动回复。被关注回复是用户与公众号发生联系后的第一反应，可以进行客服引导、业务介绍以及情感维系等，如图 6-64 所示。

图 6-60　微信公众号关键词回复半匹配示例　　图 6-61　微信公众号关键词回复全匹配示例

图 6-62　微信公众号文字回复示例　　图 6-63　微信公众号图片回复示例

图 6-64　微信公众号被关注回复示例

（九）自定义菜单

在微信公众号平台的"自定义菜单"选项，可以完成对公众号自定义菜单的设置。一级菜单最多3个，二级菜单最多5个，一共可以设置的菜单数量上限为15个。在菜单的名称设置上，一级菜单名称不多于4个汉字或8个字母；二级菜单名称不多于8个汉字或16个字母。早期微信公众号仅对服务号开放了菜单功能，目前服务号与订阅号均可以设置自己的账号菜单。

菜单可以跳转网页和小程序，也可以发送图片、音频、视频、图文消息等，如图6-65所示。未经认证的账号菜单可跳转至本账号的素材库选择菜单内容，不支持跳转外部链接；经过认证的账号菜单可以直接输入网址，跳转至第三方着陆页。微信公众号后台同样提供了第三方开发的接口，账号运营主体可以根据账号需要，引入第三方微网站的开发，满足更加多元的功能需求。

图 6-65　微信公众号自定义菜单设置页面

（十）话题标签

2020年，微信公众号后台进行了一次调整，升级了"话题标签"功能。该功能类似于"文件夹"，将站内具有同一标签的内容进行了入口整合。

1. 标签

账号可以将自己公众号内的优质原创文章统一打上标签，方便用户连续阅读，以往发布过的文章也有机会重新获得流量，如图6-66所示。微信公众号带有"标签"的内容可对外延伸，用户点击话题下方的"更多内容"，即可看到添加相同话题的其他公众号的文章。"标签"以收录于话题的形式展现，在文章顶部显示。除了图文，音频、视频内容也可以创建标签。视频话题最多可添加一个，设置后会展示在视频底部；音频话题只支持全量群发的音频内容。

2. 页面模版

在"标签"页面有一个"页面模版"功能，这是为公众号创建微网页提供的功能插件。公众号首先选择模版，导入控件和素材即可生成网页。生成的网页复制链接后可以通过自定

图 6-66　微信公众号话题标签创建页面

义菜单、图文消息的"阅读原文"或其他方式将链接进行发布，方便公众号内容的展现与阅读。目前公众号提供了四种页面模版形式，分别为列表模版：由图文、视频组成的列表页面；综合模版：由封面与多内容组成的页面；视频模版 1：视频可在当前模版播放；视频模版 2：视频需在详情页才可以播放，如图 6-67 所示。

图 6-67　微信公众号页面模版选择页面

点击"页面模版"—"添加模版"—"选择模版类型"即可对模版进行设置，如图 6-68 所示。在页面模板设置的过程中，页面名称最多可设置 16 个字；每个页面模板最多可添加 5 个分类，每个分类名称最多为 4 个字，每个分类下最多可添加 30 篇文章或者 30 个视频；可通过上下拖拽来调整内容的顺序；视频只能从已发布的消息中添加。

（十一）投票管理

投票功能可以帮助账号主对有关比赛、活动、选举等进行用户意见的收集。点击"投票管理"—"新建投票"可以进行相关的设置，如图 6-69 所示。"投票"设置完成后，必须插

图 6-68　微信公众号页面模板设置页面

入公众号所推送的图文消息方可生效。投票将统计该投票在各个渠道的累计结果，包括自动回复和自定义菜单等。在投票管理页面的右上方，有"公众平台投票规则说明"，可以点击查看进行详细了解。

图 6-69　微信公众号投票管理设置页面

（十二）号内搜索

微信公众号的"号内搜索"类似于百度搜索的"相关搜索"和"下拉关键词"，点击关键词可以跳转到包含关键词内容页面。不同之处在于百度的"相关搜索"是通过算法根据用户搜索关键词的相关度匹配而出的，公众号的"号内搜索"是账号主根据公众号文章主题和相关业务自主设置的。公众号的"号内搜索"可控性更高，对用户具有一定的引导作用。在微信公众号后台左侧菜单的"号内搜索"即可完成相关设置，如图 6-70 所示。

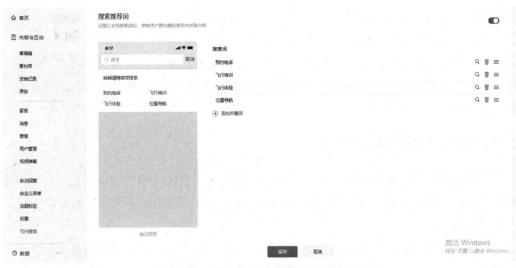

图6-70　微信公众号号内搜索设置页面

（十三）数据分析

同其他新媒体平台一样，微信公众号也为账号提供了基础的数据分析功能。有效的数据抓取和留存是新媒体区别于传统媒体最大的特征之一。在"统计"模块，可以查看该账号在用户、内容、消息、菜单等方面的数据情况，并可以做数据的导出，帮助账号主体更好地进行公众号的运营，如图6-71所示。

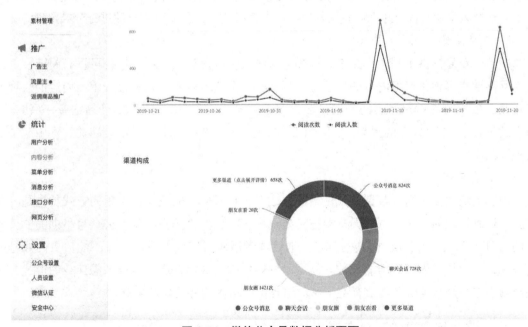

图6-71　微信公众号数据分析页面

六、微信公众号的排版技巧

与其他新媒体平台相比，微信公众号后台提供了比较完备的图文、音视频编辑排版功能。除了平台的自主编辑页面外，有很多第三方的编辑器和插件，为公众号的编辑排版提供了更加丰富的选择。微信公众号在运营的过程中，要根据自己账号的调性，统一排版风格。基础排版可参考"插座学院"早期提供的微信公众号排版规范，如图 6-72 所示。

微信公众号编辑排版
规范（试行版）

图 6-72　基础排版参考文献

七、微信公众号的内容策略

不管是什么样的新媒体营销平台，提供的只是工具和手段，最终的落脚点一定是内容。新媒体营销是一种"内容为王"的营销方式，公众号运营的优良精劣也取决于内容运营。

1. 内容定位

公众号内容运营的第一步是确定要推送给用户什么样的内容。是产品信息、促销活动、品牌行为、行业资讯、干货知识还是情感维系？内容要有趣有料，无论是原创还是转发，都要做出差异化的内容运营定位。

2. 内容规划

明确了公众号的内容定位，就需要对公众号的内容进行规划，使内容推送更加系统和专业。内容规划可以从横向和纵向两个纬度进行。横向可以分为：产品知识、行业资讯、活动促销、品牌公关、客户维系、网络热点等；纵向可以分为一周选题、一月选题、季度专题、年度专题等。伴随内容规划而来的问题是内容的来源，公众号的内容可以分为原创和非原创。对于公众号运营者而言，建立内容的素材库就非常必要，并且要对素材库进行分类整理。

3. 内容表现

微信公众号提供了图片、文字、视频、音频等多种内容表现形式，还可以有超链接、投票、互动游戏等优化账号内容的特色呈现形式。在公众号内容运营的过程中，内容的表现形式也是需要运营者重点考虑的问题。公众号"罗辑思维"每天早晨 60 秒的语音，"朝夕日历"的早打卡，"一条"的视频，"混子曰"的漫画……都在公众号早期崛起的过程中起了至关重要的作用。

4. 内容依赖

内容依赖主要是通过各种方式使用户形成对公众号内容的依赖。常用的方式首先是时间依赖。注意推送的时间，每一天都要按时推送内容，比如"插座学院"公众号早期的首页图上的"每天 21 点 21 分准时为您充电"，能让读者慢慢习惯，形成依赖。不能日更的账号需要考虑每一次推送内容的间隔天数。其次是内容依赖，内容推送也可以考虑连载的形式。我们经常会在公众号上看到文章有上下篇，这也是在培养读者的内容依赖。

八、微信与微博的对比选择

社交媒体是一个非常宽泛的概念，几乎占据了互联网产品的半壁江山，我们前期所学习的新媒体类型都或多或少地带有社交属性。之所以在这里选取微博和微信作为主平台进行介绍，是鉴于微博和微信在新媒体营销上的巨大影响力。虽然"双微"是企业和个人在进行新媒体营销时的官方标配，但在功能属性和价值定位上还是存在各自的特点和差异。

（一）对比分析

不仅仅是头部大型企业，越来越多的互联网公司都在试图完善自己的产品布局，打通产品的内部联系，使得自己的产品在功能上得到最大限度的延展。随着微博和微信产品不断迭代升级，两者都可以设置页面的底部菜单、向用户群发消息、设置自动回复，似乎在功能上越来越趋同。但仔细对比和分析，就会发现二者在本质属性、传播特征、营销价值上还是存在很大的差异，如表 6-15 所示。不同的产品特性也终将会影响到企业新媒体营销和运用在平台选择和营销定位上的差异化布局。

表 6-15　微博与微信对比分析表

对比项	微博	微信公众号
品牌口号	随时随地发现新鲜事	再小的个体，也有自己的品牌
账号名称	唯一，不可重复	可以重复但新注册账号名称不得与经过微信认证的账号重名
内容形式	文字、图片、音频、视频、直播等	文字、图片、音频、视频等
用户数据	显示粉丝数量	粉丝数量只有在账号后台运营人员才能看到
后台操作	PC 端与移动端平分秋色	主要在 PC 端
认证权益	免费，主要用于用户身份的确认	300 元/年，开放更多的开发端口
扩散模式	任何人转发、评论、点赞以及删除	任何人转发、评论、点赞，但评论需要审核
传播特点	开放式扩散传播	基于关注的粉丝用户及封闭的朋友圈转发传播
内容频次	博文每日 200 条以内；群发每日一次	订阅号每日 1 次推送；服务号每月 4 次推送；特殊账号特殊时期在推送数量上会增加
互动形式	@、转发、评论、私信、自动回复	后台留言、文章评论、自动回复
营销价值	市场推广+品牌曝光	客户维护+品牌塑造

（二）选择策略

通过上述对比可以看出，微信和微博在界面排版、传播特点和营销价值等方面都存在差异。微博更像报纸，具有时效性，在新闻的实时推送、线上线下活动的联合开展、增加用户规模、进行裂变传播时具有优势。微信更类似于杂志，具有深度，在企业品牌形象的塑造、核心价值的传递、电子档案的留存、客户关系的维系等方面发挥着重要作用。在企业岗位和人员配备充足的情况下，尽可能两种营销方式都选用，但在内容定位、价值需求、运营策略上要根据平台的特点有所区别。

【实训任务】

一、实训目的

通过微信公众号的定位和注册，熟悉平台的基本操作；通过对账号的持续运营和数据分

新媒体营销

析，掌握微信的营销策略和运营技巧。

二、实训项目

微信公众号的账号定位与营销运营。

三、实训资料

河南御厨有机粮业有限公司相关资料见项目二。

四、实训步骤

1. 根据上述材料及课堂所讲授的内容，完成河南御厨公众号的注册，探索公众号后台的使用功能。

2. 设置关注自动回复、私信自动回复以及关键词回复。

3. 设置公众号的菜单。

4. 为公众号设计首图和底部二维码。

5. 进入微信公众号后台进行图文的编辑，要求用到音频、视频、投票、超链接等功能。

6. 使用 96、135 等在线编辑工具对公众号的图文进行排版。

7. 根据企业性质以及公众号定位，为河南御厨的官方微信公众号进行内容规划，并撰写规划报告。

8. 对账号进行持续运营，每周定时查看公众号数据反馈信息，根据数据反馈结果，对公众号的日常运营进行优化。

五、实训评价

实训评价如表 6-16～表 6-18 所示。

表 6-16　小组自评表

小组自评表（得分可采用十分制/百分制/五星制）				
小组成员	承担工作	工作完成情况	个人得分	小组综合得分
		□未完成　□完成　□超额完成		
		□未完成　□完成　□超额完成		
		□未完成　□完成　□超额完成		
……	……			
问题自查				
改进措施				

表 6-17　小组互评表

小组互评表（得分可采用十分制/百分制/五星制）			
小组名称	评分细则	细则得分	小组综合得分
	账号设置是否符合品牌定位		

（续表）

小组名称	评分细则	细则得分	小组综合得分
	账号菜单和私信回复是否体现相应功能		
	账号内容是否符合企业的营销要求		
	账号粉丝数、阅读数等数据情况		
	账号是否持续运营		
	……		
存在问题			
改进建议			

表 6-18　教师评价表

教师评价表（得分可采用十分制/百分制/五星制）

小组名称	评分细则	细则得分	小组综合得分
	团队协作精神：小组实训过程任务分工及团队协作情况		
	账号定位能力：是否能对账号进行准确定位		
	内容生产能力：是否能持续高质量的输出		
	数据分析能力：是否能通过数据优化调整		
	账号运营能力：数据表现是否持续向好		
	……		
存在问题			
改进建议			

【案例分析】

传统大 IP 的新媒体焕生之路——故宫微信篇

故宫博物院的官方微信公众号内容以展览介绍和游客服务为主，基本每周都会更新。而故宫淘宝微信公众号则是紧跟社会潮流，延续搞笑风趣的风格，以一个"段子手"的形象面向大众。

2014 年 8 月 1 日，故宫淘宝微信公众号刊登了《雍正：感觉自己萌萌哒》一文，通过数字技术，故宫让《雍正行乐图》"活"了起来，让古代与现代相互交融。此文一出，迅速让平均阅读量四位数的故宫有了第一次的"10 万+"阅读量，成为故宫淘宝公众号第一篇"10 万+"爆文。

2015 年 5 月，故宫淘宝微信公众号推出《她是怎么一步步剪掉长头发的》一文，文章先讲述了乾隆皇帝和皇后乌喇那拉氏之间的恩怨情仇，然后借助《还珠格格》中的皇后和容嬷嬷两个人物，在最后神转折，打了针线盒和香皂盒两样产品的广告，如图 6-73 所示。

2016 年 7 月 6 日，故宫博物院和腾讯联合出品了 H5——《穿越故宫来看你》，明成祖朱棣从画像中"跳"出来，唱着 Rap，玩着自拍，用微信、QQ 与自己的后宫和大臣联络，让所

有人对故宫的印象大为改观，用威严的皇族集体卖萌形成的反差感来诠释了故宫的厚重历史。

2017年8月17日，微信公众号刊登《朕是怎么把天聊死的》一文，从历史入手，之后插入网络语言、表情、漫画等，中间也植入了书签产品，如图6-74所示。

图 6-73 《她是怎么一步步剪掉长头发的》　　图 6-74 《朕是怎么把天聊死的》

2017年中秋节，故宫食品"朕的心意"推出了中秋月饼系列，随之推出的故宫月饼H5——《朕收到了一条来自你妈的微信》再一次让故宫刷了屏。炫酷风格搭配反差萌文案，大玩"总有刁民想害朕"的梗。凭着皇族的月饼，故宫博物院又迎来了火爆的订单狂潮。

2018年5月18日，在第42个国际博物馆日上，故宫推出了一个名为"见大臣"AI智能聊天机器人，通过同名的微信小程序，用户可以随时与它谈心聊天。2018年5月18日，由腾讯地图和故宫博物院携手打造的"玩转故宫"小程序正式上线，以轻应用玩转"大故宫"，以"新方法"连接"新公众"。通过基于地理数据的各项智慧服务，以创新的互联网方法和智能贴心的方式，让游客和观众们进一步体验故宫，而这也是故宫推出的首个在移动端的导览应用。

故宫博物院通过微信这一新媒体平台，不断进行文创产品的创新和升级，让博物馆这个听起来历史感厚重、严肃的地方也能很好地和年轻人交流。同时，也向年轻人传递了经典的文化、艺术，让年轻人更加喜爱传统文化，不至于让传统文化慢慢流失。在互联网时代的今天，很多爆红于网络上的网红产品来得快去得也快，故宫也还在不断开发新产品，用新的创意、新的文案去吸引更多年轻人。

思政小课堂："文化觉醒"与经济崛起的相互促进

除了故宫，河南卫视也是另一块传统文化出圈的宝地。从2021春节晚会节目《唐宫夜宴》到端午节的网络晚会《端午奇妙游》。没有流量明星，没有烧钱制作，没有铺天盖地的宣传，有的只是现代技术赋能传统文化，互联网思维承载国潮元素，成功出圈，圈粉无数。挖掘传统文化的内在价值，让文化底蕴、文化资源优势转变成产业优势，推动经济崛起与

“文化觉醒”的相互促进。

思考：

1. 使用微信“搜一搜”功能，查看故宫其他微信公众号，分析其微信矩阵布局情况及各自的人设和内容定位。

2. 查看故宫各个微信公众号的子菜单各自承担了什么样的功能。

项目七　社群新媒体营销

【项目目标】

一、知识目标

（1）了解社群新媒体营销的营销界定。

（2）了解社群新媒体营销的营销价值。

（3）掌握社群的构建特点及工具。

（4）掌握社群的活动运营及变现模式。

（5）掌握社群新媒体营销的策略技巧。

二、能力目标

（1）具备对社群活动进行策划实施的能力。

（2）具备对社群进行日常运营的能力。

三、素养目标

（1）培养新媒体运营者思维。

（2）培养新媒体营销的创新意识。

（3）培养新媒体从业者视角的互联网敏锐度。

（4）培养新媒体工作岗位的专业素养和职业精神。

（5）培养运用社群新媒体服务社会公共事件的意识和能力。

四、岗位目标

具备企业社群新媒体营销运营专员的岗位素质和能力。

【内容结构】

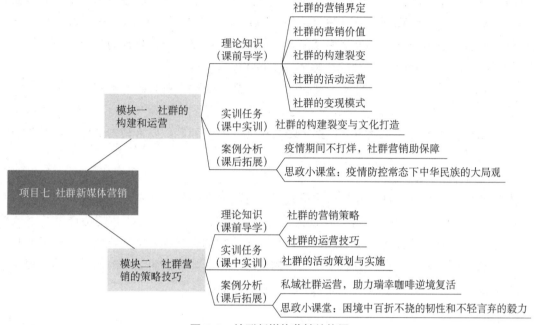

图 7-1 社群新媒体营销结构图

模块一　社群的构建和运营

【理论知识】

随着社会的发展，一个精神消费的时代悄然来临，当消费行为发生时，人们更在意商品背后的价值主张、人格标签、情怀等精神方面的品牌文化，而这时候的商品就成了用户表达自我的载体。当顾客认为品牌所宣扬的体验价值、形象价值与自己所秉持的人生观、价值观相契合时，就容易产生精神共鸣，进而渴望与那些相同认知的同类交流互动，于是社群顺势而生。

不论是早期的客户管理还是现在的社群营销，社群一直是企业热心追逐的领域。微信、微博、头条等实时高效建群工具的不断涌现，使得行动的成本有效降低，效率得到极大提高，为社群营销的开展奠定了基础和可能。社群思维和社群营销，成为现代商业发展的一个重要端口。

一、社群的营销界定

"社群"的概念最早源自社会学和地理学领域。一般社会学家与地理学家所指的社群（Community）是指在某些边界线、地区或领域内发生作用的社会关系。它可以指实际的地理区域，或是在某区域内发生的社会关系，或指存在于较抽象的、思想上的关系。英国社会学家、人类学家 Peter Worsley 在 1987 年曾提出过社群的广泛含义，认为社群可以被解释为地区性的社区，或用来表示一个有相互关系的网络，也可以是一种特殊的社会关系，包含社群精神（Community Spirit）或社群情感（Community Feeling）。

在互联网营销视角下，社群是一种新的人际关系，是建立在互联网基础上，依据人们的兴趣爱好、身份地位、价值审美以及特定的利益关系等建立起来的圈子。微信、QQ、微博……无论社群借助什么工具建立，都不是简单地拉人和加群，以营销为目标的社群在构建时必须具备以下特征。

1. 具有共同的兴趣特征

共同的兴趣特征主要是指社群内成员共同拥有的兴趣爱好或在某些方面的共同特征，并且成员有围绕兴趣或共同点一起行动的意愿，这是社群建立的前提。共同特征涉及不同领域，如以爱好绘画为特征的画友交流群、以对小米品牌的喜爱为特征的粉丝群；还可能基于相似的成长经历，如老乡群；或者基于相同的地理区位，如现实生活中的同城群等。根据不同的兴趣爱好、不同的特征属性，可能形成不同的社群。

2. 搭建清晰的组织结构

基于共同的兴趣特征建立的"群"很多，但很多"群"并不是"社群"，因为这些"群"并不具备清晰的组织结构。社群的萌芽是由少数称之为发起者的成员自发抱团形成的。这一阶段成员人数少、积极性高，可以保持较高的活跃度。但随着成员的增加就需要有专人对社群进行管理，并形成有层级的组织结构。成熟的社群必须具备专门的管理人员，有自己的组织结构，这是影响社群持续运营的重要因素。

3. 确保稳定的价值输出

社群成员加入社群是为了在社群中有所获得，因此社群应当持续为成员提供有价值的信息。这些信息需要围绕共同的兴趣特征，让成员能够在社群中获得有价值的增量服务，并鼓励成员自己分享和产生价值。社群中的成员既是内容的接收者，同时也是内容的生产者。持续的内容输出使社群始终对成员有益，这是一个社群能够不断发展壮大的重要基础。

4. 进行持续的运营

运营水平的高低会影响社群的持续发展。一个优质的社群应该有成熟的社群文化、完善的社群规则、有效的进入和退出机制、定期的互动活动和价值分享。社群内要有话题，有围绕共同特征的优质内容输出，有精彩的线下活动，这些都要依靠社群的运营。如果没有对社群进行持续的运营，社群最终会沦为一潭死水或成为群成员到处发广告和拉投票的垃圾信息群。

由此可见，社群是由用户自己主导的商业形态，可以获得高价值，同时降低交易成本。在商业活动中，社群有着重要的意义，而通过社群引发的商业行为，就是本书所界定的社群新媒体营销。

二、社群的营销价值

在众多的新媒体营销方式中，社群营销具有沟通及时、用户黏性高、体验效果好、成本低廉、触达率高等优势，一直是企业重要的营销渠道和手段。

（一）便捷即时，体验效果好

社群的建立本身就是依托各种即时通信工具。通过这些工具，不仅社群内成员可以相互交流、沟通，企业也可以第一时间收到反馈。根据反馈的内容对相关问题进行解答。即时、便捷、通畅的交流互动提升了用户的消费体验，同时也降低了企业获取用户反馈信息的难度，搭建了沟通的桥梁。

（二）人群精准，用户黏性高

加入社群的成员本身具有共同的兴趣爱好，而这一共同兴趣和企业的产品又有千丝万缕的联系。相较于传统的营销方式，社群营销的目标客户精准度更高，也更有利于"铁粉"的培养。社群内的用户本身对企业就具有较高的黏性。围绕共同的兴趣将一个感兴趣的成员培养成深度粉丝的难度，要远远小于吸引一个对产品根本不感兴趣的人。

（三）成本低廉，裂变引起高效传播

一方面，社群创建、运营的成本远低于多数营销方式，降低营销成本意味着企业有更多的资金投入在产品的设计、研发上，减少营销费用也变相增加了产品的市场竞争力；另一方面，社群营销建立后，企业的产品、活动还可以得到群成员的自发宣传，以群内现有人员去进行宣传，呈现出裂变式推广，让企业得到更多的客户资源，这也是互联网环境下催生出的社群营销的价值所在。

三、社群的构建裂变

"社群"既是社群新媒体营销的基础也是途径。社群营销最终是为了实现企业或个人商品销售、品牌推广、客户维系等商业目标。想要借助社群实现营销目标，首先要掌握社群的构建特征、选择合适的建群工具，科学构建针对不同用户群体的社群，并对社群展开持续运营。

（一）社群的构建工具

目前，很多工具都可以实现社群的构建，使用较多的是微信群，尤其是具有强大社群管理功能的企业微信。企业微信是由腾讯微信团队打造的企业通信与办公工具，具有与微信一致的沟通体验，有丰富的 OA 应用和连接微信生态的能力，可以帮助企业连接内部、生态伙伴和消费者。企业微信 1.0 版本于 2016 年 4 月上线，此后经过多次迭代升级，具备了连接微信、支持小程序、支持企业支付等功能。企业可以通过企业微信实现对员工和客户资源的管理，是企业进行社群营销的常用选择。下面以企业微信为例，进行社群构建工具的介绍。

1．企业创建

使用企业微信构建社群首先要在企业微信中完成企业创建。PC 端可以登录官网填写注册信息，即可完成注册。注册信息包括企业名称、行业类型、人员规模等。注册时需填写管理员姓名、手机号、使用管理员手机号获取验证码。企业微信的管理员主要对社群的内部运营人员及社群进行管理，拥有特定的权限，最好由企业稳定的专职专岗员工担任。注册成功后点击"进入管理后台"即可进入后台管理页面。再次登录后台，仅需在 PC 端访问企业微信官网，用此前绑定的管理员微信扫描登录页面二维码即可。

移动端可以进入企业微信 App，选择微信登录，输入管理员手机号和企业邮箱，填写公司名称及管理员真实姓名，完成企业创建。

2．主体验证

注册完成后，管理员可以通过管理后台对通讯录、企业应用进行初步管理，若要获得更多使用人数以及更高的管理权限，需要进行主体信息的验证。管理员登录"管理后台"—"我的企业"—"企业信息"即可进行验证操作。企业微信提供了多种主体验证方式，包括企业微信认证、法定代表人认证、资质证明文件验证以及通过微信公众号授权快捷验证等，管理员可以根据企业自身情况选择合适的方式。

如果在移动端操作，完成企业创建后可以通过"补充资料"上传营业执照照片或扫描件；填写营业执照注册号、企业全称、企业简称等相关信息即可完成认证。

3．社群创建

企业微信创建的社群包括内部群和外部群两种类型。内部群的成员全部为企业员工，主要服务于企业内部管理，帮助企业提高沟通效率。外部群可以包含非企业员工，成员可以是企业微信用户也可以是微信用户，更适合企业进行社群营销和运营。

（1）内部群的创建。企业微信管理人员登录企业微信即可完成内部群的创建，如图 7-2 所示。通过"管理后台"—"我的企业"—"聊天管理"可以对群成员人数进行设置，企业微信成员范围为 5～2000 人。在"安全与保密"中可以进行防止群聊信息泄露的设置。

图 7-2　创建内部群的管理员信息填写界面示例

（2）外部群的创建。企业微信外部群的创建可以在企业微信移动端的消息页右上角功能键"+"—"发起群聊"—"外部联系人"选择一个或多个联系人创建，创建后其成员可在外部群内正常进行对话，如图7-3所示。如果创建者是微信用户，则创建人数上限为20人；如果创建者是企业微信用户，则创建人数上限为500人。

图7-3　企业微信外部群创建示例

（3）内部群与外部群的区别。企业微信的内部群应用于企业的内部管理和沟通协调，外部群主要应用于社群运用。由于应用场景不同，外部群在社群营销和运营中更具优势，这也是2020年之后大多数企业在做社群营销时会选择企业微信作为工具的原因。企业微信外部群在进行社群营销和运营上的优势主要有以下几个方面。

① 在企业微信外部群内，企业员工发布消息时会有企业身份展示，增强了企业在社群中的品牌触达和信用背书，如图7-4所示。

图7-4　企业身份展示示例

② 社群管理员享有较高的管理权重，如查看并管理成员的客户群聊，对离职员工管理的群聊重新分配运营人员等。

③ 可以设置入群欢迎语，新成员入群时，系统会自动发送欢迎消息。

④ 可以统一设置自动回复规则，成员添加到社群后，系统即可根据关键词自动回复客户的消息，如图 7-5 所示。

图 7-5 入群欢迎语、关键词自动回复示例

⑤ 可以设置防骚扰规则，当用户触发时，将被警告或踢出群聊，还可以设置客户禁止加入群聊等，如图 7-6 所示。

图 7-6 防骚扰规则设置示例

（二）社群的用户裂变

社群可以是一个传播渠道，可以是一个内容渠道，也可以是一个销售渠道。不管哪一方

面的价值，首先是要有用户。除了社群营销定位与规划设计，社群在运营实践中首先要解决的问题是用户的获取。社群的用户获取一般可以分为线上和线下两个渠道。线上的社群裂变能帮助社群完成用户规模的快速增长。

裂变的概念来源于物理学，是指一个原子核经轰击后得到两个或多个原子的过程。裂变的思想很早被应用到传播学和营销学领域。在营销学领域，裂变被认为是最低成本获取用户的方法，运营者通过一系列的流程和方法把用户吸引到特定的社群里，使社群内传播的内容通过转发的形式得到扩展，以此增强传播的时间、扩大覆盖的人群。

社群裂变的一般流程主要包括活动策划、海报设计、话术准备、后台设置、用户参与、数据分析、优化提升等环节。

1. 活动策划

社群裂变的活动策划是对社群裂变过程的整体规划和设计，包括裂变活动开展的目的、时间、奖励、渠道、参与人员、责任划分等。活动策划帮助运营人员对整个裂变活动进行整体设计，确保活动的顺利实施和执行。

2. 海报设计

目前，通过裂变海报完成用户积累是社群裂变最便捷的方式。裂变海报在设计的过程中有六大要素：主标题、副标题、卖点说明、背书、促行动文案以及活码，如图7-7和图7-8。其中，主标题用来点明活动的主题；副标题进行进一步的说明和补充；卖点说明表明裂变活动向用户提供的核心利益；背书是指活动方的机构、品牌、名人的信任支持。

图 7-7　裂变海报参考板式 1

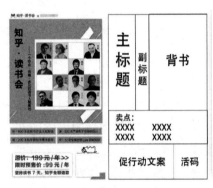

图 7-8　裂变海报参考板式 2

这里需要重点强调的是裂变活码。活码的本质是一个短网址，内容实际上存储在云端。一旦云端的内容改变，用户扫描活码展示的内容也会随之改变。用微信群自动生成的二维码进行分享时，会遇到二维码过期或者人数超过上限的情况。当参与裂变活动的人数突破100人时，需要制作一个微信群的活码。社群运营人员首先创建多个微信群，导出微信群的二维码，然后通过活码系统生成一个统一的二维码，在制作裂变海报时插入活码，即可开始接下来的社群裂变。

3. 话术准备

话术是在整个用户裂变过程中使用到的固定语言，一般包括入群话术、审核话术、提醒话术、删除话术等。

（1）入群话术

入群话术是指用户入群后，机器人@用户并发送给用户的内容。入群话术通常包含三部分，第一部分是对用户的欢迎以及活动介绍，如图 7-9 所示；第二部分是需要用户转发的文案，如图 7-10 所示；第三部分是需要用户转发的海报。其中，第二部分的文案要与第一部分的文案分开独立成段，方便用户复制粘贴。

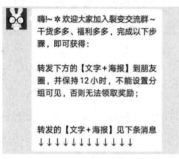

图 7-9　入群第一部分话术示例

图 7-10　入群第二部分话术示例

（2）审核话术

审核话术是指用户完成指定的转发或邀请任务后，机器人自动@用户并发送固定的话术，告知用户完成任务通过审核等待下一步的操作，如图 7-11 所示。

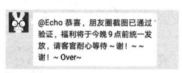

图 7-11　审核话术示例

（3）提醒话术

当入群的用户因为某种原因未能完成指定的转发或邀请任务时，可以利用机器人@未完成任务的用户，发送固定的提醒话术，督促用户完成相应的任务。

（4）删除话术

删除话术是指当群内用户违反群内规则或未完成指定任务时，发送的删除用户的固定话术。

4. 后台设置

当上述物料准备齐全时，就可以登录社群裂变所使用的工具平台，进行相应的后台设置。关于社群工具，后续内容模块中会有详细介绍。在进行后台设置的过程中要预估提前建立的群是否够用，避免群二维码与活码的混淆；设置完成后应提前测试流程，进行查漏补缺，同时要在每个群内预留工作人员，留心用户反馈并及时进行舆论引导。

5. 用户参与

上述准备工作完成以后，就可以启动社群的用户裂变。用户参与社群裂变的流程一般为：在朋友圈、公众号、微信群中看到裂变海报，激发兴趣；扫码入群，收到欢迎语和转发任务；按照指定要求完成转发截图回复；通过审核获得奖励。

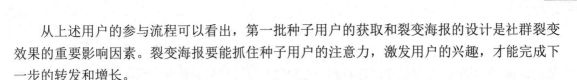

从上述用户的参与流程可以看出，第一批种子用户的获取和裂变海报的设计是社群裂变效果的重要影响因素。裂变海报要能抓住种子用户的注意力，激发用户的兴趣，才能完成下一步的转发和增长。

6. 数据分析

社群在用户裂变的过程中需要关注和搜集的数据包括启动量、扫码人数、入群人数、完成任务人数等，这几个数据呈漏斗形依次递减分布，如图 7-12 所示。有了原始数据，就可以在各个指标背后分析原因，例如扫码人数过低可能是启动量少、信息触达率低、海报激励不够等；入群率过低可能是因为中间页设置了过多门槛；任务率低可能是因为话术引导不明确、审核操作失误等。

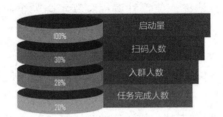

图 7-12　社群用户裂变漏斗型数据指标模型

7. 优化提升

社群的用户裂变一旦开启，就需要运营人员的持续跟进。不仅需要在宏观上通过数据反馈了解活动进展的情况，还需要深入群内用户的反馈、发现用户的需求以及在其他可以完善的地方做进一步的优化和提升。同时，也为下一次的社群用户裂变活动积累经验。

四、社群的活动运营

社群的活跃度是判断一个社群是否优质的重要指标。群内成员只有通过交流才能不断强化彼此之间的情感纽带，但在现实生活中，随着时间的流逝，社群会慢慢归于寂静，而营销目标难以借助活跃度低的社群达成，因此维持社群的活跃度对保证营销效果有重要意义。社群活动是提高活跃度的有效手段，好的社群活动可以让社群始终保持旺盛的生命力和活力。社群活动的形式非常丰富，总体而言可以分为线上和线下两大类。

（一）线上活动

除部分同城群、旅行群外，多数社群成员所在地分散，开展线下活动难度较大，因此应当充分利用线上活动提高成员的积极性和参与感，常见的社群线上活动有以下几种。

1. 线上分享、讨论

线上分享、讨论主要是围绕某一个话题在群内展开讨论，鼓励成员根据话题分享自己的见解、感悟。如果是专业领域的分享，还可以邀请专家参与，以此来调动成员的参与积极性。

使用这种形式的线上活动时，需要对话题进行筛选和准备，尽量选择热度高、成员关注的话题。在讨论形式上可以由管理员主持，也可以要求社群成员轮流主持。挑选部分成员提前准备分享内容、确定分享时间、设计互动形式和奖励措施，并把这些信息提前通知群内其他成员，做活动的预热，以鼓励更多人参与。

活动正式开始后，首先由主持人进行简单的开场介绍，可以在某一成员分享时对其他成员的发言进行限制，分享结束或进行到一定阶段时鼓励其他成员发表观点看法。活动中主持人应当注意控制气氛，结束后在群内对本次分享进行回顾，对参与分享和互动的成员给予奖励，以鼓励其积极性。

2. 社群福利

社群福利是一种有效地刺激成员的方式，最直接的社群福利是红包。红包可以引起成员的注意，用来吸引成员关注活动通知。除此之外，还有商品优惠券、特色服务、积分奖励、排行榜等形式。社群福利在设计的时候要综合考虑企业产品、服务特色和商品销售的持续转化，同时兼顾社群成员的喜好特征，使得社群福利既不会为企业增加过量的成本，又能起到很好的激励作用。

3. 社群任务和打卡

社群任务和社群打卡一般情况下会同时使用，比如：发布任务和开始任务时可以同步进行打卡。在任务开始前确定打卡形式、制定打卡规则，设置统计人员，及时公布完成情况等。不同的社群平台提供了丰富的打卡工具，如微信的"小打卡""打卡鸭"等（见图7-13）。

当成员连续打卡达到一定天数时应当进行奖励，对完成度不高的成员进行淘汰并给予惩罚，如图7-14所示。在打卡活动进行时要营造好气氛，管理人员要不断鼓励引导。打卡和任务相结合，打卡促进任务的完成，任务完成后要及时分享总结，鼓励更多成员参与下次的任务，带给社群成员一种处在群体之中的归属感。

图 7-13　打卡鸭界面示例

图 7-14　社群活动规则示例

（二）线下活动

线上活动便捷，受时间、空间限制小，但是线下面对面交流带来的真实感和情感链接是单纯的线上活动无法替代的，因此社群发展到一定阶段，为了建立更深的情感链接，需要将活动范围从线上延伸到线下。

线下活动主要以真实的面对面聚集为主，传统的见面会、私享会、发布会等形式都可以。社群核心成员之间的聚会往往规模较小，如果是为年度或周年纪念设计的大型聚会，人员多、组织协调难度大，可以选择设置分会场的形式降低组织难度。社群运营人员需要对线下活动的频率进行控制，避免出现活动无人或极少数成员参与的情况。此外，同城社群因成员地理位置接近，可以适当增加线下活动的频率，扩大成员线下活动的参与面。

组织线下活动前需要提前做好计划方案，根据活动规模的大小确定场地、时间、主题、嘉宾、奖品等。对于人数较多的社群可以限制人数，通过任务或活动的形式进行抢票，获得资格的成员才能参加，既保证了活动的效果，又激发了成员在社群中的活跃度。线下活动一定要提前规划，保证效果，让参与活动的成员获得成就感、满足感，激发成员交流、分享、推荐的欲望，让线下活动真正起到加强情感链接、提升成员身份认同感的效果。

五、社群的变现模式

社群运营一段时间后往往面临着如何变现的问题，社群的运营人员必须明确社群是一种方法和手段，实现商业转化才算真正实现营销目标。社群的变现模式主要有以下几种。

（一）社群电商

很多互联网新媒体平台都完成了自己的商业布局，不用跳转在平台内部即可完成咨询和购买，社群也因此成了良好的商品销售渠道。微信群可以通过微信小程序完成下单和支付，社群运营最终的目标是实现商业变现，而直接在社群内进行商品销售，完成销售转化是社群变现的基本模式。

（二）付费社群

付费社群类似线下店铺的付费会员，付费会员需缴纳一定的费用，才能获得参加店铺各种活动的权利。付费社群是指缴纳一定的费用成为会员，获取社群服务、参加社群活动、利用社群进行人脉构建。不同金额的费用能够享受的社群服务、获取的信息内容也有所差异，社群会依照付费金额的差异，设置不同的级别。付费社群是否能实现消费转化，关键在于让社群成员感觉到社群服务的价值超过其所支付的费用，这样的感觉和消费转化效果成正比。

（三）进入社群以成员身份变现

这种模式适用于没有运营自己的社群，且已有目标用户比较集中的社群的情况，如：为了销售绘画颜料，可以搜索绘画爱好群，以爱好者的身份进群，进群后积极参加各种分享讨论，和群内成员构建信任关系并进行营销。使用这种方式需要注意加入社群后如果直接发布广告，很可能会面临被禁言、退群的惩罚，应首先成为社群中让人信服的成员然后再逐步开展营销。

在实际使用中，这种模式难以参与到社群的管理和运营中，并且会受到已有群规的限制，不利于运营人员结合企业实际开展社群活动。已有社群且其成员同企业目标用户高度重合的情况极少发生，因此多数企业会选择建立自己的社群开展营销活动。

【实训任务】

一、实训目的

通过构建林州滑翔的目标用户社群，掌握社群的构建工具和用户裂变模式；通过社群规则的制定，提升社群文化的打造能力。

二、实训项目

社群的构建裂变与文化打造。

三、实训资料

林州滑翔相关资料见项目五。

四、实训步骤

1. 讨论确定预创建社群成员的共同特征，并进一步明确社群成员的特点，完成表 7-1，明确社群定位和营销目的。

表 7-1 林州滑翔目标客户社群预创建表

社群成员共同特征	具备该特征人群的特点	社群创建使用工具	社群营销目的
		□微信 □企业微信 □QQ □其他 其他请具体写明：	□销售产品 □品牌推广 □提供付费课程 □兴趣分享 □其他 其他请具体写明：

2. 为林州滑翔目标客户社群成员寻找来源渠道，并完成表 7-2。

表 7-2 林州滑翔目标客户社群形象设计表

	渠道类型	人群特点
线上渠道	微博、小红书、论坛、携程网	
	其他户外运动爱好群	
	……	
线下渠道	以往购买过相关产品的客户	
	去基地参观过的人员	
	B 端大客户	
	……	

3. 为林州滑翔目标客户社群的社群裂变设计裂变海报和裂变话术，并完成表7-3。

表 7-3 林州滑翔目标客户社群裂变海报和裂变话术

裂变海报	创意解读
入群话术	
审核话术	
提醒话术	
删除话术	

4. 完成林州滑翔目标客户群的构建与用户裂变。

5. 为林州滑翔目标客户社群完成社群规则的制定，并完成表7-4。

表 7-4 林州滑翔目标客户社群规则

_____社群规则	
进入规则	
退出规则	
奖励规则	
惩罚规则	
活动规则	
……	

6. 结合上述材料及其他信息，分析目标客户社群的社群文化，并完成表7-5。

表 7-5 林州滑翔目标客户社群的社群文化

社群定位	
所属亚文化	
社群个性标签	
社群共同价值观	

五、实训评价

实训评价如表7-6～表7-8所示。

表 7-6 小组自评表

小组自评表（得分可采用十分制/百分制/五星制）				
小组成员	承担工作	工作完成情况	个人得分	小组综合得分
		□未完成 □完成 □超额完成		
		□未完成 □完成 □超额完成		
		□未完成 □完成 □超额完成		

（续表）

小组成员	承担工作	工作完成情况	个人得分	小组综合得分
……	……			
问题自查				
改进措施				

表 7-7　小组互评表

小组互评表（得分可采用十分制/百分制/五星制）			
	评分细则	细则得分	小组综合得分
小组名称	线上活动设计情况		
	线下活动设计情况		
	活动宣传预热情况		
	……		
存在问题			
改进建议			

表 7-8　教师评价表

教师评价表（得分可采用十分制/百分制/五星制）			
	评分细则	细则得分	小组综合得分
小组名称	团队分工协作精神		
	社群活动策划能力		
	活动宣传预热能力		
	……		
存在问题			
改进建议			

【案例分析】

疫情期间不打烊，社群营销助保障

2021 年伊始，由于新冠病毒感染疫情的影响，石家庄实行闭环管理。在超市、商场都停止营业的形势下，中国石油天然气股份有限公司河北石家庄销售分公司为保障全市油品、生活必需品的市场供应，疫情期间保持正常营业，并在所属的 46 座加油站开展无接触送货上门服务，向顾客承诺"服务不打烊、商品不涨价、油品不断供"，抓住时机做好社区营销的宣传和推广。加油站组建多个社区营销群，积累了很多忠诚以及潜在客户。通过微信客户群，各加油站线上发送便利店商品图片供客户选择，承诺不限额免费配送，保证 1 小时送达。为保证送货速度，工作人员通宵达旦分拣商品、严格消毒、确定电话、发送定位等，为封闭在小区内的顾客迅速送货上门。

石家庄地区 46 座营业加油站遍布石家庄主城区、正定县等各大县区，各加油站郑重承

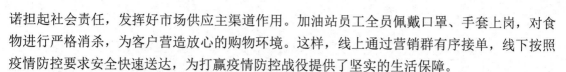

诺担起社会责任，发挥好市场供应主渠道作用。加油站员工全员佩戴口罩、手套上岗，对食物进行严格消杀，为客户营造放心的购物环境。这样，线上通过营销群有序接单，线下按照疫情防控要求安全快速送达，为打赢疫情防控战役提供了坚实的生活保障。

思政小课堂：疫情防控常态下中华民族的大局观

面对突如其来的严重疫情，党中央统揽全局、果断决策，医务人员白衣为甲、逆行出征，人民解放军、科技工作者、社区工作者、志愿者、下沉干部等各界人士及广大人民群众风雨同舟、众志成城，构筑起疫情防空的坚固防线。正是这种识大体、顾大局、顽强不屈的中华民族精神带领我们一次又一次打赢了疫情防控阻击战。

思考：

（1）疫情期间，你身边的社群营销有哪些？

（2）在进行社群营销的时候，你会选择哪种社群创建工具，为什么？

模块二　社群营销的策略技巧

【理论知识】

社群与普通群最大的不同在于有专门的人员负责社群的运营和管理。想要维持一个社群的活力，有效地达成社群营销的目标，明确定位、搭建团队、确立制度、培养文化、输出价值等都是不可或缺的要素。

一、社群的营销策略

（一）精确梳理用户标签

大数据技术的应用，让企业能直观地感受到用户数据的巨大价值。系统能从用户的抖音点赞、淘宝浏览记录中发现用户的喜好和品位，各个电商平台的消费数据可以反映出用户的消费能力。通过数据辅助对用户的标签进行精细化梳理，能更好地挖掘用户群体的深层需求和潜在欲望。社群营销的经验和模式是可复制的，相似的运营策略对标签大致相同的用户同样有效，这为开发更广阔的消费市场提供了便利。

（二）持续输出优质内容

基于数据刻画出来的用户画像相对精准但也缺少温度，社群营销通过持续的优质内容输出，可以实现数据辅助下的人性化运营，使社群成员体验更有温度的营销。社群在内容输出时要避免长篇累牍、自说自话，应当以沟通为前提，以干货、趣味性为核心才能吸引社群内用户的关注。社群运营团队要针对用户画像所对应的各个领域去进行内容甄选和推送，并积极引导沟通和反馈，制造话题，提高社群热度。

（三）深耕垂直细分领域

大投放、广推送的粗放式营销时代早已过去，面对铺天盖地的营销信息，人们会产生天然的抵触情绪，这种粗放式营销很难触及用户个人的圈层喜好。在梳理用户的颗粒化画像后，即使产品不是针对某一细分领域的，社群营销也要朝着垂直化的方向前进。人们对于圈子的看重及兴趣圈层的下沉，需要营销的快速跟进，垂直化的营销更能深入目标圈层用户。

（四）小程序式碎片化应用

有数据显示，古人一生之中大脑要处理的数据量为173GB，而如今互联网时代的居民每天在网络上处理的信息量就超过了5GB，每月处理的信息量就超过古人一生要处理的信息量总和。在信息爆炸时代，人们的注意力越发碎片化，注意力集中时长不超过8秒。用户投之于社群的注意力也呈现碎片化的特点，在这种情况下，碎片化的内容和应用成为社群营销的必要部分。

（五）持续占领用户心智

社群营销的最大优势还在于能够潜移默化地占领用户心智，并持续性地达成转化和复购。在群体的从众行为中，几个人下单会扩散成几十个人下单，最终形成几百人下单的场景。根据E.S.刘易斯提出的消费者行为学理论模型AIDMA，消费者从接触信息到最后达成购买，会经历引起注意、引起兴趣、唤起欲望、留下记忆、购买行为五个阶段。《增长黑客》中也提到，消费者从接触商品到最终完成购买之间，平均需要经过七次重复提醒。在社群沟通的过程中，可以反复以隐晦的方式提醒用户，告诉用户"商品的亮点"，培养社群成员对商品的熟知度，进而实现购买转化。每一个完成购买转化的社群成员在群内分享商品体验，都是一次"重复提醒"，能够润物细无声地影响消费者的购买决策。

二、社群的运营技巧

（一）明确社群定位

社群的定位需要在社群建立之前确定，一般包含两个方面。

第一，社群中的成员在某一方面是有共同之处的，利用社群进行营销首先要找准共同点，并在此基础上进一步明确社群要吸引什么样的人，比如：小米手机的社群吸引的是追求科技感的年轻人，豆瓣的社群吸引的是喜欢电影有情怀的文艺青年。只有明确社群的共性，不断强化这一共性，才能引发社群成员的共鸣。

第二，创建社群的营销目的是什么，是为了向成员销售商品、提供付费咨询服务、单纯地分享兴趣、还是通过社群进行品牌宣传，这也是创建社群前需要明确的内容。社群的构建和运营需要一个立足点，这个立足点就是它的定位。没有定位或定位模糊的社群，会逐步丧失成员的忠诚度，难以设计共鸣强烈的话题和活动，清晰明确的定位对社群长久运营和后续营销活动的开展十分重要。

（二）搭建运营团队

社群的各项工作内容都需要团队成员来设计、实施，优秀的营销运营团队是社群良性发展的基础和保障。对社群运营而言，优秀的人才可以是具有某方面专长的，如图片处理、视频制作等能力突出；也可以是管理协调能力强，能够策划活动、调动社群气氛的；还可以是在某一领域具备自己独特观点，能够为社群成员稳定输出高质量内容的达人。

社群的营销运营团队也应分层级，并且明确不同层级的责任。在搭建社群营销运营团队的组织结构时应注意两方面内容。一方面，要注意专职与兼职人员的比例，社群运营主要借助互联网利用碎片化时间开展，在团队搭建的过程中可以考虑一部分活跃程度高的兼职人员；另一方面，要注意社群成员的调动，比如：设计积分奖励鼓励成员分担社群的一部分日常管理和收集反馈信息的工作，既能节约成本，又能提高社群成员的参与积极性。

（三）设计形象识别系统

社群不是简单的QQ群或微信群，社群在建立以后要有清晰而准确的形象识别系统，最直接的表现就是社群的名称、口号和Logo。社群构建后需要有一个共同的名称，名称关系到成员对社群的第一印象，应当便于记忆、有内涵并且和定位相关，如"十点读书会""跑步团"等。

除了名称外，社群还需要有自己的口号，口号是对名称的补充，可以对社群进行进一步的说明，将社群的亮点、特色浓缩成一句话。口号也应好记忆，生僻、冷门的字词尽量不要出现在名称当中。优质的社群还应当有自己的Logo，如果企业已经有成熟的产品和对应的Logo，可以直接使用，进一步强化品牌形象；如果没有，可以结合名称、口号、社群内涵进行设计。

（四）完善社群制度文化

除了形象识别系统的设计、活动的策划实施外，社群还需要有完善的规则制度以及自己独特的社群文化。规则制度对社群成员的进入、退出、奖励、惩罚包括分享的内容等都应当进行合理的规定，群规约束社群成员的言行，能够保证社群的良好氛围。

（五）拉新留存目标成员

受到关注的营销活动才可能达成目标，因此将目标人群吸引到社群中是开展后续营销活动的前提。微信公众号、贴吧、微博、线下线上门店等目标用户接触、使用过的平台都可以为社群进行导流，如对于淘宝店主创建的社群，可以从在淘宝平台上咨询、购买过商品的人群中吸收目标成员；各种兴趣群可以到对应的贴吧发帖来吸引目标成员，要积极通过各种途径完成社群成员的拉新和留存。

（六）强化成员情感纽带

社群与聊天群不同，因而运营团队的管理活动包括但不局限于对QQ、微信等聊天群的管理。社群营销是借助社群成员的认同感、信任感来开展各种营销活动的，因此怎样构建与成员间的信任关系，怎样在成员中树立一个专业的形象，这是社群运营团队要时刻思考的内容。这就要求社群运营团队从构建、强化情感纽带的角度进行日常管理和活动设计。

（七）多个新媒体平台联动

社群营销是企业新媒体营销众多方式中的一种，运营人员在进行社群营销的时候不能同其他营销形式割裂。社区新媒体营销中的圈子产品可以成为社群内容留存和输出的有效工具，视频新媒体平台以及其他图文类新媒体平台发布的内容都可以成为社群交流的话题。企业其他新媒体平台活动的参与群体也可以成为社群成员的来源，通过社群和其他营销形式的联动，实现营销效果的最大化。

【实训任务】

一、实训目的

通过林州滑翔目标客户社群氛围的营造及活动的策划实施，提升社群运营的素质和能力。

二、实训项目

社群的活动策划与实施。

三、实训资料

林州滑翔相关资料见项目五。

四、实训步骤

1. 为林州滑翔的目标客户社群策划一场线上"21天云飞行训练营"活动，连续21天每天分享与飞行有关的图片、视频、知识等，并完成表7-9和表7-10。

表7-9　线上活动策划表

活动名称	
活动持续时间	
活动目的	
活动形式	
活动规则	

（续表）

任务分工	张三	负责……
	李四	负责……
	……	……
进度安排		

表 7-10　线上活动预热表

预热开始及持续时间	
预热内容	
预热形式	□图片　□文字　□视频　□直播 □其他　其他请具体写明：
预热平台	□公众号　□抖音　□微信朋友圈　□社群 □其他　其他请具体写明：
预热频率	

2. 为林州滑翔目标客户社群策划一场线下交流活动，并完成表 7-11 和表 7-12。

表 7-11　线下活动策划表

活动主题		活动地点	
活动时间		预计参与人数	
活动流程	主要内容	人员安排	任务分工
……			

表 7-12　线下活动预热表

预热开始及持续时间	
预热内容	
预热形式	□图片　□文字　□视频　□直播 □其他　其他请具体写明：
预热平台	□公众号　□抖音　□微信朋友圈　□社群 □其他　其他请具体写明：
预热频率	

五、实训评价

实训评价如表 7-13～表 7-15 所示。

表 7-13 小组自评表

小组自评表（得分可采用十分制/百分制/五星制）				
小组成员	承担工作	工作完成情况	个人得分	小组综合得分
		□未完成　□完成　□超额完成		
		□未完成　□完成　□超额完成		
		□未完成　□完成　□超额完成		
……	……			
问题自查				
改进措施				

表 7-14 小组互评表

小组互评表（得分可采用十分制/百分制/五星制）			
小组名称	评分细则	细则得分	小组综合得分
	线上活动设计情况		
	线下活动设计情况		
	活动宣传预热情况		
	……		
存在问题			
改进建议			

表 7-15 教师评价表

教师评价表（得分可采用十分制/百分制/五星制）			
小组名称	评分细则	细则得分	小组综合得分
	团队分工协作精神		
	社群活动策划能力		
	活动宣传预热能力		
	……		
存在问题			
改进建议			

【案例分析】

私域社群运营，助力瑞幸咖啡逆境复活

2022 年 3 月 24 日，瑞幸咖啡公布 2021 年第四季度及全年财报：2021 年总净收入 79.65 亿，同比增长 97.5%，几乎翻倍。截至 2021 年底，门店数达 6024 家，超过星巴克中国的 5557 家。消息一出，"瑞幸门店数量超越星巴克中国"话题登上热搜，瑞幸收获好评一片。2020 年 5 月因造假风波在美国被退市的瑞幸，不仅没有消失，还逆袭了星巴克，瑞幸是怎么做到的？除了与星巴克完全不同的产品定位和营销策略，通过社群进行私域流量运营，是

瑞幸成功逆袭的重要因素之一。

线下场景要的是沉浸感，星巴克走的是高端路线，在星巴克学习、工作、和朋友聊天等享受的是氛围。而瑞幸咖啡走"方便+性价比"路线，同样是标准化操作泡出来的咖啡，一杯只需要十几块，价格是星巴克的一半，而且往往店铺就在楼上，马上就能外卖送达。

瑞幸小程序每天发优惠券，用户提前下单，到了门店，咖啡已做好。瑞幸通过社群运营，帮助用户养成消费习惯，使买瑞幸咖啡的人回归到咖啡本身，时不时来一杯，甚至每天来一杯。

疫情发生后，瑞幸开始建群，3 个月内就建了 9100 多个客户群，社群用户达 110 多万，企业微信客户数达 180 多万。购买咖啡的用户首先添加首席福利官 Lucky 为好友，再围绕门店 LBS 位置信息进入社群。在上班高峰期，瑞幸会提醒消费者下单；在中午 12 点，社群发秒杀券；下午茶有坚果、点心活动；晚上推荐挂耳咖啡等。同时，瑞幸小程序每周安排直播，直播间有很多优惠券。

瑞幸采用"时间/限期+LBS（围绕地理位置数据而展开的服务）+社群+私域"方式运营私域流量。私域打通了瑞幸数据和企业微信数据的对接，实现了用户标签识别，做到千人千面。不同门店的不同产品，设定不同优惠券，做到了千店千券。从某种程度上可以说，私域盘活了瑞幸。

这一套组合拳打下来，星巴克被打得措手不及，瑞幸咖啡恢复生机，也吸引了撤退的资本重抛橄榄枝。有对比就有输赢，在瑞幸亮眼的财报面前，星巴克全球 CEO 凯文·约翰逊称，中国对疫情采取的政策是导致中国区门店销售额下滑的主要原因，2021 年四季度结束前，"中国 3/4 的门店"都经历了关闭或减少运营时间等动态营业措施。可是瑞幸也有直营门店，当星巴克在 2021 年四季度门店销售同比下降 14%时，瑞幸却同比增长 43.6%。若是疫情影响，为何瑞幸一路涨，星巴克不停跌？

51 岁的星巴克、5 岁的瑞幸以及越来越多的咖啡品牌还将继续竞争，两者的运营之道将会给我们众多思考和启发。

思政小课堂：困境中百折不挠的韧性和不轻言弃的毅力

能够在接连遭遇厄运的情况下实现盈利，对于一家公司来讲，并不是一件容易的事情，但瑞幸咖啡做到了。这除了说明瑞幸咖啡本身的商业模式和运营打法有一定的正确性，更多地向我们展示了瑞幸咖啡的韧性。无论是国家、企业还是个人，都会遭遇一定的困境，要进步、要发展，就要有一股不断向上的动力，这个动力的形成基于不断地学习积累，基于不断有所创造，基于百折不挠的韧性和不轻言弃的毅力。

思考：

（1）瑞幸咖啡的社群营销有哪些地方值得我们学习和借鉴？

（2）如果你来负责社群营销，你会选择建立 QQ 群还是微信群？请对比微信群和 QQ 群在功能上的区别，阐述你的理由。

项目八　音频新媒体营销

【项目目标】

一、知识目标

（1）了解主流音频新媒体平台的类型。

（2）了解音频新媒体营销的特点和价值。

（3）掌握音频新媒体平台的使用功能。

（4）掌握音频新媒体营销的形式和方法。

二、能力目标

（1）具备音频内容制作和传播的能力。

（2）具备音频新媒体营销平台账号营销定位和运营的能力。

三、素养目标

（1）培养新媒体运营者思维。

（2）培养新媒体营销的创新意识。

（3）培养新媒体从业者视角的互联网敏锐度。

（4）培养新媒体工作岗位的专业素养和职业精神。

（5）培养运用音频新媒体普及科学技术树立民族自豪的意识和能力。

四、岗位目标

具备企业音频新媒体营销运营专员的岗位素质和能力。

【内容结构】

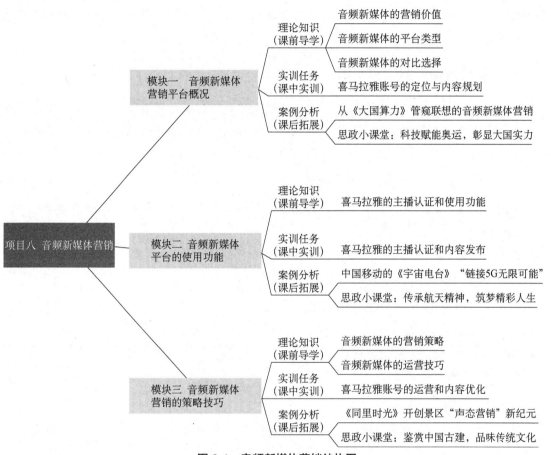

图 8-1 音频新媒体营销结构图

模块一 音频新媒体营销平台概况

【理论知识】

随着移动互联网时代的到来，声音对于用户而言是伴随性的，可介入用户的全时段、全场景中，对于品牌而言也就意味着能匹配更多的营销场景，而未来的商业生态一定是由场景搭建的，音频的营销价值就在此体现。音频新媒体营销是指以音频为主要传播载体的营销方式，是互联网时代一种新兴的新媒体营销模式。

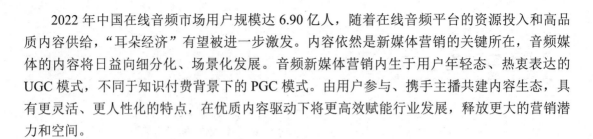

新媒体营销

2022 年中国在线音频市场用户规模达 6.90 亿人，随着在线音频平台的资源投入和高品质内容供给，"耳朵经济"有望被进一步激发。内容依然是新媒体营销的关键所在，音频媒体的内容将日益向细分化、场景化发展。音频新媒体营销内生于用户年轻态、热衷表达的 UGC 模式，不同于知识付费背景下的 PGC 模式。由用户参与、携手主播共建内容生态，具有更灵活、更人性化的特点，在优质内容驱动下将更高效赋能行业发展，释放更大的营销潜力和空间。

一、音频新媒体的营销价值

无论媒体的形态和环境如何改变，人们仍然主要依靠视觉和听觉来获取信息。这就意味着无论媒介发生了怎样的变化，营销活动始终离不开人们的视觉和听觉，音频也因其解放眼睛的独特优势在用户的碎片化时间里更具优势。

（一）闭屏接收，营销触达更高效

闭屏即关闭手机屏幕，音频类媒体在信息传播的过程中，把人类的眼睛解放出来，广告或营销内容可以更好地触达用户的耳朵。相比已经被过度开发的开屏视觉广告，音频新媒体平台有着闭屏优势，可以更有效地传递品牌信息。

（二）伴随体验，用户黏性更强

作为诉诸声音的媒介形式，音频新媒体形式具有场景和行为的伴随性。用户可以在不同场景和行为状态下收听音频内容。收听行为能够始终伴随着用户的需求。音频的伴随性对用户的时间、需求场景等状态要求较低，对休闲时间的侵入性小，更容易潜移默化地促进用户习惯的养成，提高用户黏性。

（三）代入感强，品牌认知更强烈

作为单一感官刺激的媒介形式，音频能够承载的信息容量有限，但这并不意味着用户无法从中获取深度的体验和感官刺激。优质的音频内容具有较强的代入感，用户在收听内容的同时代入相应的情绪、认知共鸣。音频内容与品牌相结合，可以加深用户的理解和记忆，推动用户的认可和共鸣，形成对品牌的认知和忠诚。

（四）场景植入，营销影响更广泛

音频新媒体营销的内容分发载体不只是单一的智能手机，而是包括卧室、厨房、卫生间、汽车等场景中的各种智能硬件，可以最广泛地覆盖用户时空。音频新媒体平台也会通过数据分析，根据用户的个人偏好、收听习惯等进行相对精准的内容推送，并与各个应用场景下的智能终端整合，使得音频营销的内容和场景更加多元。

（五）内容定制，营销接受度更高

相对其他媒体形式，音频类内容的制作门槛较低，这就为企业进行内容定制提供了可能性。用户可以选择定位相符的节目进行营销软植入，也可以结合自身的产品特性进行节目定制。定制的音频内容符合产品的特征与用户的习惯，更容易被目标用户接受和认可。

二、音频新媒体的平台类型

目前主流的综合类音频新媒体平台有喜马拉雅、蜻蜓 FM、荔枝等。随着技术的发展，音频内容的制作工具不断涌现，并且操作越来越便捷易学。越来越多的音频媒体平台降低了用户自制内容的门槛和权限。不管是企业自建品牌账号，还是与音频达人主播或音频媒体平台进行商业合作，音频新媒体营销的蓝海正在被更多的企业和个人关注。

（一）喜马拉雅

喜马拉雅是目前中国用户使用规模最大的综合类音频分享平台，移动端应用程序于2013 年正式发布。在上线之初，喜马拉雅选择了有声读物和 PUGC+UGC 的模式。这为喜马拉雅后来拥有海量音频内容奠定了基础，与传统电台形成差异。喜马拉雅拥有市场上 70% 畅销书的有声版权和 85% 网络文学的有声改编权，以及超过 6600 本英文原版畅销有声书的版权，丰富的版权资源为喜马拉雅奠定了平台发展的基础。有数据表明，在移动互联网下半场，音频将占据用户四分之一的时间。庞大的用户群体、丰富的内容品类、入耳入心的音频媒体品质背书，为喜马拉雅吸引了一大批机构、品牌如欧莱雅、天猫的关注和入驻。

1. 平台概况

作为综合性音频平台，喜马拉雅音频内容丰富，涵盖有声读物、新闻、综艺、相声评书、音乐、教育培训、健康养生、广播剧等多个领域。截至 2020 年年底，喜马拉雅手机用户超过 6 亿，主播数量突破 700 万，活跃用户日均使用时长达到 170 分钟，原创音频内容超过1 亿条，有 20 万实名认证的明星、大咖入驻。如果把喜马拉雅比作广播电台，那么其用户体量已经超越全国广播电台的总和，是音频领域不可忽视的行业巨头。（数据来源：艾瑞咨询）

2. 用户侧写

喜马拉雅是总用户数据突破 6 亿的头部音频新媒体平台。在喜马拉雅的用户中，男性用户占了将近 52%，男女比例相对均衡。这从侧面反映了平台内容的丰富性，既照顾了男性用户，也照顾了女性用户。

从年龄层次上看，几乎覆盖了全年龄阶段，但 24 岁～36 岁的用户占了总用户数量的60%，是喜马拉雅的主体用户。这部分用户处于事业一个上升到成熟的过渡时期，更愿意为优质内容以及知识付费。

从地域分布上看，广东、山东、河北是使用区域占比前三的省份，不同于早期豆瓣 FM用户主要集中在北京、上海这样的超一线城市。这表明在普通的一、二线城市，人们普遍具有良好的教育背景，但又有相对于超一线城市比较慢的生活节奏，音频内容接收及付费的意愿也更为强烈。

从活跃时段上看，全天的第一个使用小高峰在早上 8 点～9 点，中午 12 点～1 点为第二个高峰时段，除去午夜时间，喜马拉雅在其他时间段虽没有形成高峰但也表现不俗。（数据来源：艾瑞咨询）

2020 年 9 月喜马拉雅研究院发布《夜听经济趋势报告》，报告指出，在音频领域，夜听已成为用户的重要使用场景，其中睡前是夜听经济中收听率最高的一个场景。助眠音乐、儿童故事、有声书等音频内容是夜听用户选择较集中的音频内容领域。在所有的夜听用户中，平均入睡时间接近 24 点，24 点后仍有大约 10% 的用户未入睡。截至 2020 年 8 月底，喜马拉雅夜听用户数比 2018 年同期增长 167.15%，同时活跃夜听用户收听时长达到 117 分钟，2019 年、2018 年这一数据分别为 112 分钟和 106 分钟。北、上、广、深等一线城市夜听用户数名列前茅。夜听用户中"80 后"和"Z 世代"占比最高，如图 8-2 所示。

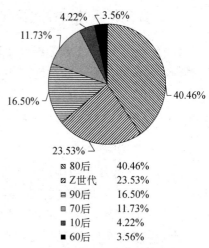

80后	40.46%
Z世代	23.53%
90后	16.50%
70后	11.73%
10后	4.22%
60后	3.56%

图 8-2 夜听用户年龄分布图

（二）蜻蜓 FM

蜻蜓 FM 是一款音频网络应用，于 2011 年发布。蜻蜓 FM 上线之初主打广播电台，聚合了国内外 3000 多家电台，被称为"网络收音机"，一度被评为收听广播电台的最佳工具。在内容生产上，蜻蜓 FM 主打 PGC 内容，邀请传统电台主持人、意见领袖和自媒体人入驻平台。相较于其他音频新媒体平台，蜻蜓 FM 的一个重要优势在于平台 PGC 主流模式能保证音频内容质量；在内容布局上，蜻蜓 FM 着眼于"通识付费"，主打人文类的内容，走"品质内容，文化领军"线路，这是蜻蜓 FM 的内容特色；在流量获取上，蜻蜓 FM 通过移动互联网及物联网生态合作方式，覆盖用户几乎所有的生活场景，从多维度的场景获取流量。

1. 平台概况

随着平台的发展以及音频内容的不断丰富，蜻蜓 FM 已经发展成为集文化、财经、科技、音乐、有声书等多类型音频内容于一体的综合性音频平台，居行业头部前三的位置。截至 2020 年年底，蜻蜓 FM 的总用户规模超过 4.5 亿，月活跃用户量超 1 亿，日活跃用户量超 2500 万，平台收录全国 3000 家广播电台的音频广播内容，实名认证主播数量超过 35 万，用户每日累计收听时长超过 2800 万小时。

2. 用户侧写

从用户性别分布上看，蜻蜓 FM 有将近 70%的男性用户，由此可见，蜻蜓 FM 的使用用户中男性居多；从年龄分布上看，25 岁～35 岁的用户占了将近 60%，这个年龄阶段的用户是大部分音频媒体平台争抢的核心对象；从地域分布上看，蜻蜓 FM 用户所在地理区位集中在一、二线城市，其中山东、广东、河北用户数量巨大，这与喜马拉雅用户在地域分布上重合。据蜻蜓 FM 的用户调研显示，75%的用户会每天使用蜻蜓 FM，且使用频率较高。

（三）荔枝

荔枝是国内最大的 UGC 音频内容生产平台，于 2013 年发布。与其他音频平台不同，荔枝认为音频对于用户而言不仅仅是学习进阶的工具，更是维系情感的社交方式，因此从发布之初就带有了比较浓重的社交基因。2016 年，荔枝上线了语音直播功能，凭借语音直播，2018 年荔枝在营业收入与用户规模上大幅跃进，进入行业前三的位置。

荔枝的另外一个特色在于自下而上的 UGC 内容生产模式。荔枝平台的操作便捷，强调每一位普通用户的参与及互动。荔枝在 2013 年创立伊始就提出了"人人都是主播"的口号，

2020 年更改为"用声音，在一起"，社交属性成为荔枝最大特色的同时也带来了一定的局限。

1. 平台概况

与喜马拉雅、蜻蜓 FM 等音频新媒体平台相比，荔枝具有自己鲜明的内容和用户特色以及发展路径。社交基因、声音维系、草根狂欢等特征为荔枝聚合了一大批忠实用户。荔枝 2020 年第四季度移动端平均月活跃用户数为 5840 万，月活跃内容创作者数量为 570 万，累计超过 1.6 亿音频内容上传到平台，用户平均月度互动次数超过 25 亿次，移动端用户日均使用时长约 53 分钟。

2. 用户侧写

从性别上看，不同于男性用户高于女性用户的行业整体特点，荔枝上男女用户占比分别为 45%、55%，女性用户比重高于男性用户，这与荔枝上线之初情感、小清新的定位有关。

从年龄上看，25 岁～35 岁的用户占了将近 55%，低于行业平均水平，但荔枝用户中 24 岁以下的用户占了 30%，在同类平台中占比最高。可见，相较于其他音频 App，荔枝的用户要更为"年轻"。

荔枝用户分布地域集中在一、二线城市，聚集在北京、上海、深圳、广州的单身青年符合荔枝主要用户的特征。

（四）懒人听书

1. 平台概况

懒人听书是一款移动有声阅读应用，发布于 2012 年。相较于其他音频新媒体平台，懒人听书的垂直度更高，在有声书领域有较大优势。背靠盛大文学的版权库，拥有充足的原创内容，积累了超过千万个由用户创建的精品听单，覆盖国内 85% 原创文学内容的有声改版权。在内容品类上，以有声书为主打内容领域，配合有电子书、广播剧、脱口秀、知识付费、相声评书、音频 FM、曲艺戏曲等。在终端渗透方面，懒人听书推出车载定制版 App、搭载了 App 服务的智能音箱、儿童陪伴机器人、智能电视及扫地机器人等硬件，正极力拓宽移动音频的应用场景。

2. 用户侧写

从性别上看，懒人听书用户中男性占比为 63%，剩余 37% 为女性；从年龄上看，24 岁以下用户占比 24%，25 岁～30 岁用户占比 30%，31 岁～35 岁用户占比 27%，36 岁～40 岁用户占比 13%，41 岁以上用户占比 7%，年轻用户居多；从地域分布上看，懒人听书用户集中在一、二线城市，其中山东、河南、广东三省用户数量在省份中占据前三。懒人听书的用户希望通过音频达到娱乐放松、获取资讯的目的，用户付费意愿较低。

三、音频新媒体的对比选择

"音频营销""耳朵经济"是这几年一再被提及和关注的领域。音频新媒体平台的营销价值主要体现在两个方面：一方面是经过数年的耕耘，实现了丰富优质的内容构成；另一方面，通过内容聚集起海量用户，且用户群体的年龄跨度广、特征差异显著。用户对音频内容的持续收听转化为用户的忠诚度，二者相辅相成，构成了音频新媒体平台的媒体价值和营销基础，音频新媒体营销也成为一片新的战略蓝海。

（一）对比分析

企业或个人在进行音频新媒体营销的过程中，可以自建音频账号、自制音频内容，也可以选择与音频主播或平台直接合作。不管哪种方式，都需要我们对平台的属性特征、用户侧写有一个清楚的认知。四款主流音频新媒体平台的业务特征和定位优势分析如表 8-1、表 8-2 所示。

表 8-1　音频新媒体平台业务特征分析表

产品	核心业务	业务 1	业务 2	业务 3
喜马拉雅 全品类音频 聚合平台	平衡的 PUGC 音频（变现） 包含有声书、知识付费、娱乐等	音频直播 综合类直播+互动	社区 动态+圈子+评论	电商 官方+主播商 城+智能硬件
蜻蜓 FM 综合类音频 聚合平台	PGC 音频（变现） 以优质 PGC 内容为主，包含传统电台及 电视内容等	UGC 音频 PGC 音频的补充	音频直播面向男 性用户+PGC 内容+交友	
荔枝 音频直播社区	UGC 音频 以 UGC 内容为 主，包含多种类 型的博客	音频直播（变现） 交友互动+面向女性 用户+小众	社交 陌生人交友（音频 聊天）	游戏 唱歌+狼人杀
懒人听书 综合性有声阅 读平台	PUGC 有声书 （变现） 有声阅读	PGC 非有声书内容 知识付费+节目	看书 网络文学	UGC 音频 包含汽车、娱乐 等非文学内容	社区 听友会

表 8-2　音频新媒体平台定位优势分析表

类型	品牌口号	优势特点
喜马拉雅	每一天的精神食粮	音频产品中内容最多最全；个人可以申请认证主播，但有一定的要求； 用户规模大，但有一定的要求
蜻蜓 FM	更多的世界，用听的	跨地域收听，且包含港澳台及欧美热门地区电台，电台数量多、范围 广；车载模式单手触控，方便快捷；支持硬件 FM 收听
荔枝	用声音，在一起	无条件支持个人开设专属主播；有强大的录制功能，自动降噪无须处 理；UI 设计相对清新文艺
懒人听书	解放双眼 畅听世界	特征明显，垂直阅读

（二）选择策略

从上述对比分析中我们可以看出，喜马拉雅内容品类较为全面，且用户群体庞大。此外，喜马拉雅 INSIDE 系统与阿里、小米、华为、百度、三星等 2000 多家合作伙伴进行深度合作，将有声内容渗透到生活中各个智能终端和场景中，推出了全内容智能 AI 音箱——小雅，开始在人工智能领域布局，打造物联网时代人们获取信息最便捷的入口，为企业和个人的音频新媒体营销提供了多元的应用场景。

荔枝对个人主播的支持力度最大。荔枝平台的品牌口号是"用声音，在一起"，重视 UGC 的内容创作。对于想通过自建音频账号实现营销目标的企业或个人，荔枝平台是很好的入驻选择。但荔枝的用户群体相对年轻，成熟用户群体的优势并不凸显，主打年轻人市场的企业可以重点考虑。

蜻蜓 FM 主打的内容聚焦在直播，与传统电台有着较为紧密的合作。懒人听书的垂类特征明显，同时设立了自己专门的机构专区，如果企业在图书、音像等领域拥有专业的音频版权和制作团队，懒人听书是契合度较高的入驻平台。

【实训任务】

一、实训目的

通过对不同音频新媒体平台典型账号的分析，熟悉各平台的优势领域和内容特征，为账号在进行音频新媒体营销和运营时的入驻选择、账号定位、内容规划、KOL 合作、商业投放等提供决策参考。

二、实训项目

喜马拉雅账号的定位与内容规划。

三、实训资料

林州滑翔相关资料见项目五。

四、实训步骤

1. 分别以"旅行""体育"等为关键词在喜马拉雅或其他音频 App 上进行主播搜索。每个领域下选择 3～5 个典型账号，查看并收听相关内容，完成表 8-3。

表 8-3 典型账号分析表

平台	账号名称	账号类型 （个人/企业/政府机构等）	账号简介	账号数据 （粉丝数/内容数/获赞数等）	内容特点
旅行	恋景旅行 App				
	旅行新坐标				
	星期八户外旅行				
	……				
体育	体育新生代				
	贝迩蒙特体育				
	喜马体育				
	……				

2. 结合平台的属性特征和用户侧写，为林州滑翔创建音频账号，明确账号定位及内容规划并完成表 8-4。

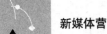

表 8-4   音频账号定位及内容规划

音频账号定位	
账号创建目的	
账号名称	
账号头像	
账号简介	
选择平台	□荔枝　□蜻蜓 FM　□喜马拉雅　□其他　其他请写明平台：＿＿＿＿＿＿
平台选择原因	
账号拟创建声音专辑名称	
专辑主要内容简介	

3. 登录喜马拉雅主页的"创作中心"—"创作学院"进行"新手入门"知识模块的学习。

五、实训评价

实训评价如表 8-5～表 8-7 所示。

表 8-5   小组自评表

小组自评表（得分可采用十分制/百分制/五星制）				
小组成员	承担工作	工作完成情况	个人得分	小组综合得分
		□未完成□完成□超额完成		
		□未完成□完成□超额完成		
		□未完成□完成□超额完成		
……	……			
问题自查				
改进措施				

表 8-6   小组互评表

小组互评表（得分可采用十分制/百分制/五星制）			
	评分细则	细则得分	小组综合得分
小组名称	账号目标用户分析状况		
	账号定位设计情况		
	账号专辑规划情况		
	……		
存在问题			
改进建议			

表 8-7　小组评价表

教师评价表（得分可采用十分制/百分制/五星制）			
小组名称	评分细则	细则得分	小组综合得分
	团队分工协作精神：小组实训过程任务分工及团队协作情况		
	账号定位能力：目标用户特征分析情况、音频内容选择		
	账号内容规划能力：是否符合品牌和产品特色		
	……		
存在问题			
改进建议			

【案例分析】

从《大国算力》管窥联想的音频新媒体营销

2022 年北京冬奥会带动了 3 亿人参与冰雪运动，推动了体育产业向 5 万亿市场规模更进一步，"火"出圈了冰墩墩 4 亿美金的冬奥文创产品收入……还有各种服务冬奥的高科技，其中就包括联想超算技术支持下的"分钟级、百米级"气象预报能力。

2022 年北京冬奥会是近 20 年内唯一一次在大陆性冬季风主导的气候条件下举办的冬季体育赛事，气象预报精确度也变得极其重要。在联想超算技术的支持下，冬奥气象中心的核心业务计算能力提高了近 20 倍，具备了"分钟级、百米级"气象预报能力，达到了历届冬奥会的最高水平。如何让"联想品牌引以为傲的超算业务，突破行业边界和认知门槛，为更多人所熟知"也成了联想品牌营销部门的一个重要课题。在多方考量后，联想选择和喜马拉雅打造了一档由流行病学专家、冬奥会冠军、动画电影导演和百万科普 UP 主联动的硬核科技播客《大国算力》，来"拆解"复杂的超算业务。《大国算力》由联想喜马拉雅官方账号"联想脑电波"发布，共计有 1377 多万次的播放量。"联想算力助力科技强国，新 IT 赋能新世界"的品牌形象也随着音频节目得到了更广泛的传播。

思政小课堂：科技赋能奥运，彰显大国实力

当今世界，各类全球性难题层出不穷。北京冬奥会克服种种困难成功如期举行，向世界表明，捍卫奥林匹克精神、"一起向未来"的力量不可阻挡。精彩纷呈的北京冬奥会更是全世界一切爱好和平、追求团结合作和共同发展进步的人们的胜利。科技赋能奥运、声音传递价值，《大国算力》彰显大国实力。

思考：

1. 在喜马拉雅上收听《大国算力》音频节目，思考联想为什么选择音频新媒体平台。

2. 查看该账号的其他声音专辑，分析其内容有何特点。

模块二　音频新媒体平台的使用功能

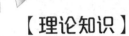

【理论知识】

音频类新媒体平台类型多样，每个平台的特色和优势内容领域各不相同，下面以喜马拉雅为例，介绍音频新媒体平台的主播认证和使用功能。

（一）主播认证

在喜马拉雅上自建音频账号进行新媒体营销，首先需要注册账号，通过主播认证后才能发布内容。点击主页的"上传"首先进入的是认证页面。喜马拉雅的主播认证包括个人认证和机构认证共 2 大类 5 小类，如表 8-8 所示。

表 8-8　账号认证要求、材料及权益

类型	认证要求	认证材料	认证权益
个人实名认证	个人真实身份信息	真实身份证明材料	自制内容发布
名人大咖认证	名人大咖认证需要首先完成个人实名认证	真实身份证明材料；知名社会身份的岗位证明或代表作证明；平台网红大咖在微博、微信公众号、头条、简书、抖音等平台的个人主页链接	专属认证标识；多种工具权益上传内容；更新 6 期以上节目即可获得平台推荐；单期节目播放量达 10 万可获得商业变现
机构认证	提供相应材料并保证材料真实有效	统一社会信用代码；营业执照；机构账号开通授权书；运营人员身份证及手持身份证照片	
MCN 机构认证	有成熟的知识付费业务，如付费品牌机构、孵化平台、垂类 App、PGC 生产者等；有付费业务专职部门，如有新媒体部、线上业务的出版社、杂志社、媒体等；有在线培训产品，如有线上课程培训机构，英语&K12 教育机构、高等院校等；其他致力于知识内容生产、内容变现或有资源的机构	统一社会信用代码；营业执照；机构账号开通授权书；运营人员身份证及手持身份证照片	专属标识；高效的营销工具帮助粉丝沉淀转化；多维度的数据分析帮助内容优化；个性化的账号装修丰富品牌形象，提高销售转化
品牌企业认证	提供相应材料并保证材料真实有效	统一社会信用代码；营业执照；机构账号开通授权书；品牌授权书；品牌商标注册认证书；运营人员身份证及手持身份证照片	海量声音资源获取；多重推广、精准投放，高效实现营销目标；高效的营销互动工具，帮助品牌持续产生生产力

（1）喜马拉雅平台上任何作品的发布，都需要账号进行真实性认证。真实性认证需要本人通过移动端完成，在认证的过程中按要求拍摄身份证正反面信息，不能提前拍好直接上传。

（2）喜马拉雅的名人大咖认证包含"知名社会身份"和"平台红人大咖"两个类型，如图 8-3 所示。不同类型的认证所提交的材料有所不同。

图 8-3　喜马拉雅名人大咖认证页面

（二）使用功能

1. 主播后台

登录喜马拉雅后点击主页面右上方"主播后台"可以进入主播的管理页面。在页面左侧的功能栏，可以实现账号主播对内容的管理、分析及权益获取。

（1）节目。点击节目中的"上传节目"可以对制作的内容进行上传。喜马拉雅提供的内容形式有音频、视频以及有声 PPT 三种类型。音频的格式要求 64Kbps 以上，不超过 200MB；视频以横屏为主，宽高比为 16:9，不超过 2GB；有声 PPT 可插入 100 张图片，搭配声音和文字，满足文图讲解功能。同时可以创建专辑以及对内容进行定时发送，如图 8-4 所示。

图 8-4　喜马拉雅音频内容上传页面示例

（2）直播。年满 18 周岁且经过实名认证的账号可开通喜马拉雅的直播功能，直播内容可以在主播界面进行回放。喜马拉雅不会对账号的直播视频、音频、文字等内容进行编辑和加工，但这些内容应符合平台规范。在主播后台左侧功能列表中的"直播"—"我的工具"中可以开通账号的直播功能，如图 8-5 所示。

图 8-5　喜马拉雅主播后台页面示例

（3）设置。在账号主播后台管理页面左侧功能栏的"设置"模块，经过认证的名人大咖、机构、MCN 机构以及品牌企业，可以对账号进行个人页面的装修和配图，如图 8-6 所示。经过装修的账号页面能很好地凸显品牌标识和品牌特征，提高账号的权威公信力。

图 8-6　喜马拉雅账号装修示例

（4）推广。喜马拉雅平台同样也提供了账号的推广功能。在主播后台左侧的"推广"列表中，"流量扶持"是专门针对中小主播的扶持计划，如图 8-7 所示。平台会根据主播专辑的综合数据进行评估，通过评估的专辑将获得在平台首页展示的机会，能有效增加曝光量。"声播"则是平台商域流量的加持。

图 8-7 喜马拉雅流量扶持入口及展位示例

2. 录音

录音功能是账号进行内容生产的重要辅助工具之一。在喜马拉雅移动端"账号"页面下，可以看到平台的录音功能，如图 8-8 所示。在录音功能页面上，喜马拉雅提供了"音效""配乐""美化""特效"等设置选项，来帮助账号运营者更好地进行内容输出，如图 8-9 所示；在录音准备阶段，账号运营者可以选择为录音匹配字幕；在录音初始界面，有平台提供的锦囊入口，帮助账号生产出更优质的内容；在音频录制过程中，可以完成剪辑、重录等操作，时长大于 4 秒才可以对录音进行编辑，完成后即可通过主播后台进行上传。

图 8-8 喜马拉雅账号主页面

图 8-9 喜马拉雅录音功能后台页面

3. 直播

除了音频外，喜马拉雅还提供直播功能。在移动客户端"账号"页面下，可以对直播预告和直播领域进行设置，如图 8-10 所示。喜马拉雅开通直播需年满 18 周岁并且是中华人民共和国公民，未满 18 岁的未成年人在有监护人的情况下也是禁止直播的。

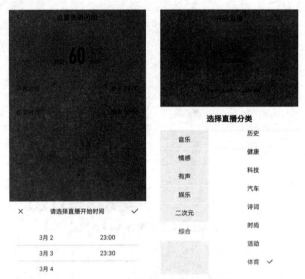

图 8-10　喜马拉雅直播设置页面

　　申请开通直播前，需要在喜马拉雅平台完成认证，并提供保证真实、准确且合法有效的个人身份信息、联系方式。个人信息或联系方式发生变更，需及时进行更新。喜马拉雅的直播预告范围为 30 天，间隔时间为 30 分钟。关于直播的策划执行与营销策略，将在本书直播新媒体营销项目中进行详细介绍，这里不再做过多的叙述。

【实训任务】

一、实训目的

　　通过喜马拉雅的主播认证、内容制作与发布，掌握音频新媒体平台的平台特征、内容规范以及后台操作的各项使用功能。

二、实训项目

　　喜马拉雅的主播认证和内容发布。

三、实训资料

　　林州滑翔相关资料见项目五。

四、实训步骤

　　1. 登录喜马拉雅主页的"创作中心"—"创作学院"进行"平台政策""创作进阶"两

个知识模块的学习。

2. 为所创建的账号选择或创作音频内容，完成表8-9。

表 8-9 内容选择或创作练习表

内容选择或创作练习	
内容来源	□原创内容　　□改编内容　　□剪辑内容
内容主题	
内容时长	
内容亮点	
内容录制所需人数及性别	
内容录制所需的工具和设备	
内容录制所需声音特征	
内容录制的文字稿件	

3. 结合上述材料，使用手机软件完成录音，并进行剪辑制作。

4. 在喜马拉雅上为林州滑翔注册官方账号，完成主播认证，并发布录制的音频内容，观察账号的启动和运营情况。

五、实训评价

实训评价如表8-10～表8-12所示。

表 8-10 小组自评表

小组自评表（得分可采用十分制/百分制/五星制）				
小组成员	承担工作	工作完成情况	个人得分	小组综合得分
		□未完成　　□完成　　□超额完成		
		□未完成　　□完成　　□超额完成		
		□未完成　　□完成　　□超额完成		
……	……			
问题自查				
改进措施				

表 8-11 小组互评表

小组互评表（得分可采用十分制/百分制/五星制）			
小组名称	评分细则	细则得分	小组综合得分
	音频清晰度		

（续表）

小组名称	评分细则	细则得分	小组综合得分
	音频完整度		
	特殊音效使用效果		
	音频对目标用户吸引力		
	……		
存在问题			
改进建议			

表 8-12　教师评价表

小组名称	教师评价表（得分可采用十分制/百分制/五星制）		
	评分细则	细则得分	小组综合得分
	团队协作：小组实训过程任务分工及团队协作情况		
	账号定位：目标用户特征分析情况、音频内容选择		
	音频制作：音频录制及剪辑效果、特殊音效使用情况		
	创意能力：音频内容能否体现创新创意		
	营销意识		
	……		
存在问题			
改进建议			

【案例分析】

中国移动的《宇宙电台》"链接 5G 无限可能"

近年来，随着"耳朵经济"的崛起，众多音频新媒体平台都完善了自己的营销布局。喜马拉雅营销中心通过播客、IP、事件、场景等多种方式，为企业和个体打造音频新媒体的营销解决方案。

2021 年 5 月，喜马拉雅携手中国移动，联动中国首批商业航天公司之一的天仪研究院打造了首个外太空概念电台"宇宙电台"，面向站内外受众征集初代地球发声联盟，并设置五大了发声主题 FM：喜悦暴击、人生遗憾、未来情书、宇宙 Flag、灵魂拷问，让每一个微而足道的声音和那些尚未妥帖安放的心声都能被星辰温柔接收。

活动在为全网用户打造一场沉浸式链路体验的同时，也巧用宇宙电台与移动 5G 通信之间共同的"链接者"特质，深度传达中国移动"链接 5G 无限可能"的主张。活动发布期，30+播客倾情加盟示范喊话，号召粉丝和听众加入"初代地球发声联盟"，通过留言发声，参与录音次数高达 5.6 万+；甄选的 100 条声音通过天仪卫星发向宇宙，同时也集结中国移动 5G "未来情书"在全网发布。

思政小课堂：传承航天精神，筑梦精彩人生

中国航天能有今日的成就正是由于中华民族的民族尊严与自豪精神的托举。这种精神，就是载人航天精神——特别能吃苦、特别能战斗、特别能攻关、特别能奉献，这也成为民族精神的宝贵财富，激励一代代航天人不忘初心、继续前行。

思考：

1. 分析《宇宙电台》能够成功的关键有哪些？

2. 关注喜马拉雅账号"三体宇宙"，收听其广播剧《三体》，分析《宇宙电台》有何特点。

模块三 音频新媒体营销的策略技巧

【理论知识】

目前主流音频新媒体平台拥有较大的用户基础，部分用户已经形成为内容付费的习惯，同时音频是一种场景友好型的内容传播形式，营销潜力巨大。新媒体营销的主要形式有自建品牌官方账号、KOL 达人主播合作、平台商业推广合作三种，音频新媒体营销同样从这三个方面进行。

一、音频新媒体的营销策略

（一）自建品牌官方账号

音频新媒体营销需借助平台或主播来实现营销目标，如果具备优质音频内容制作能力，可以选择在平台上创建经过认证的官方品牌账号，制作与产品、品牌领域相关的音频内容，引导用户购买或导流到社群及企业其他新媒体平台进行二次营销，例如：母婴类商品可以制作以育儿知识为主题的音频内容，以此吸引目标用户并向社群或店铺进行导流，实现商品销售或品牌曝光的目的。如果产品本身是课程、知识等，可以直接通过内容付费在平台实现变现。

企业自建的官方账号需要与企业自身的品牌调性相契合。一般的品牌音频账号有知识攻略、达人互动、幽默娱乐、活动传播、心灵美文等类型。企业的官方音频账号也要结合企业自身特点，找准定位。

（二）KOL 达人主播合作

如果不具备音频内容创作的能力或者想在短时间内吸引大量用户达到相应的营销目的，可以选择与平台或 KOL 达人主播进行合作，共同打造品牌专属栏目或赞助大 IP 节目。使用这种方式时需要注意节目的选择，如节目的收听者同目标用户的匹配度等因素，匹配度越高营销效果越好。同时也要注意主播的互动，主播互动是粉丝参与感最强的一种音频营销形式。在这种形式中，主播与用户粉丝一起参与到线下线上的各种活动中，如旅行、美食、游

戏观影等，通过主播的互动，有效地进行品牌价值的输出。

一般来说，品牌自行注册、建立电台营销，需要一定的粉丝积累时间，并且需要企业有能力持续输出优质音频内容。与平台主播合作，可以享受平台推荐，借助主播的影响力和创意能力在短时间内起到营销效果，但价格不菲，企业应结合实际情况进行选择。

（三）平台商业推广合作

除了上述两种形式外，企业还可以根据音频新媒体平台的属性特征和用户规模，选择购买平台的商业推广服务。在购买之前首先要对企业品牌或产品的目标用户进行画像，用户画像决定了企业在进行音频新媒体营销时的平台选择、合作方式及合作内容。

一般的商业推广类型包括平台的专属栏目、IP 合作、页面广告、开屏广告等。这种形式的成本支出较高，但在一定程度上弥补了自建账号粉丝积累时间长、短期内效果不明显的不足。使用这种方式时，要充分利用各种智能化的平台分析工具，对各大音频平台的用户特点和平台属性进行分析，辅助选择。此外，可以与平台联合进行营销广告的策划和内容的制作，谋求效益的最大融合。

二、音频新媒体的运营技巧

（一）内容优质、形成特色

想达到营销目标就必须保证音频内容足够优质，以营销为目的的音频需要内容优质被用户喜欢，品牌信息植入自然，能为意向客户提供引导。用户的喜爱是吸引用户、留存用户的基础，品牌信息植入是企业的需求，引导用户是为了提高转化。观察模仿、研究标杆能够帮助企业账号快速把握音频内容的大方向，但在观察模仿的同时要尽快形成自己的特色，这个特色可以是独家的内容也可以是主播独特的风格。

（二）磨炼技能，素材积累

作为企业音频新媒体营销运营团队的工作人员，要不断提高声音表现力和音频剪辑能力，为听众打造听觉盛宴。团队中的主播要用自己的声音为内容加分，其他策划执行人员要在日常创作中注意素材的积累，如开场、提示音、各种声音效果、不同风格的配乐，不断丰富自己的音频素材库。

（三）分析数据，加强互动

任何形式的营销都要及时回顾总结，通过数据分析营销中存在的问题，及时做出调整。运营人员要对每段视频的播放量、订阅数等数据进行分析，把握用户变化，及时进行调整和优化；对留言普遍反映的问题要给予重视，对表达喜爱、鼓励的用户及时予以回应；进行语音直播，加强与粉丝的互动，提高参与感和积极性。

（四）方式联动，外部导流

企业应当将音频新媒体营销看作企业营销布局的一环，可以将其他营销方式积累的用户向企业的官方音频账号导流，同时将音频新媒体平台积累的粉丝向其他官方账号平台导流，以实现营销效果的最大化。例如：知识付费型产品一般通过社群营销起家，但在音频新媒体平台也可以制作相关内容，并对粉丝进行引导，起到互相促进的效果。

【实训任务】

一、实训目的

通过对喜马拉雅账号的内容生产和持续运营，掌握音频新媒体的营销策略和运营技巧。

二、实训项目

喜马拉雅账号的运营和内容优化。

三、实训资料

林州滑翔相关资料见项目五。

四、实训步骤

1. 登录喜马拉雅主页的"创作中心"—"创作学院"进行"账号运营""商业变现"两个知识模块的学习。

2. 对注册的音频账号进行持续运营，观察各种数据反馈，对账号进行优化提升。

五、实训评价

实训评价如表 8-13～表 8-15 所示。

表 8-13　小组自评表

小组自评表（得分可采用十分制/百分制/五星制）				
小组成员	承担工作	工作完成情况	个人得分	小组综合得分
		□未完成　□完成　□超额完成		
		□未完成　□完成　□超额完成		
		□未完成　□完成　□超额完成		
……	……			
问题自查				
改进措施				

表 8-14　小组互评表

小组互评表（得分可采用十分制/百分制/五星制）			
小组名称	评分细则	细则得分	小组综合得分
	内容发布频率		

（续表）

小组名称	评分细则	细则得分	小组综合得分
	内容反馈数据		
	优化提升效果		
	……		
存在问题			
改进建议			

表 8-15　教师评价表

小组名称	教师评价表（得分可采用十分制/百分制/五星制）		
	评分细则	细则得分	小组综合得分
	团队协作：小组实训过程任务分工及团队协作情况		
	账号运营：是否持续运营		
	数据反馈：粉丝数、播放量、关注数等数据反馈		
	提升改进：是否有明显提升		
	……		
存在问题			
改进建议			

【案例分析】

《同里时光》开创景区"声态营销"新纪元

2016 年 2 月至 12 月，荔枝以音频平台为抓手为同里古镇打造 360 度营销，如图 8-11 所示，缩短了同里古镇与年轻人之间的距离。面对江浙其他古镇的同质化竞争，同里古镇迫切需要打造差异，与荔枝的合作为其在景区视觉元素之外找到了听觉的突破口。

图 8-11　荔枝打造的同里古镇营销

荔枝为同里古镇打造了景区 360 度声态营销。通过《同里时光》节目定制、同里播客大赛、声音邮局、同里直播间、同里文创空间等多个项目，让景区形象更立体饱满，开创了景区"声态"营销新纪元。

荔枝为同里古镇独家打造了《同里时光》品牌播客，围绕同里的美景、人物、民风进行创作；更通过 VR 技术还原景区的真实 3D 声音，打造同里古镇年轻化的声音名片。

活动助力。征集用户与同里之间发生的故事，吸引各大人气主播参与大赛，讲述一个个发生在小桥流水人家的美丽邂逅，用年轻人自己的故事影响不同圈层的年轻人。

特色有声明信片。荔枝推出重磅声音实景互动项目——声音邮局。用户可以在邮局内进行录音，并打印成带二维码的有声明信片，把自己在同里的所见所感用带有温度的声音传递到远方，也使景区年轻化的形象随着有声明信片得到广泛传播。

利用直播互动。荔枝在同里开设直播间，与景区音频系统打通。游客可以录制声音游记，更可以在直播间向喜欢的人倾诉、表白。

在长达 10 个月的营销项目执行期间，年轻游客对景区的喜好度提升了 35%，同里时光播客成为荔枝最受用户喜好的十大品牌播客之一。从整个合作看来，通过音频来传播同里古镇，是在传统的视觉传播之外开辟的新道路。音频传播的独特体验也使同里古镇新增了一批年轻粉丝。通过音频开展和传播多样化的互动活动，使同里古镇不再仅仅是逐渐老去的、千篇一律的古镇景点，而是年轻的、个性明朗的文艺潮流聚集地。

思政小课堂：鉴赏中国古建，品味传统文化

同里退思园由清朝官员任兰生被罢官返回故里后建造，园名引自《左传》中的"林父之事君也，进思尽忠，退思补过"之意。退思园设计独到巧妙，将春、夏、秋、冬和琴、棋、书、画全部融入园中。园林家陈从周曾评价道："任氏退思园于江南园林中独辟蹊径，具贴水园之特例，山、亭、馆、廊、轩、榭等都贴水面，园如出水上"。

思考：

1. 声音直播与视频直播相比有哪些优势？
2. 什么场景下更适合声音直播？

项目九　视频新媒体营销

【项目目标】

一、知识目标

（1）了解视频新媒体的营销界定。

（2）了解视频新媒体的营销价值。

（3）掌握视频新媒体营销平台的使用功能。

（4）掌握视频新媒体营销的策略技巧。

（5）掌握不同视频新媒体平台的特征和区别。

二、能力目标

（1）具备视频内容制作和传播的能力。

（2）具备视频新媒体营销平台账号营销定位和运营的能力。

三、素养目标

（1）培养新媒体运营者思维。

（2）培养新媒体营销的创新意识。

（3）培养新媒体从业者视角的互联网敏感度。

（4）培养新媒体工作岗位的专业素养和职业精神。

（5）培养运用视频新媒体发现美好、传承文化的意识和能力。

四、岗位目标

具备企业视频新媒体营销运营专员的岗位素质和能力。

【内容结构】

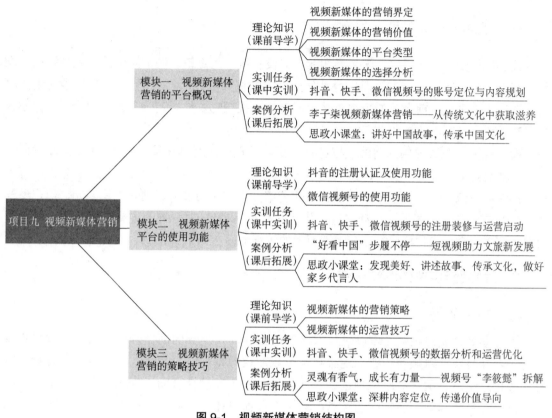

图 9-1　视频新媒体营销结构图

模块一　视频新媒体营销的平台概述

【理论知识】

　　视频不是我们这个时代所特有的信息传播形式，传统的视频主要依托电视媒体进行传播。在互联网时代，视频的传播媒介开始由电视转移到网络。随着网络速度和技术手段的不断提升和进步，视频也因其信息量大、内容生动、易于引起关注等特点成为人们日常信息接收和传播的主要形式。技术的发展带动媒体形式的变化，从而引起营销方式的变革，视频新媒体营销也得到企业和个人的重点关注和认可。

　　由于传统的电视视频输出模式单一，难以与用户形成深度互动，播出内容和时间受到较

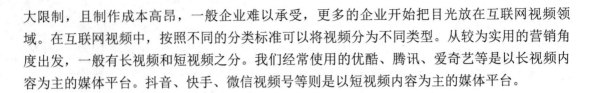

大限制，且制作成本高昂，一般企业难以承受，更多的企业开始把目光放在互联网视频领域。在互联网视频中，按照不同的分类标准可以将视频分为不同类型。从较为实用的营销角度出发，一般有长视频和短视频之分。我们经常使用的优酷、腾讯、爱奇艺等是以长视频内容为主的媒体平台。抖音、快手、微信视频号等则是以短视频内容为主的媒体平台。

一、视频新媒体的营销界定

关于短视频的时长界定，学术界和业界尚没有统一的定论。快手给出的短视频行业标准是"竖屏，57秒"。今日头条则认为1分钟以内的视频应该叫"小视频"，短视频的主流时长应该在4分钟。目前主流的短视频平台都有关于视频时长的规定，平台不同，所允许推送的视频时长也不同，业界并没有就此有一个统一的界定。

根据对用户观看视频期间的数据进行分析，发现一般视频在播放到2~3分钟的时候，观看人数会显著下降；在6~12分钟，会有一个吸引用户兴趣的窗口；超过12分钟后每一秒钟都有用户流失。在本书中，视频新媒体营销专指创作门槛低、创作主体多元、用户参与性强且互动性高、主要通过移动端进行传播、时长不超过12分钟的视频营销形式，所介绍的视频营销平台也以传播度高、营销潜力大的短视频平台为主。

二、视频新媒体的营销价值

（一）互动性强

短视频平台或视频网站可以进行双向的交流互动，视频的创作者可以通过视频将想要传达的内容展现给视频观看者；观看者也可以通过评论、点赞等形式表达自己对视频内容的看法和建议，甚至针对原视频进行二次创作。这种互动性有助于视频内容的传播，同时可以拉近观看者和创作者之间的距离，对于企业而言还可以成为获取消费者反馈意见的途径之一。

（二）成本低廉

传统电视广告拍摄、投放的成本较高，而网络视频在创作、发布、传播上具备成本低廉的特点。网络视频尤其是短视频，如果内容能够抓住用户痛点、笑点、泪点就有可能引发裂变式传播，起到宣传推广的效果。同时，短视频对视频拍摄工具和技巧要求较低，如papi酱等博主的拍摄工具和拍摄场景极其简单，初期都是一个人完成创作、拍摄和后期制作。

（三）精准性强

主流视频平台的推荐机制和搜索功能使得网络视频营销的精准度大大提高。通常对商品和品牌感兴趣的用户才会对商品进行搜索，对视频内容感兴趣的用户才会持续关注账号。在进行分享时用户通常会将内容分享给同样感兴趣的朋友，这样视频能够被更多感兴趣的用户看到。

（四）形式多样

视频可以说是一种集图、文、音于一体的传播形式，能够呈现直观、立体的视听效果。

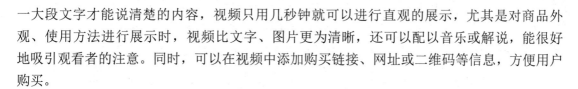

一大段文字才能说清楚的内容，视频只用几秒钟就可以进行直观的展示，尤其是对商品外观、使用方法进行展示时，视频比文字、图片更为清晰，还可以配以音乐或解说，能很好地吸引观看者的注意。同时，可以在视频中添加购买链接、网址或二维码等信息，方便用户购买。

（五）效果可量化

通过分析视频播放量、点赞量、评论量、转发量等指标数据，可以实现对营销效果的定量衡量。企业在不同平台投放视频，可以对比不同平台的视频投放效果，识别出最为有效的平台和内容，为后续的营销活动、视频创作提供指导。

三、视频新媒体的平台类型

（一）抖音

抖音是目前最热门的短视频平台之一，于2016年发布。抖音上线之初的定位是"年轻人的音乐创意短视频社交平台"，早期的抖音内容集中在时尚亮眼的年轻群体展示舞技上。2018年，抖音的品牌口号更改为"记录美好生活"，这一变化表明抖音的产品定位从单纯的音乐短视频社区转变为帮助用户表达自我、记录生活的短视频生态，这一改变为企业和个人借助抖音进行短视频营销带来巨大影响，使得抖音成为视频新媒体营销的主战场之一。

1. 平台概况

抖音是字节跳动公司旗下的一款短视频内容平台，凭借简单的操作、特色的呈现形式和完善的推荐机制在短时间内集聚了大量用户。平台迎合了年轻人爱玩、爱表达的特点，以音乐短视频社区为突破口收获了首批用户。随后，随着平台定位的改变，抖音在产品功能上也不断地进行迭代和升级。最初抖音的视频时长都不超过15秒，2019年平台相继开放15分钟视频和直播功能。

2. 用户侧写

抖音的用户中男性用户占比52%，女性用户占比48%。从性别上看，抖音男性用户略多，但总体比例较为均衡；从年龄阶层来看，19岁～35岁用户占比为61%，35岁以下的年轻群体依旧是抖音的用户主力，如图9-2所示。这个年龄层的用户正好处于刚结婚或结婚后刚生小孩的阶段，同时这类用户对新鲜事物接受能力强，对视频、网络十分熟悉，有较强的分享欲望。抖音用户的个人经历会对视频内容产生显著影响，2020年受新冠病毒感染疫情影响，"宅在家"主题的视频数量最多，在家自制美食、云运动、疫情防控、线上授课等内容成为抖音视频的重要内容。

从用户地域分布上看，一线、新一线、二线城市占比为39%，但三、四、五线及以下城市用户增幅显著，用户占比达到61%，下沉趋势显著，如图9-3所示。

从用户浏览时间上看，早上7点至深夜23点，用户的浏览量均保持较高水平，午间浏览量高峰出现在12点，晚高峰出现在20点，如图9-4所示。

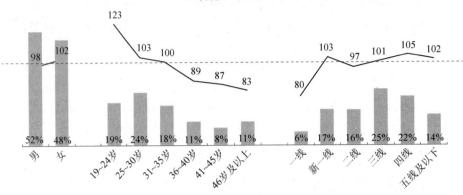

图 9-2　抖音用户属性图

注：TGI=[目标群体中具有某一特征的群体所占比例/总体中具有相同特征的群体所占比例]×标准数 100。TGI 指数等于 100 表示平均水平，高于 100 代表该类用户对某类特征的关注程度高于整体水平

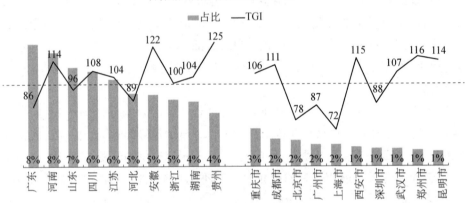

图 9-3　抖音用户省份、城市分布

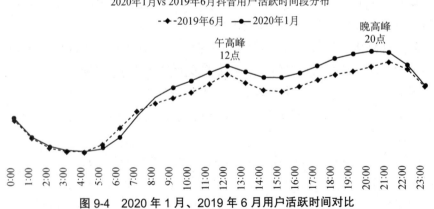

图 9-4　2020 年 1 月、2019 年 6 月用户活跃时间对比

　　在关注内容上，男性用户更关注演绎、影视、创意、汽车、运动、游戏等内容；女性用户更关注母婴、美食、创意、美妆、萌宠等内容，如图 9-5 所示。男女兴趣领域偏好存在较

大差异。（数据来源：QuestMobile）

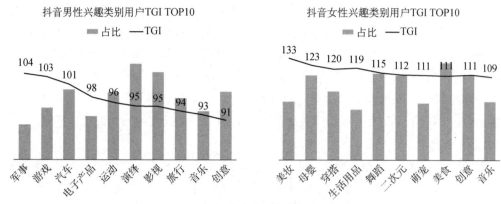

图9-5　抖音不同性别用户群兴趣偏好

3. 推荐机制

字节跳动是国内算法工程师最密集的互联网公司，也是将机器的智能推荐运用得最好的公司。抖音与今日头条一样承袭了字节跳动的智能算法推荐。企业在进行抖音账号运营的时候，要了解平台的推荐机制，才能帮助企业更有效地完成抖音账号的启动并持续运营。

（1）影响因素

视频在抖音上发布以后，会被系统自动推荐给用户，影响视频推荐的指标有视频的完播率、点赞量、评论量、转发量等。其中"完播率"是指完整看完视频的用户在总推荐用户数量中所占的比率。在平台的推荐过程中，各指标的权重占比由高到低依次为：完播率>点赞量>评论量>转发量。

（2）推荐过程

视频发布后，系统会根据账号的权重随机匹配100～500次观看流量，这些流量为免费流量，发布视频即可获得。如果被推荐的作品上述四个指标数据反馈较好，平台就会判定这条视频内容有成为热门视频的潜质，接着会进行第二次推荐，进入二级流量池。系统第二次推荐会匹配1000～5000次观看流量。同样，后台会对第二次推荐的指标进行统计。如果第二次推荐的反馈较好，平台将第三次推荐，以此类推，如图9-6所示。

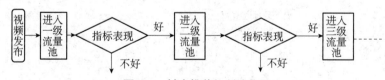

图9-6　抖音推荐机制流程图

如果几次推荐数据反馈均较好，系统就会以大数据算法结合人工审核的机制，对这个视频内容可不可以上热门进行判断。一般在发布1小时内，视频播放量达到5000以上，并且点赞数高于100，评论数高于10，就会获得下一次推荐。结合指标可以发现，完播率是视频能否获得下一次推荐的关键指标，一般来说，视频时长越短，完整播放的可能性就越高。

（二）快手

快手是与抖音齐名的短视频内容社区。快手在 2011 年上线之初是一款专门用来制作 GIF 图片的应用工具，2013 年从专门的应用工具转型为短视频内容社区。快手经常会被拿来与抖音做比较，两个平台在前期的用户特征和内容品类上有较大差异。快手定位于普通人，重视 UGC 的内容创作，强调不打扰用户，用户可以使用快手对生活中有趣的人、事、物进行记录，满足普通人展示分享的欲望。随着各自定位的调整，抖音和快手平台的差异有逐渐缩小的趋势，都是企业和个人在进行视频新媒体营销入驻以及商业投放的第一梯队平台。

1. 平台概况

快手是一个记录与分享的平台，每一位普通用户都可以利用平台通过照片、视频记录和分享生活。2020 年上半年，快手的中国应用程序及小程序的平均日活跃用户数突破 3 亿，以商品交易总额计，快手成为世界第二大直播电商平台。截至 2022 年 6 月，用户平均每月在快手上传 11 亿个短视频，开展 10 亿场直播，平均日活跃用户达 3.47 亿，平均月活跃用户达 5.9 亿，日活跃用户平均每天使用快手超过 125 分钟。（数据来源：艾瑞资讯）

2. 用户侧写

在快手的用户中，从性别上看，男性用户占比 52%，女性用户 48%，呈现基本均衡、男性略多的特点；从年龄上看，30 岁以下用户数量超过 70%，整体呈现明显的年轻化特点；从地域分布上看，2020 年快手三、四线用户依然保持较大基数，占比高达 55%。一、二线城市用户数量占比分别为 15%、30%。2020 年快手直播日活用户达到 1.7 亿，电商日活用户突破 1 亿。调查显示，快手上电商账号的粉丝具有强转化率，平均有 40% 会转化为意向购买者，这一变化一方面是因为快手发展战略的调整，另一方面是因为商家对视频新媒体营销这一形式非常重视。

如图 9-7 所示，在快手上拍摄短视频最多的省份是河北，播放短视频最多的省份是广东。一、二线城市与三、四线城市用户在内容创作类型上存在一定差异。

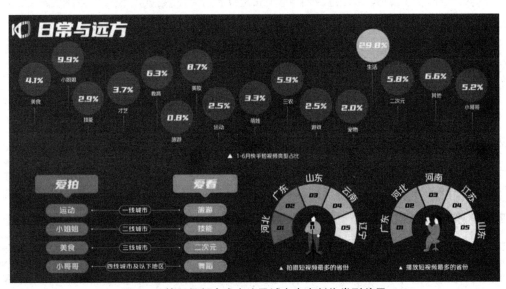

图 9-7　快手视频内容占比及城市内容创作类型差异

3. 推荐机制

不同于抖音，快手定位于普通人的生活记录和分享，因而两者在推荐机制上存在差异。快手首页顶部有"关注""发现""同城"，底部有"精选"。"同城"中的内容为同一城市地理位置较近的用户发布的视频内容，视频右下角可以看到视频发布者与用户的距离；"发现"和"精选"中的内容是平台推荐的内容。快手平台"发现""精选"中的内容是标签推荐与数据核算推荐共同作用的结果。

（1）标签推荐

标签推荐中的标签包含两部分：一是观看者标签，后台根据用户常看内容、搜索内容等数据自动为用户进行标记，用户使用平台的时间越长，标签越准确；二是视频内容标签，平台根据视频内容、标题、创作者以往视频内容等信息为视频进行标记，当观看者标签同视频标签匹配时，这条视频就有可能被推荐给该观看者，比如一位用户经常在快手上观看篮球视频，平台会将"篮球"标签和该用户匹配，当视频内容和篮球相关时，即便视频本身热度不高，在标签推荐算法下，也有可能会被推荐给该用户。

（2）数据核算推荐

除了标签推荐外，"发现"中还会推荐非标签的热门视频，热门视频是依照点击率、完播率、点赞量、评论量等指标结合人工审核来进行推荐的。人工审核主要是对视频内容是否存在暴力、色情等不良信息进行审核，因此视频的点击率、点赞量等数据直接影响视频的热度。另外，快手经典的两栏式中，用户首先看到的是视频封面，因此一个吸引人的封面对提高视频的播放量有重要作用。

打开抖音会发现推荐的内容点赞数基本都在 20 万以上，不少内容会达到 100 万，而这种现象在快手中并不常见。在快手上，视频发布初期，热度上升，随着各指标数据变化，曝光机会进一步提高，当热度达到阈值后，其曝光度会不断降低，算法会进行"择新"，尽可能给每个用户平等的展示机会。这就导致了抖音上视频数据表现较好，即使是几个月前发布的视频也可能被推荐，但快手上推荐的视频往往是 48 小时内发布的。

（三）微信视频号

微信视频号是腾讯公司推出的"人人都可以创作的短内容平台"，与微信的私密属性不同，视频号是公开的。相较于公众号主打长图文，视频号的创作门槛更低，人人都可以参与、记录和分享。虽然同属于短视频赛道，视频号与抖音、快手等在内容领域、推荐机制等方面都存在区别，背靠微信生态，视频号从诞生时起就被给予了很高的关注，也是企业和个人进行视频新媒体营销新的蓝海。

1. 平台概况

2020 年 1 月，腾讯公司的微信视频号开始内测，部分账号在个人微信"发现"—"看一看"的二级入口下看到了"视频号"。视频号成为个人微信端仅次于"朋友圈"的入口。截至 2021 年，视频号经历了十余次改版升级，每一次功能迭代都会引起业内的广泛关注，如表 9-1 所示。

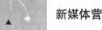

表 9-1 视频号功能迭代

时间	改版	功能
2020 年 1 月	视频号内测	单列信息流；支持 1 分钟内的视频和 9 张图片；支持添加公众号链接；支持分享群聊、朋友圈
2020 年 6 月	视频号全面开放	置顶部分为"关注""朋友点赞""热门""附近"；账号之间可互相@对方
2020 年 7 月	视频号改版升级	新增"浮评"和"暂停"功能；支持以卡片形式分享朋友圈
2020 年 8 月	"视频号助手"内测	新增私信私密账户等功能
2020 年 9 月	视频号接入"搜一搜"	"视频号推广"小程序上线；"视频号助手"PC 端全面开放
2020 年 10 月	视频号直播内测	打通微信小店；支持 30 分钟以内的长视频；公众号支持插入视频号动态卡片；"视频号助手"数据中心上线
2020 年 11 月	个人微信显示"直播动态"	在微信朋友圈顶部及好友动态显示视频号创作者直播动态，点击可进入直播间；在视频号首页出现"好友在看直播"和"关注博主的直播"动态提示
2021 年 1 月	个人微信名片新增视频号入口	视频号可以在微信个人号的名片中展示，进一步增加流量入口
2021 年 3 月	微信电脑版增加视频号入口	微信电脑版增加视频号观看和直播功能；支持多页面快速切换、麦克风降噪

2. 用户侧写

2021 年初，第三方机构视灯研究院发布《2020 年视灯视频号发展白皮书》。白皮书显示，截至 2020 年底，视频号日活用户超过 2.8 亿，视频号总数超 3000 万，平均用户使用时长 19 分钟，视频号已成为品牌商家经营私域流量的重要抓手。企业号主要内容类型以时事新闻、生活、民生政务为主。

3. 推荐机制

推荐机制在某种程度上意味着流量的分配，掌握新媒体平台的底层推荐逻辑，才能获得更多的流量。在新媒体平台发展的历程中，大致经历了三种不同的核心推荐机制，每一种推荐机制几乎都代表了特定阶段最典型的新媒体平台。

（1）专业推荐

专业推荐又叫人工推荐或编辑推荐，在互联网早期的门户新媒体时代，几乎都是这种推荐方式。人们在网页上看到的内容都是相同的，用户对内容没有话语权。但平台的编辑工作人员专业素养较高，基本能保证内容质量。

（2）社交推荐

社交推荐主要依靠人与人之间的社交关系选择内容进行分发，使得用户与内容之间存在更多的关联性。社交推荐兴起于早期的博客，随着微博、微信的发展得到更广泛的应用。

（3）算法推荐

算法推荐与社交推荐相比，打破了人的社交局限和选择局限，用户不需要关注就可以持续接收自己喜欢的内容，算法推荐的典型代表是头条系的产品。

目前各个视频平台都不再是单一采用某种推荐机制，而是多种推荐方式综合运用，在给用户推送更精准高效内容的同时寻求更高的价值追求。视频号的推荐机制核心是社交，用户关注过的账号或好友点赞过的视频会优先推荐，但同时也会根据用户的观看数据，对优质内容进行全网算法推荐。此外，基于用户属性的个性化推荐和基于位置的地域推荐，也是视频号的基础推荐逻辑。

（三）bilibili（B站）

1. 平台概况

bilibili 简称 B 站，是年轻人聚集的文化社区，B 站早期是一个 ACG（动画、漫画、游戏）内容创作与分享的视频网站，如图 9-8 所示。经过十余年的发展，围绕用户、创作者和内容，构建了一个源源不断产生优质内容的生态系统。目前，B 站已经成为涵盖 7000 多个兴趣圈层的多元文化社区，月活跃用户 3.06 亿人次。据 QuestMobile 统计，B 站是中国 24 岁以下年轻人最偏爱的 App，并常年占据百度"00 后"热搜榜单前列。传统的游戏、番剧、动画等二次元内容在 B 站依然占据重要地位，与此同时，生活区视频内容正逐渐成为 B 站主流内容分类，产生了大量百万播放量的视频，这使得 B 站的品牌营销获得了更大的空间。

图 9-8　B 站界面示例

2. 用户侧写

B 站聚集了大量的"90 后""00 后"用户，是未来文化娱乐消费的主力军。"90 后""00 后"用户为"网生一代"，多数接受过良好的教育，具备较高的人文素养，物质条件较优越，为内容服务付费意识较强，用户黏性高。在 B 站，用户平均日使用时长为 87 分钟，正式会员第 12 个月留存率高达 80%。弹幕是 B 站的独特文化，用户在观看视频时可以直接发表观点并看到其他观看者的观点。B 站用户不仅乐于在观看视频时发表观点，上传视频的意愿也极高，用户上传的内容占 B 站用户观看量的 91%，内容创作者在 B 站被称为 UP 主。B 站月活跃 UP 主达 190 万，月投稿数量高达 600 万，提供了丰富的视频内容。

3.账号等级

B 站用户是分级别的，一共 7 级，不同的级别享有不同的权益，用户通过站内答题、获取经验值、邀请码等途径可以进行相应级别的晋升。通过手机完成注册后的等级为 lv0 级，也就是 B 站的注册会员，注册会员只能观看视频，不能发弹幕、上传视频以及晋升会员等级。lv0 级用户完成站内答题超过 60 分或使用 lv5 级及以上会员发送的邀请码才能转为 lv1

级，也就是正式会员。正式会员通过登录、观看视频等方式获取经验值，当用户的账号经验累积分别到达 200、1500、4500、10800、28800 时，即可提升账号到对应的 lv2、lv3、lv4、lv5、lv6，如表 9-2 所示。

表 9-2　B 站经验值获取表

获得方式	可获取经验值
每日登录	5 经验值
每日观看视频	5 经验值
每日作品（视频、音频、专栏等）投币	10 经验值
每日分享视频	5 经验值
作品获得 1 硬币	1 经验值
第一次绑定邮箱	20 经验值
第一次绑定手机	100 经验值
第一次设置密保	30 经验值
第一次实名认证	50 经验值
番剧承包/充电	1 经验值

B 站会员晋升还可以通过邀请码进行，但需要注意的是级别 lv5 及以上且注册满 3 个月的用户才能购买邀请码。级别 lv5 及以上且注册满 3 个月的用户每月可购买一个邀请码，需花费 50 "硬币"（B 站虚拟币），有效期是 3 天；级别 lv6 且注册满 3 个月的用户每月可购买两个邀请码，如表 9-3 所示。

此外，B 站也支持直播功能，可通过上传身份证完成实名认证，上传时需注意图片应小于 2MB。完成实名认证并年满 18 周岁的用户可以进行直播，实名认证后可以对站内收益进行提现。目前 B 站的实名认证都是唯一账号，不支持多账号绑定，实名认证提交后审核时间一般为 1 个工作日左右。

表 9-3　不同账号对应等级权限

	lv0	lv1	lv2	lv3	lv4	lv5	lv6
滚动弹幕	×	√	√	√	√	√	√
彩色弹幕	×	×	√	√	√	√	√
高级弹幕	×	×	√	√	√	√	√
顶部弹幕	×	×	×	√	√	√	√
底部弹幕	×	×	×	√	√	√	√
视频评论	×	×	√	√	√	√	√
视频添加标签	×	×	×	√	√	√	√
视频删除标签	×	×	×	×	√	√	√
视频投稿	×	√	√	√	√	√	√
购买邀请码	×	×	×	×	×	√	√

4. UP 主认证

通过认证的 UP 主可以获得专属"黄 V"标识，优秀内容可以获得编辑推荐、更多的曝光和资源倾斜，原创内容会受到 B 站保护，还有机会获得活动邀请。关于认证相关申请，可以进入 PC 端首页，提交相关材料进行申请，也可以在移动端（"我的"—"设置"—"账号资料"—"哔哩哔哩认证"）申请。B 站提供了三种 UP 主认证类型，如表 9-4 所示。

表 9-4　UP 主认证类型及条件

认证类型	认证条件
知名 UP 主	转正会员；绑定手机；实名认证；粉丝数大于等于 10 万；最少 1 个投稿
身份认证（站外知名人士或作者）	转正会员；绑定手机；实名认证；站外粉丝数大于等于 50 万
站内优质专栏作者	站内粉丝量为 1000～10 万；粉丝真实有效、互动良好；近半年内发布专栏超过 10 篇；累计阅读量超过 10 万

5. 数据反馈

进入后台后，在"创作中心"—"数据中心"—"内容管理"—"数据"中可以查看上传视频的关键数据，如打赏硬币数、点赞量、收藏量、分享量、平均播放时长等，还可以查看不同时段的弹幕数量和观众离开趋势等数据。这些数据能直观地反映视频对观众的吸引力大小，帮助用户更好地进行内容创作。

（五）西瓜视频

西瓜视频前身为头条视频，2016 年以独立 App 的形式发布，2017 年更名为西瓜视频。西瓜视频可以说是视频版的今日头条，继承了今日头条的人工智能算法推荐，95% 的内容由职业生产者和 PGC 产生。不同于抖音，西瓜视频更适合横屏观看，内容专业性更强，多数视频时长在 2～10 分钟。西瓜视频用户数量超过 3.5 亿，日均播放量超过 40 亿，用户平均使用时长超过 80 分钟。

1. 平台概况

西瓜视频的定位是个性化推荐的聚合类短视频平台。西瓜视频上的五大内容品类分别为影视、游戏、音乐、美食、综艺。这五类视频占比高达 45.8%，其中影视类优势明显，占比达到 24.8%。美食类视频包含试吃、制作教程等内容。户外、探店类视频也吸引了大量关注。粉丝数量超过百万的创作者集中在游戏、影视、"三农"等领域，占百万粉丝以上创作者总数的 54%。西瓜视频积极同电视媒体合作，成为各大卫视综艺片段剪辑内容的重要分发地。

2. 用户侧写

在西瓜视频的用户中，从性别上看，男性用户占比为 54.4%，略高于女性；从年龄阶段上看，19 岁～24 岁的用户占比 10%，25 岁～30 岁的用户占比 21.2%，31 岁～35 岁的用户占比 25.2%，36 岁～40 岁的用户占比 13.3%，41 岁～45 岁用户占比 13%，46 岁以上用户占比 10%，用户年龄分布较为平均；从地域分布上看，一、二线城市用户比例为 40.6%，三、四线城市用户为 44.7%，五线及其以下城市用户占比 14.7%，用户地域分布也相对均衡。

四、视频新媒体的选择分析

随着短视频行业进入成熟期，短视频平台的商业价值也被越来越多的企业认可。2019年，55%的企业选择将新媒体营销的重点放在短视频/直播领域。2019年，短视频赛道的战况逐渐明朗，进入抖音、快手两强相争的局面。2020年年初，互联网巨头微信以视频号温和但又稳健地杀入短视频市场，很多企业和个人自媒体品牌都对微信视频号给予了极高的关注和期待。面对众多的短视频营销平台，企业和个人在入驻的时候需要对平台的特征属性有一个清晰的认识。

（一）对比分析

同属视频平台，西瓜视频的呈现形式为横屏视频且时长较长，其余平台则以竖屏沉浸式且体验时长在1分钟以内的短视频为主；抖音的用户偏年轻，快手的用户晚上活跃时间更长；微信视频号入局最晚，但表现非常抢眼，支持图片、视频、文字等多种形式。不同的平台呈现出不同的特点，如表9-5所示。

表9-5 视频新媒体平台对比分析

平台类型	品牌口号	优势特点
抖音	记录美好生活	视频时长集中在1分钟以下； 中心化程度高； 内容娱乐性较强； 视频拍摄制作可在平台完成、多种特效； 竖屏展示，沉浸感强； 同公司多平台关联
快手	拥抱每一种生活	视频时长集中在1分钟以下； 中心化程度低； 内容日常生活居多； 视频拍摄制作可在平台完成，多种特效； 竖屏展示，沉浸感强
B站		视频不同类型时长不同，游戏类集中在10分钟以上，科技、数码、时尚类集中在5～8分钟，影视、舞蹈视频集中在3～5分钟； 中心化程度一般； 二次元、宅舞、游戏等亚文化和生活内容居多
西瓜视频	点亮对生活的好奇心	视频时长主要集中在2～10分钟； 中心化程度高； 视频内容丰富，各类视频较为均衡； 视频拍摄制作可在平台完成、多种特效； 横屏展示； 同公司多平台关联
微信视频号	人人记录真实生活	视频时长支持30分钟以内； 横屏、竖屏两种模式； 内容支持视频、图片、文字等多种形式； 背靠微信，流量大且入口明显，与公众号打通

（二）选择策略

从上述分析可以看出，不同平台在视频时长、展示形式、内容品类以及用户特征等方面都存在一定区别。抖音和快手平台功能类似、品类齐全、流量差距小，是短视频行业的两大巨头，总体而言在入驻和投放条件方面区别不是太大，但由于早期平台定位不同，两个平台的早期用户特征有一定的区别，但也在慢慢趋同。快手的电商布局更完善，在直播电商上的表现也相对突出，有直播电商需求的企业可以重点考虑。

西瓜视频对上传视频的时长限制较小，这使得叙事性、故事性、内容较多的视频更适合在平台上传播。此外，不同于其他短视频平台的竖屏播放，西瓜视频在横屏短视频领域优势巨大。在内容创作领域，西瓜视频拥有大量成熟、专业的横屏视频创作者，专业机构的视频内容数量庞大，国内 MCN 机构几乎全部入驻了西瓜视频。

B 站近年来内容不断丰富，以游戏、二次元、生活类为主，多领域内容并存的态势已经形成，视频时长跨度较大，用户黏性高，自我表达和参与互动的意愿高。

微信视频号的创作难度低，生态最为完整，可以和微信其他功能打通，便捷地实现和朋友圈、微信群的联动。微信视频号是目前普遍被看好的视频与直播蓝海，不同于抖音和快手较强的娱乐属性，微信视频号中关于情感、读书、职场等干货分享的内容较多，对于咨询及知识服务类型的企业，或是想要打造个人品牌的小而美的企业，都是不错的入驻选择。

【实训任务】

一、实训目的

通过对抖音、快手、微信视频号特定领域典型账号的分析，熟悉各视频新媒体平台的优势内容领域和爆款内容特征，为账号在进行视频新媒体营销和运营时的入驻选择、账号定位、内容规划、KOL 合作、商业投放等提供决策参考。

二、实训项目

抖音、快手、微信视频号的账号定位与内容规划。

三、实训资料

河南御厨有机粮业有限公司相关资料见项目二。

四、实训步骤

1. 在抖音、快手、微信视频号等平台中搜索与"有机农产品"有关的账号，每个平台选取 3～5 个典型账号，分析这些账号的内容和运营特点，完成表 9-6。

表 9-6　账号的内容和运营特点

平台	账号名称	账号简介	账号数据 粉丝数/内容数/获赞数等	内容特点	发布频率
抖音					

（续表）

平台	账号名称	账号简介	账号数据 粉丝数/内容数/获赞数等	内容特点	发布频率
快手					
微信视频号					

2. 为河南御厨打造一个官方账号的人设形象，为此人设形象设计图片，撰写解读文字，完成表 9-7。

表 9-7　人设形象及创意解读

人设形象	创意解读

参考上述内容，结合河南御厨的企业和产品特点为账号制定内容规划方案。内容规划方案包含但不仅限于内容品类（产品介绍、探秘农场、解读有机等）、内容频率（短视频多久发布一次、直播的场次和时间安排等）等。

五、实训评价

实训评价如表 9-8～表 9-10 所示。

表 9-8　小组自评表

小组成员	承担工作	工作完成情况			个人得分	小组综合得分
		□未完成	□完成	□超额完成		
		□未完成	□完成	□超额完成		
		□未完成	□完成	□超额完成		
……	……					
问题自查						
改进措施						

表 9-9　小组互评表

小组互评表（得分可采用十分制/百分制/五星制）

小组名称	评分细则	细则得分	小组综合得分
	账号选取是否典型、得当		
	账号分析是否精准、到位		
	人设形象是否突出、匹配		

（续表）

小组名称	评分细则	细则得分	小组综合得分
	内容规划是否科学、合理		
	……		
存在问题			
改进建议			

表 9-10　教师评价表

小组名称	教师评价表（得分可采用十分制/百分制/五星制）		
	评分细则	细则得分	小组综合得分
	团队分工协作能力：小组实训过程任务分工及团队协作情况		
	信息收集分析能力：典型账号研究分析状况		
	形象定位设计能力：人设形象设计情况		
	规划方案写作能力：规划方案撰写情况		
	……		
存在问题			
改进建议			

【案例分析】

李子柒视频新媒体营销——从传统文化中获取滋养

2015 年，原名李佳佳的四川女孩儿开始以"李子柒"之名拍摄以中国乡村为背景的传统文化短视频。视频以中国传统美食为主，以衣食住行为辅。视频里，复古、素雅的色调下中国传统文化就像被镌刻的古画，一幅幅徐徐展开。

不管在国内还是国外，李子柒都是超级"大 V"。据第三方数据平台 Social Blade 显示，李子柒在 YouTube 上有 1110 万粉丝，在中国网红中排名第一，全球排名第 543。她在微博上有 2590 万粉丝，B 站有 622 万粉丝。吉尼斯世界纪录显示，李子柒的账号以 1410 万的订阅量刷新了 YouTube 中文频道的纪录，被列入《吉尼斯世界纪录大全 2021》。

李子柒因拍摄中国传统美食和手工艺品的短视频而走红，并在海外坐拥庞大粉丝群体。其短视频展示出中国人民古色古香、宁静致远的生活方式，展现出中国文化的博大精深与源远流长。央视官方账号曾点评说：没有一个字夸中国好，但她讲好了中国文化，讲好了中国故事。

2018 年 5 月 24 日，李子柒与故宫食品达成合作。故宫本就是一个巨大的 IP，加上李子柒近年的热度，二者合作更能拉近传统文化与年轻群体之间的距离，进一步弘扬、传承中国的传统文化。此后，李子柒又先后与国家宝藏、胡庆余堂、舌尖大厨等志同道合的美食界同伴携手合作，创造更多品质上乘、纯手工打造的传统美食。

李子柒是一个品牌，她的视频里处处体现着中国人勤劳、善良、朴实、坚持的宝贵品质，流露着中国传统文化精神，这种"润物细无声"的作品更具有浸入性和影响力，是中国文化对外输出的优秀范本，得到了官媒的认可。

在文化价值输出的同时，李子柒也开始了新媒体与电商的携手之路。李子柒在天猫上开设了旗舰店，店铺里的产品基本都是在她视频里出现过的食物，仅螺蛳粉一项，月销量就超150万单。不仅深耕线上，李子柒品牌还在柳州建立了螺蛳粉工厂，持续深入推进螺蛳粉品质溯源、原料品控、扶贫助农等。

近年来，不少个人和机构通过短视频不仅讲好了中国故事、传承了中国文化，也实现了自己的价值变现和品牌增值。

思政小课堂：讲好中国故事，传承中国文化

在中国几千年的历史长河中，中华传统文化是中华民族生生不息的强大精神源泉。习近平总书记在纪念孔子诞辰 2565 周年国际学术研讨会暨国际儒学联合会第五届会员大会开幕会上强调，"要坚持古为今用、以古鉴今，坚持有鉴别的对待、有扬弃的继承，而不能搞厚古薄今、以古非今，努力实现传统文化的创造性转化、创新性发展，使之与现实文化相融相通，共同服务以文化人的时代任务。"

思考：

1. 分析李子柒的视频有何特点？为什么能获得大众尤其是国外友人的喜爱？

2. 演员李亚鹏的抖音号被称为"男版李子柒"，观看其视频，与李子柒视频内容进行对比，分析二者有何不同。

模块二　视频新媒体平台的使用功能

【理论知识】

视频新媒体平台类型多样，除了平台的规则和功能，运营人员需要掌握使用基础的设备和软件进行视频拍摄和剪辑的能力。下面以抖音和微信视频号为例，介绍视频新媒体平台的注册认证和使用功能。

一、抖音的注册认证及使用功能

（一）注册认证

1. 账号注册

抖音的账号类型有两种：个人号和企业号。

（1）个人号注册。抖音的个人账号注册非常便捷，在移动端按要求操作即可完成，注册完成后会自动生成一个抖音号。进入抖音页面，在"我"—"编辑资料"中可以对账号的名称、头像、简介等信息进行修改。账号名称不得超过 20 个字符。抖音号是账号在抖音平台的专属编码，方便用户快速地查找账号。抖音号由不超过 16 个仅包含字母、数字、下划线和点的字符组成，30 天内只能修改一次。

（2）企业号注册。抖音企业号的注册在个人号的基础上进行。申请完成抖音的个人号注册以后，绑定运营人员的手机号进入账号主页，在"创作者服务中心"可以找到"免费开企业号"，按提示上传材料，就可以开通企业号。抖音的企业号注册没有相关费用，仅需要上传企业的营业执照审核验证即可。不同于个人号，企业号在账号主页的"企业服务中心"提供了数据分析、粉丝群体画像、启明学院等功能，如表 9-11 所示，可以帮助企业更好地展示形象、链接用户，实现企业的营销目标。

表 9-11　企业号解锁权限

试用企业号后解锁权益	智能剪辑、精选案例、私信关键词回复、企业服务中心、启明学院
上传营业执照后解锁权益	添加联系电话、粉丝群体画像、数据分析
企业身份认证后解锁权益	私信消息卡片、用户管理、添加官网链接、预约服务、视频组件、企业直播、认领门店地址、优惠团购活动、门店装修
支付审核服务费后解锁权益	应用下载、企业"蓝 V"标识、商家主页、昵称唯一、品牌名搜索置顶、账号评级豁免权、推荐达人、私信自动回复、零门槛开通购物车、子母账号、同步认证、优惠卡券

2. 账号认证

新媒体平台一般都会为账号提供认证服务，有的平台是独立进行认证，有的平台则委托第三方公司完成。经过认证的账号具有权威标识，享受更多权益。新媒体平台的认证分为免费和付费两种情况。免费认证后权益接口开放较少，付费认证可以享受更多增值权益。抖音的认证有个人认证、音乐人认证、企业认证、机构认证四种类型，如表 9-12 所示。

表 9-12　抖音账号认证的适用主体和认证条件

认证类型	适用主体	认证条件
个人认证	领域达人、行业专家、公众人物等	绑定手机号；发布视频≥1；粉丝量≥1 万
音乐人认证	音乐创作者、歌手	填写基本信息；实名认证；上传音乐作品
企业认证	企业组织	营业执照；加盖彩色公章的认证公函；运营者信息
机构认证	媒体、国家机构、社会组织等	营业执照/组织机构代码证；加盖彩色公章的认证公函；运营者信息

（1）个人认证。抖音的个人认证在账号主页的"创作者服务中心"—"官方认证"中进行，申请个人认证的账号需要满足至少发布一条视频、粉丝数大于 1 万、绑定手机号三个条件。经过个人认证的抖音号会在账号头像右下角出现"黄 V"标识，在系统推荐过程中享有一定的优先权。

（2）音乐人认证。适合音乐创作者、歌手申请。申请时需填写基本信息，包括名称、照片、手机号、个人介绍等内容，完成实名认证后上传音乐作品等待审核。

（3）企业认证。获得企业认证的抖音号具有唯一的身份识别，可以获得"蓝 V"标识、60 秒的长视频推送权限、3 个置顶视频权限、链接企业官方网站、自定义账号背景墙、数据分析等功能，如图 9-9 所示。可以在抖音 PC 端 "企业合作" — "企业认证" 以及移动端 "企业服务中心" — "进行官方认证" 中完成，认证费用为 600 元/年。

（4）机构认证。机构认证是抖音开放给政府组织、社会团体的认证类型。在抖音 PC 端的 "机构认证" 菜单下即可按要求完成。字节跳动打通了自己产品内部的认证体系，在一个平台中完成认证，其他平台可以认证通用。

（二）使用功能

1. 创作者服务中心

个人抖音账号在进入账号主页面后，在右上方三条白色横线位置可以进入账号的 "创作者服务中心"，如图 9-10 所示。"创作者服务中心" 是抖音在 2019 年提供的功能板块，通过 "创作者学院" 等服务，帮助账号主更好地进行内容优化和账号运营，如图 9-11 所示。此外，"创作者中心" 还提供了账号的直播、视频管理、门店等变现入口。

图 9-9　抖音企业认证账号示例

图 9-10　抖音创作者服务中心入口

图 9-11　抖音创作者学院界面

2. 企业服务中心

企业抖音账号在进入账号主页面后，在右上方三条白色横线位置可以进入账号的 "企业服务中心"，如图 9-12 所示。"企业服务中心" 与 "创作者服务中心" 最大的不同在于提供了账号的数据分析和 "启明学院" 功能。数据分析是新媒体平台的基础功能，"启明学院"

包含很多官方运营实操、规则变化的课程，可以帮助账号主有效地进行内容优化并辅助运营，如图 9-13 所示。此外，"企业服务中心"也是企业添加商品、开通直播以及申请"DOU+热门"的入口。

图 9-12　抖音企业服务中心入口

图 9-13　抖音企业服务中心页面

3. 抖音门店

"抖音门店"是抖音专门针对中小企业的一个区域营销功能。拥有实体店铺的企业抖音号可以通过门店认领满足线上开店、线上种草以及线下销售转化等需求。抖音平台会根据门店的地址和特点，通过算法精准触达意向人群，同时提供卡券等工具帮助企业实现线上到线下的高效转化。根据抖音的官方数据，依托平台的流量和短视频的传播优势，每个门店平均吸引 3 万个潜在顾客。账号主可以在"企业服务中心"—"开通抖音门店"中进行认领开通。目前平台所提供的认领服务需要账号实名认证、绑定手机并提交营业执照。

4. 抖音小店

"抖音小店"是抖音平台为企业或个人提供的电商变现工具，账号开通个人小店之后，在字节跳动旗下的抖音、火山以及头条号的个人主页下会展示店铺页面。店铺中的商品可以通过视频、文章、直播、微头条等多种方式进行曝光。

（1）入驻条件。入驻主体应为在中国大陆地区注册的个体工商户、企业或中国大陆公民。目前，个人类新商家入驻已暂停，已入驻商家可正常经营。个体工商户/企业的经营范围及经营时间应在营业执照规定的经营范围及经营期限内，售卖商品包含在招商类目范围内，且具备相关资质，商品必须符合法律及行业标准的质量要求。

（2）入驻流程

① 登录抖店商家后台，如图 9-14 所示。

② 选择入驻类型。目前抖音小店的入驻类型有个体工商户和企业两种，如表 9-13 所示。

③ 选择店铺类型。普通店无商标保护，在店铺内不得出现"专卖店""旗舰店"等词汇。专营店、专卖店以及旗舰店可提供商标保护。店铺类型要与店铺基本信息中的内容保持

一致。

④ 填写信息。按照平台要求填写相关信息并提交相应材料以及打款验证。特殊主营类目如酒等需要提交相应的资质；专营店、专卖店、旗舰店需要提交商品授权；进口商品和品牌需要提交国内商标注册证等证明。

图 9-14 抖店商家后台界面

表 9-13 抖音小店入驻类型及提交材料

类型	提交材料
个体工商户	企业 Logo、营业执照、本人手持身份证照片（手持证件，上半身拍照，手臂完整露出）、银行账户名称、开户行和账号
企业	营业执照、法人代表或代理人身份证、手机号、对公银行信息、银行开户许可、银行账户名称、开户行和账号

⑤ 缴纳保证金。通过审核后，与平台签订合同，缴纳保证金即可创建店铺。创建完成的店铺开通商品展示渠道。

5. 产品分享

"产品分享"是抖音为个人和企业账号提供的多元的品牌变现渠道，帮助账号在不同的应用场景中添加商品链接，实现品牌的销售转化。满足条件的账号可以在"创作者/企业服务中心"—"产品分享"中开通，需提供 500 元保证金。申请成功后可以在短视频、直播中添加商品，如图 9-15、图 9-16 所示。添加的商品可以来自淘宝、京东、苏宁、唯品会，但添加时需注意限制条件。

（1）添加淘宝商品。淘宝联盟单独设立内容商品库，网红达人进行淘宝站外推广时只能选择商品库中的商品，若添加淘宝商品时提示"未识别"—"不在淘宝联盟内容商品库"需联系淘宝客服解决。

（2）添加京东、苏宁、唯品会商品。添加京东、苏宁、唯品会商品需绑定京东 PID，绑定流程可在"设置"—"帮助与反馈"—"购物推广"中查看。

图 9-15　抖音产品橱窗示例

图 9-16　抖音视频电商购物车示例

6. 营销转化

抖音最常用的营销转化工具是一款名为"DOU+"的内容"加热"工具。使用"DOU+"可以将视频推荐给更多用户，也就是通过购买平台的商域流量，使账号的内容得到更大程度和范围的曝光，相当于微博的"粉丝通"推广。在"企业服务中心"—"营销转化"中可以进行相应的投放设置。"速推版"相对便捷，完全依靠平台的智能测算，"定向版"可以根据企业的用户画像进行年龄、地域、兴趣标签等的特定设置，如图 9-17 所示。

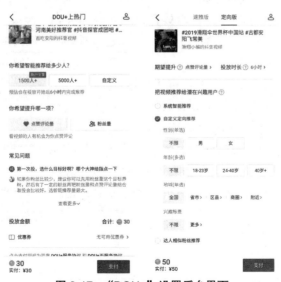

图 9-17　"DOU+"设置后台界面

7. 直播

抖音平台也提供直播功能，开通直播之前需要进行账号的实名认证。关于直播的策划执行、营销策略将在直播新媒体营销项目模块中进行详细介绍，这里就不再赘述。抖音的直播入口在"创作者/企业服务中心"—"开始直播"，如图 9-18 所示。

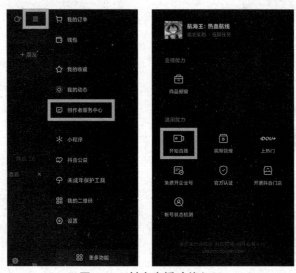

图 9-18 抖音直播功能入口

二、微信视频号的使用功能

（一）使用功能

1. 视频号入口

打开微信 App，点击下方"发现"即可看到朋友圈下方的视频号入口，可见微信把视频号放在了与朋友圈同等重要的位置，点击视频号，即可进入视频号的观看和发布界面。在"发现"页面中，还可以看到"直播和附近"，可以进入视频号的直播界面，如图 9-19 所示。

图 9-19 视频号入口页面

进入视频号观看页面，会看到上方有"关注""朋友♡""推荐"等模块。在"关注"模块可以看到用户关注的视频号内容，平台根据视频发布时间的先后顺序，对视频依次展示；"朋友♡"模块是用户的微信好友点赞过的视频，与公众号"看一看"功能类似。视频下方会显示微信好友的点赞详情，是视频号社交推荐的集中体现；"推荐"模块是系统根据用户属性所推荐的视频。视频通过上下滑动进行切换，每个视频都可以在下方进行分享、点赞和评论。

2. 视频号开通和认证

目前视频号已经全面开放，只要将微信更新到最新版本，均可开通自己的视频号。视频号在开通的过程中需要填写"名称""简介"等信息，这些信息可以与微信不同。视频号的名称最长不超过 20 个字符，一年内可以修改 2 次，头像可以无限次修改。企业官方微信号最好与企业官方公众号等保持一致或矩阵布局。

除了开通和创建外，视频号还提供认证功能。点击视频号主页右上角"…"即可进入认证页面，如图 9-20 所示。目前，视频号的认证分为个人认证和企业（机构）认证两大类，如表 9-14 所示。

图 9-20 视频号认证入口

表 9-14 视频号不同类型的认证主体及要求

认证类型	适用主体	认证条件	认证材料
个人认证	分为职业认证和兴趣领域认证两种。前者包括运动员、演员、作家等；后者包括自媒体、博主、主播等	近 30 天发表 1 个以上内容；粉丝 100 人以上；已填写简介	真实姓名；有效手机号；身份证正反面；证明材料；申请说明等
企业（机构）认证	有已认证的同名主体公众号的企业或机构	直接用公众号（订阅号/服务号）来认证。一个公众号只能授权认证一个视频号	管理员扫码确认授权
	没有已认证的同名主体公众号的企业或机构		公司营业执照、公司法人身份证照片、公司商标等资质

个人认证的账号昵称会显示"黄 V"标识，下方将显示所认证的身份；企业（机构）认证适合企业和机构申请，申请之前需要先用实名认证的个人微信号注册，填写完成基本资料，认证完成后会显示"蓝 V"标识。

3. 内容发布

点击视频号页面右上角的图标，即可进入企业或个人官方视频号主页面。在主页面可以发布视频和发起直播，也可以查看该账号被点赞、评论和关注的基本信息及私信，如图 9-21 所示。微信视频号的内容展示为图片/视频+文字形式，文字展现在图片/视频之下，可以发起话题、@微信好友以及添加公众号链接。

视频号每条视频下所显示的文案不超过 60 个字符，超过的内容会被折叠。转发到朋友圈或微信群时，文案内容只显示 2 行，即不到 40 个字符。公众号链接的添加，打通了视频号与公众号的通道，使企业或个人可以在微信生态内部进行导流，如图 9-22 所示。

图 9-21　视频号主页面

图 9-22　视频号内容发布页面

【实训任务】

一、实训目的

通过抖音、快手、微信视频号账号的注册装修和运营启动，掌握视频新媒体的平台特征、内容规范、推荐机制以及后台操作的各项使用功能。

二、实训项目

抖音、快手、微信视频号的注册装修与运营启动。

三、实训资料

河南御厨有机粮业有限公司相关资料见项目二。

四、实训步骤

1. 为河南御厨设计视频新媒体账号的头像、昵称、简介，并选取合适的平台进行账号注册，并简述入驻时选择该平台的理由。

2. 使用该账号浏览平台内与"有机农产品"相关的账号和内容，对优质的内容进行评论、点赞和转发等操作，完成账号的冷启动。

3. 为河南御厨选择一款产品，搜集所选产品的信息资料，归纳产品卖点，讨论确定视频中的卖点展现方式，完成表 9-15。

表 9-15　产品卖点归纳表

产品卖点归纳表						
小组 名称				小组 成员		
产品卖点	卖点 1	卖点 2	卖点 3	卖点 4	……	卖点
展现形式					……	
所属视频片段	□1 分钟以内 □1~3 分 □5~10 分钟	□1 分钟以内 □1~3 分 □5~10 分钟	□1 分钟以内 □1~3 分 □5~10 分钟	□1 分钟以内 □1~3 分 □5~10 分钟	……	□1 分钟以内 □1~3 分 □5~10 分钟

4. 根据步骤 3 确定三段不同时长视频脚本，进行拍摄所需条件的准备，并完成表 9-16。

表 9-16　拍摄所需条件

	1 分钟内视频	1~3 分钟视频	5~10 分钟视频
视频展示卖点			
拍摄时间			
拍摄地点			
拍摄所需道具			
拍摄场地			
人员分工			
进度安排			

5. 完成视频脚本的撰写。

6. 完成视频的拍摄和后期制作。

7. 完成视频的发布，并观察数据反馈情况。

8. 登录抖音创作服务平台，在"创作者学习中心"模块，完成"新手入门""平台功能""规则与版权"等课程的学习。

9. 登录微信视频号创作者中心，在"创作者课堂"模块，完成"平台政策""变现""内容创作""运营入门"等课程的学习。

五、实训评价

实训评价如表 9-17～表 9-19 所示。

表 9-17　小组自评表

小组自评表（得分可采用十分制/百分制/五星制）				
小组成员	承担工作	工作完成情况	个人得分	小组综合得分
		□未完成　□完成　□超额完成		
		□未完成　□完成　□超额完成		
		□未完成　□完成　□超额完成		

（续表）

小组成员	承担工作	工作完成情况	个人得分	小组综合得分
......	......			
问题自查				
改进措施				

表 9-18　小组互评表

小组互评表（得分可采用十分制/百分制/五星制）			
	评分细则	细则得分	小组综合得分
小组名称	视频时长是否符合要求		
	音频清晰度		
	视频配乐		
	视频字幕		
	视频卖点是否突出		
	拍摄和剪辑技巧的运用		
	......		
存在问题			
改进建议			

表 9-19　教师评价表

教师评价表（得分可采用十分制/百分制/五星制）			
	评分细则	细则得分	小组综合得分
小组名称	团队协作：小组实训过程任务分工及团队协作情况		
	账号定位：目标用户特征分析情况、视频内容选择		
	视频摄制：视频拍摄及剪辑效果		
	创意能力：内容能否体现创新创意		
	营销意识：卖点提炼是否精准		
	......		
存在问题			
改进建议			

【案例分析】

"好看中国"步履不停——短视频助力文旅新发展

近两年，数字化工具成为文旅行业突围的抓手。微信视频号天然契合城市形象和旅游场景，包含种草、旅游要素的视频内容可快速激发旅游欲望，吸引游客出行，游客也喜欢通过短视频分享旅游见闻。同时，视频号具有创作门槛低、便于社交分享、可与微信公众号打通

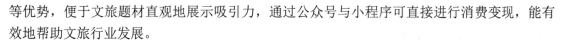

等优势，便于文旅题材直观地展示吸引力，通过公众号与小程序可直接进行消费变现，能有效地帮助文旅行业发展。

早在 2020 年，微信就发起了"好看中国"城市名片计划，已相继走进广州、上海等诸多省市，助力打造文旅行业视频号标杆，促进文旅行业内容创作经验交流。视频号已成为许多城市、景区展示形象和面貌的窗口，成为一张"动态名片"，亦有不少创作者的内容基于本地人的共情和点赞容形成破圈传播，成为当地美景美食和风俗文化的传播者和代言人。截至目前，视频号"好看中国"话题下的内容曝光量超 10 亿，爆款内容频出。2021 年春节及 2022 年冬奥期间，视频号又相继推出了"好看中国年""好看冬奥"等系列。

接下来，微信视频号也将持续关注文旅场景下的数字化机遇及赋能，助力更多省市、景区及机构重塑文旅产品及表达，以短视频及直播的形式实现文旅数字化生态搭建，和众多视频号"城市推荐官"一起重新发现城市之美。

思政小课堂：发现美好、讲述故事、传承文化，做好家乡代言人

世界上并不缺少美，关键看我们是否拥有一双发现美的眼睛。视频是一个很好的载体，帮助我们发现美好、讲述故事、传承文化。我们要运用好这一工具，做好"家乡代言人"，做好"城市推荐官"。

思考：

1. 点击视频号话题"好看中国"，查看话题下的视频内容，总结这些视频内容大致可以分几大类。

2. 对比该话题下的"蓝 V"认证账号和"橙 V"认证账号在视频内容上各自有何特点。

模块三　视频新媒体营销的策略技巧

【理论知识】

一、视频新媒体的营销策略

（一）明确定位，重视内容质量

利用视频新媒体平台进行营销时，应当首先明确定位。具体而言，就是首先要考虑清楚是想扩大品牌知名度，还是单纯地进行商品销售。很多时候品牌推广和商品销售往往相辅相成，但明确定位对运营效果评估起到重要作用，例如：定位为品牌推广的账号在进行效果评价时，应重点关注播放量、转发量等体现传播广度的数据；而以商品销售为主要目标的账号在评价运营效果时，应更看重能够体现转化的数据。

内容是新媒体营销的核心落脚点。好的内容能帮助用户感知到好的品牌和产品，以及产品背后所代表的生活方式，从而实现营销目标。平台对优质视频的判断取决于用户的观看表

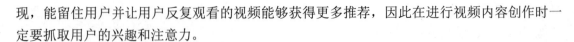

现，能留住用户并让用户反复观看的视频能够获得更多推荐，因此在进行视频内容创作时一定要抓取用户的兴趣和注意力。

（二）重视规则、掌握主动权

依托平台进行营销，一定要重视平台规则，对平台的准入规则、权限获取要求、推荐机制进行了解。智能算法推荐曾经因一味地迎合用户，缺乏价值引导而处在舆论的风口浪尖。各个视频平台都在加大对内容的审核和监管力度，不管在哪个平台，一定要重视平台规则，不要出现违规情况。一旦账号违规被删除视频、降级、限流甚至封禁，对账号的影响极大。

此外，要重视平台的推荐机制，视频的创作应符合推荐规律，这样可以大大提高视频的曝光机会，有助于实现营销目标。掌握平台规则，密切关注平台变化，才能将营销的主动权掌握在自己手中。

（三）升级权限，合理利用付费服务

不管是哪种类型的新媒体平台，小步快跑、快速迭代是互联网产品的特色。视频平台也在不断地增加新功能，并对不同用户开放不同的权限。企业或个人的官方账号应尽可能升级权限，如以商品销售为目标的企业最好获得平台的电商权限，缩短用户从看视频到购买的路径，提高转化率；以品牌推广为主要目的的账号要尽快完成企业认证，获取搜索展示优先、营销内容不被降级等权益，提升推广效果。

每个平台都有自己的商业付费推广工具，可以把视频推荐、展示给更多用户。企业在进行视频新媒体营销时应合理使用付费功能，在评估投放效果后合理使用。

（四）聚焦细分，构建长效营销生态

不管是企业还是个人，在进行视频新媒体营销时，垂直的内容领域能够准确地吸引细分领域的目标群体，帮助企业或个人在最短的时间积累精准用户，完成商品与潜在消费者的对接，促进消费转化。

企业在进行视频营销时，可以选择多元化的内容创作主体，如明星达人或草根大众。一方面可以通过明星达人定制视频营销内容，帮助品牌提升曝光量；另一方面可以激发普通公众参与品牌内容创作的欲望，实现品牌的声量裂变。通过对平台私域、公域、商域三大流量池的合理建设与使用，构建企业或个人长效的短视频营销生态，激发用户的社交扩散，实现企业的营销目标。

二、视频新媒体的运营技巧

企业在进行视频新媒体营销时一般有三种模式：与平台的达人展开商业合作；自建企业官方视频新媒体账号；购买平台的商业推广，如投放"DOU+"等，不同模式下有不同的运营技巧。

（一）达人合作的选择技巧

如果企业对平台主播比较了解，有合作效果较好或心仪的达人，可以直接同主播联系沟

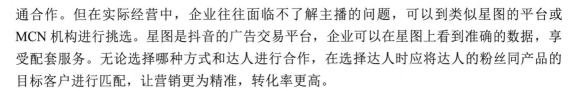

通合作。但在实际经营中，企业往往面临不了解主播的问题，可以到类似星图的平台或 MCN 机构进行挑选。星图是抖音的广告交易平台，企业可以在星图上看到准确的数据，享受配套服务。无论选择哪种方式和达人进行合作，在选择达人时应将达人的粉丝同产品的目标客户进行匹配，让营销更为精准，转化率更高。

（二）自建账号的运营技巧

除了与网红达人进行合作外，企业也可以通过对自己官方账号的运营，实现企业的营销目标。

1. 账号冷启动技巧

如果企业的官方账号是新注册的，注册完成后不要马上发布视频，而是要完善各项信息并每天观看与企业定位相关的热门视频并通过点赞、评论保持账号的活跃度。每天观看时长要超过 30 分钟，并持续 3～7 天，这段时间被称为账号的冷启动阶段。在完成这些操作后，后台会判定你是平台的友好用户，可以缩短作品审核时间。

2. 视频内容选择技巧

在进行视频内容选择时要对同类账号的热门视频进行研究，归纳出热门视频的套路，快速把握视频内容创作的大方向。视频平台一般都鼓励优质的原创视频内容，因此尽量不要直接搬运其他账号的视频，可以进行二次创作或翻拍。发布的视频应避免出现水印，更不要出现疑似广告的内容，画面内容应保持清晰，避免出现无意义镜头等，这些因素都会影响系统对视频内容的推荐。

3. 视频时长技巧

完播率是很多短视频平台推荐机制中的重要指标，视频时间短有助于提高完播率，帮助账号提升视频热度、增加粉丝数，但时间太短的视频能展现的信息有限，因此要合理控制视频长度。

4. 视频发布时间技巧

最好的发布时间没有统一标准，一般而言中午 12 点、下午 6 点、晚上 8 点～11 点是人们相对休闲的时间，可以作为参考。但实际上视频的发布时间与企业的目标群体和视频内容相关。考虑到审核和平台的自然推荐，一般情况下比品牌的精准用户处于看视频最佳状态的时间提前 30 分钟～1 小时是比较适合的发布时间。

（三）商业推广使用技巧

在企业进行新媒体营销的过程中，有时会购买平台的商业流量对内容进行流量加持，但要注意这些商业推广功能的使用策略。如 "DOU+" 功能可以提高单个视频的热度，但不要在视频发布后马上使用这一功能，因为视频发布 1 小时左右平台会提供免费的推荐。"DOU+" 和平台推荐错峰，有利于提高营销效果。在使用 "DOU+" 时最好多次少量进行，这样在每次投放后都可以观察效果，以便及时调整。

【实训任务】

一、实训目的

通过对抖音、快手、微信视频号账号的内容生产、数据分析和运营优化，熟练掌握视频新媒体平台的各项使用功能，掌握视频新媒体的营销策略和运营技巧。

二、实训项目

抖音、快手、微信视频号的数据分析和运营优化。

三、实训资料

河南御厨有机粮业有限公司相关资料见项目二。

四、实训步骤

1. 登录抖音创作服务平台，在"创作者学习中心"模块，完成"内容技巧""变现指导"等课程的学习。

2. 登录微信视频号创作者中心，在"创作者课堂"模块，完成"剧情类""游戏类""音乐类""摄影类"等细分品类视频创作课程的学习。

3. 根据账号的内容规划对账号进行日常维护和运营。

4. 观察账号的数据变化，对账号进行调整和优化。

五、实训评价

实训评价如表9-20～表9-22所示。

表9-20　小组自评表

小组自评表（得分可采用十分制/百分制/五星制）				
小组成员	承担工作	工作完成情况	个人得分	小组综合得分
		□未完成　□完成　□超额完成		
		□未完成　□完成　□超额完成		
		□未完成　□完成　□超额完成		
……	……			
问题自查				
改进措施				

表 9-21　小组互评表

小组名称	小组互评表（得分可采用十分制/百分制/五星制）		
	评分细则	细则得分	小组综合得分
	账号内容发布频率		
	账号粉丝数、阅读数等数据变化		
	……		
存在问题			
改进建议			

表 9-22　教师评价表

小组名称	教师评价表（得分可采用十分制/百分制/五星制）		
	评分细则	细则得分	小组综合得分
	团队协作精神：小组实训过程任务分工及团队协作情况		
	内容生产能力：是否能持续高质量的输出		
	数据分析能力：是否能通过数据优化调整		
	账号运营能力：数据表现是否持续向好		
	……		
存在问题			
改进建议			

【案例分析】

灵魂有香气，成长有力量——视频号"李筱懿"拆解

2021 年 2 月，视频号"李筱懿"发布了一个名为《哭着吃过饭的人，能够笑着活下去》的短视频。视频讲述《感动中国》2020 年度人物——万佐成熊庚香夫妇的爱心厨房故事。在视频除了将夫妇俩创办爱心厨房的故事娓娓道来，还特别描绘了患者家属流泪的细节，他们说"流泪也只敢在这里流，不想被家人看见"。不知不觉中，这里见证了无数人的悲欢离合，最后，李筱懿分享了她对这段故事的感慨："微弱的灯，照亮离人的寒夜；滚烫的灶，熬化生活的苦涩。人间烟火气，最抚凡人心，那些哭着吃过饭的人，是能够笑着活下去的。"视频一经发布，点赞量迅速升至 10 万+，最终以 883.5 的高指数斩获视频号周榜文化类第五名，如图 9-23 所示。

视频号"李筱懿"的主理人为女性作家李筱懿。从 2004 年出版第一本书《灵魂有香气的女子》，到创立公众号、组织线下女性社群、入局短视频，李筱懿和她的团队专注女性成长领域，在微信生态、抖音短视频、小红书、微博等新媒体平台已经积累了 2000 万粉丝，企业估值超 3 亿，如图 9-24 所示。

纵观李筱懿视频号的成功，可以看出，李筱懿的视频号非常清楚地定位在女性内容领

域，"每天给女孩讲一个故事"。这个"故事"，有她实拍的内容，有她对电影、书籍、很多其他内容的独特看法，甚至还介绍古今中外著名的女性，并加以解读从而给予大家一定的启发。不管什么样的内容，一定是积极、健康、向上的正向价值引导和启发。另一方面，关于视频号的涨粉和运营，李筱懿认为要充分做好私域流量管理，同时要潜心、用心地去做内容。

图 9-23　《哭着吃过饭的人，能够笑着活下去》

图 9-24　李筱懿的视频号

思政小课堂：深耕内容定位，传递价值导向

新媒体的内容为王，一定要有正确的价值定位和引导。中国优秀的传统文化、祖国的大好河山民风民俗、特定群体的励志故事精神成长等都给视频创作者提供了丰厚的素材和滋养。同时，视频创作者也要坚持正向的文化和价值导向，发现真善美、传播真善美。

思考：

1. 查看视频号"李筱懿"，分析其视频内容的特点和成功的关键。

2. 查看相关资料，分析抖音短视频与微信生态短视频在内容领域上有何不同？

项目十　直播新媒体营销

【项目目标】

一、知识目标

（1）了解直播新媒体营销的主要类型。
（2）掌握不同直播平台的内容和用户特点。
（3）掌握直播的策划和执行流程。
（4）掌握直播新媒体营销的合作模式。
（5）掌握直播新媒体营销的策略技巧。

二、能力目标

具备直播新媒体营销策划和实施的能力。

三、素养目标

（1）培养新媒体运营者思维。
（2）培养新媒体营销的创新意识。
（3）培养新媒体从业者视角的互联网敏锐度。
（4）培养新媒体工作岗位的专业素养和职业精神。
（5）培养直播新媒体从业者的职业道德和法律意识。

四、岗位目标

具备企业直播新媒体营销专员的岗位素质和能力。

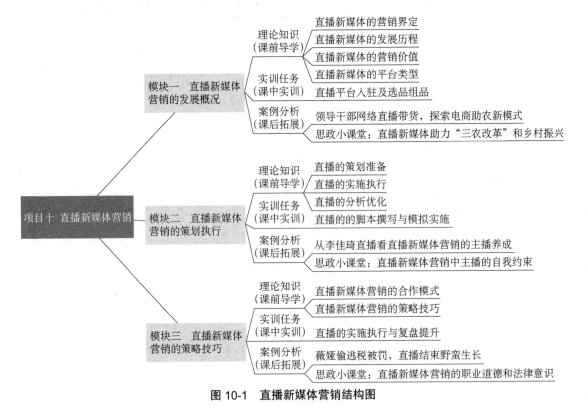

图 10-1　直播新媒体营销结构图

模块一　直播新媒体营销的发展概况

【理论知识】

"直播"一词大家并不陌生,电视直播、赛事直播等在传统的广播、电视中就已经出现。随着网络技术的发展,直播这一形式开始发生深刻的变革,越来越多的互联网直播形态开始出现。主播通过直播 App 利用手机摄像头或其他的摄影设备进行直播,观众通过客户端观看直播内容并与主播互动。在新媒体时代,直播不再是专业媒体机构的特权,每个人都可以通过直播平台和简易的设备成为主播,而直播既是营销方式也是销售渠道,成为企业和个人在进行商业活动时的重要选择。

一、直播新媒体的营销界定

直播的载体形式多样，传统媒体中的广播、电视都可以实现直播。广播、电视直播的传播主体单一、互动性较差。在新媒体时代，直播营销主要指企业利用互联网，以直播平台为载体，以商品销售、品牌推广为目的所进行的营销活动。本书中所讲的直播新媒体营销，主要指借助互联网直播进行的商业活动。

二、直播新媒体的发展历程

我国的网络直播始于 2005 年，在 2012 年进入成长期，2016 年迎来爆发期，2020 年回归变革期。随着网络速度、硬件设备的发展，直播的内容定位也在不断发生迁移，由单一的秀场、游戏直播向体育、教育和电商领域渗透。互联网直播大致经历了四个发展阶段。

（一）探索期（2005—2011 年）

这一阶段的直播主要在 PC 端进行，以秀场直播为主，主要分为聊天室模式和演唱会模式。

（二）成长期（2012—2015 年）

随着移动互联网的发展，手游产业迎来爆发，国内开始出现游戏直播平台。2012 年虎牙直播开通，2016 年斗鱼直播上线。这个时期的直播虽然仍以 PC 端为主，但移动端的巨大潜力已经初见端倪，直播内容也更加垂直化。

（三）爆发期（2016—2019 年）

2016 年被称为移动互联网的直播元年，随着资本的涌入，大量创业者进入直播行业，移动直播平台遍地开花，互联网直播也进入风口期。这个时期的直播以移动端为主，直播内容也从单一的秀场、游戏，开始向电商、教育等行业渗透。

（四）变革期（2020 年至今）

受新冠病毒感染疫情影响，互联网直播在 2020 年发生了深刻的变革。从内容定位角度而言，互联网直播从 2020 年起逐渐沉淀为两大类。一类是以娱乐、游戏为主的泛娱乐直播；另一类是以销售实物或虚拟商品为主的电商直播。

泛娱乐直播和电商直播在功能属性、营收结构、政策环境等方面存在着较大差异。从功能属性上看，前者的娱乐性更强，后者的实用性更强；从营收结构上看，前者的收入来源主要是直播打赏，后者的收入来源主要是销售佣金；从政策环境上看，前者由于内容不规范，政府监管力度较大，后者由于与扶贫助农以及与新的就业形态相联系，政府的扶持力度较大。随着电商直播占据的比重越来越大，直播新媒体营销也成为企业和个人在进行商业活动时的重要选择。

三、直播新媒体的营销价值

对比传统的广播、电视直播，新媒体直播具有人人可参与，对直播的设备、场地要求限制少，操作简单、上手快等优势。不同于文字、图片、视频等媒体形式，直播紧密地将观众与直播内容联系在一起，与观众产生深度互动，是企业和个人在商业行为中必不可少的营销选择。

（一）实时互动，深度参与

企业或个人在进行新媒体直播的过程中，观众可以实时看到主播所介绍的商品或服务的真实状态，可以通过发言、礼物等方式与主播进行实时互动。企业的品牌和商品得到全方位地展示，增强了受众的体验感，提高了观众对企业品牌形象和文化的认知，进而产生购买行为。

（二）用户导流，数据反馈

在直播过程中，主播可以通过特定的话术或活动引导观众对企业其他新媒体平台的官方账号进行关注，从而优化从购买到服务的商业流程。直播也可以精准地收集观众在线数、观看时长等行为数据，为企业的商业活动提供数据支撑，进而调整优化营销策略。

（三）沟通深入，时空无限

在直播过程中主播与观众的沟通相对即时和深入，进入直播间的观众也往往对主播或主播推荐的商品和品牌感兴趣，双方一般能通过深度沟通和情绪感染营造出良好的氛围。另外，直播在时间和空间上的限制较少。就目前的直播技术而言，无论何时何地，只要是对品牌或商品感兴趣的消费者都可以通过观看直播参与互动并产生消费行为。

四、直播新媒体的平台类型

新媒体直播需要借助一定的直播平台和工具。随着直播的崛起，越来越多的互联网公司推出了自己的直播产品，不同的直播平台往往有不同的平台特点和用户特征。按照直播平台的独立属性可以分为两大类：一类是独立平台的直播，如花椒直播、映客直播等；另一类是附属于某一平台的直播功能模块，如附属于电商的淘宝直播，附属于短视频的抖音直播，附属于新闻客户端的头条直播等。

（一）独立平台直播

1. 综合类独立平台直播

这一类型的直播平台包含各种内容的直播，观众进入后可以根据自身的兴趣对直播内容进行选择，可以进入游戏、秀场、户外、教育、美妆等不同的分类。例如：花椒直播、YY直播、一直播等。

随着技术的进步，其操作过程越来越便捷，以花椒直播为例对其操作进行介绍。

（1）基本界面

移动端操作可直接下载花椒直播 App。打开后，使用 QQ、微信或者手机号即可登录进入平台的直播界面，页面顶部按照直播内容对直播进行了分类引导，下方的菜单栏包含以下内容：

① "首页"可以观看别人的直播内容。

② "附近"可以看到附近位置的主播。

③ "直播"是发起直播、上传视频、发布动态的入口。

④ "关注"可以关注感兴趣的主播。

⑤ "我的"可以完成账号信息修改、权限设置、认证、场控添加等设置。

（2）主播认证

① 实名认证。一般情况下，在互联网直播平台上都需要完成实名认证才能进行直播，实名认证有两种方式：方式一，进行芝麻信用认证，填写姓名和身份证号，通过人脸识别即可完成；方式二，若芝麻信用认证不通过，可以通过提交真实姓名、身份证号、手持身份证照片进行认证。

② 个人认证。当主播为明星、社会公众人物、行业内知名人士，且满足花椒粉丝数不低于 200 人，直播次数不少于 5 次，总时长不低于 30 分钟的条件时可以申请个人认证，通过个人认证的账号会出现"黄 V"标识。如果主播有"加 V"微博账号且粉丝数不低于 10000 人，完成 5 次直播且总时长不低于 30 分钟，也可以申请同步获取花椒个人认证标识。

（3）企业认证

企业可以进行机构认证，机构认证需要符合以下条件：提交营业执照照片或扫描件；粉丝数不低于 100 人；花椒直播次数不少于 5 次，总时长不低于 30 分钟。通过机构认证的账号会出现"蓝 V"标识。

完成认证的账号可以对主页进行更多权益设置。已认证用户更容易登上热门，获得平台推荐的概率也更大。需要注意的是，已认证用户包括个人和机构账号，如果连续 1 个月没有直播，将取消其认证资格。花椒直播页面如图 10-2 所示。

2. 游戏类独立平台直播

游戏类直播平台主要针对游戏进行直播，直播形式通常为一边进行游戏操作一边进行互动解说。游戏爱好者往往会登录固定的平台，甚至观看固定主播的直播内容，这种类型的直播可以按照游戏进行分类，典型代表如虎牙直播、企鹅电竞等。

3. 教育类独立平台直播

这类型的直播以在线课堂为主，对比传统线下课堂，在线课堂的教学及管理活动主要通过网络完成，观看地点灵活。相较于视频学习，直播可以进行教学、答疑、上麦等互动，有利于增强学习效果，提高教学质量。此类型直播往往同视频课程或其他线上学习资源关联，平台多数对应有视频学习网站或资源，如网易云课堂的直播、沪江网校对应的 CCtalk 等。

图 10-2　花椒直播页面

4. 秀场类独立平台直播

秀场类的直播开始较早，2005 年左右就开始在国内出现，至今依然是主播进行才艺展示的重要形式。秀场类直播的内容一般为歌、舞、才艺等，变现模式主要为观众打赏，模式单一，政府监管力度也比较大。

5. 体育类独立平台直播

体育直播是一个非常重要的直播门类，主要针对体育赛况进行实时直播。这些直播平台除了提供赛事实况直播外，还提供新闻资讯、论坛社区、原创报道、视频集锦等服务。如专门进行篮球、足球直播的直播吧，专门进行中超、英超等热门联赛以及台球、羽毛球等赛项直播的章鱼 TV 等。

这些具有某种内容领域特征的独立直播平台并不是说平台上仅有此类直播，而是指该平台在这个领域的直播中认可度高、观看人数规模大、主播数量多。即便是在游戏直播平台也可以看到其他领域的直播内容，只是数量较少而已。在某一领域取得成功后，平台会尝试向综合类方向发展，因此在对直播平台进行分类时会看到部分平台出现复合属性。

（二）附属平台直播

除了专门的直播平台外，很多互联网都支持直播功能，如 QQ 空间、微博、今日头条等。可以进行直播的平台较多，不同平台的操作相似度较高，按照平台提示进行操作即可。作为新媒体营销的从业人员，需要掌握的不仅仅是平台的基本操作，而是背后的商业思考和

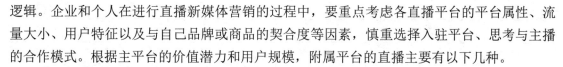

逻辑。企业和个人在进行直播新媒体营销的过程中，要重点考虑各直播平台的平台属性、流量大小、用户特征以及与自己品牌或商品的契合度等因素，慎重选择入驻平台、思考与主播的合作模式。根据主平台的价值潜力和用户规模，附属平台的直播主要有以下几种。

1. 电商附属平台直播

电商直播是目前最重要的直播形式，不仅为企业提供了新的营销宣传方式，也提供了新的商品销售渠道。可以说在某种程度上，电商直播改变了电子商务背后的供应链以及人货场的关系。目前，大的电子商务平台都有直播功能，如淘宝直播、京东直播、唯品会直播等。

电商直播以介绍、展示商品为内容，优惠券、秒杀等活动为手段，商品销售、品牌推广为目的，李佳琦就是此类型直播的代表人物。电商主播也以"可视化客服"的形态，成为一种新的职业和岗位。电商平台直播带有天然的带货属性，其中淘宝直播使用最为广泛，下面以淘宝为例对电商平台直播中的相关问题进行说明。

（1）直播开通

用淘宝账号登录淘宝主播 App 或者手机淘宝扫码即可登录主页进行主播入驻，如图 10-3 所示。

图 10-3　淘宝主播 App 入驻页面

淘宝主播 App 是淘宝直播的专门应用，可以对直播活动进行设置和管理。目前淘宝主播提供了商家、达人、机构等入驻类型。不同类型的适用主体以及开通条件如表 10-1 所示。

表 10-1　不同类型淘宝主播的适用主体及开通条件

主播类型	适用主体	开通条件
商家	淘宝店铺商家	DSR≥4.6； 信用等级达到 1 钻及以上； 主营类目对应商品数达到 5 个以上，珠宝类需符合特殊要求

主播类型	适用主体	开通条件
达人	非商家的个人主播；未满足商家开通条件的商家主播	账号达到 L2 级别； 提交一份 1 分钟的展示视频； 通过基础规则考试
机构	拥有经纪公司的主播运营机构	独立法人、固定办公地点、一般纳税人资质； 注册资金≥50 万元； 对签约主播数量、直播活跃度、直播内容有特定要求
专业制作团队	专业内容制作公司	PGC 机构资质； 独立法人、固定办公地点、一般纳税人资质； 公司注册时间 1 年以上，且从事广告、达人、自媒体、红人、电视电影制作等相关业务 1 年以上； 注册资金≥100 万元
商家服务商	专门为淘宝商家提供专业直播服务的机构	独立法人、固定办公地点、一般纳税人资质； 成立时间 1 年及以上，注册资本≥50 万元； 拥有淘宝账户，完成支付宝企业实名认证，且对应账户没有淘宝平台开店记录； 足额缴存 10 万元保证金
村播机构	为县域商家和村民长期提供直播培训和淘宝代运营的机构	独立法人、固定办公地点、一般纳税人资质； 成立时间 1 年及以上，注册资本 50 万元及以上； 拥有淘宝账户，完成支付宝企业实名认证，且对应账户没有淘宝平台开店记录； 公司经营范围为达人、自媒体、网红等相关，或者拥有县域政府或媒体资源，具备主播培训相关能力； 提供 3 位及以上村播达人账号的试播申请信息

（2）主播选择

① 选择方式。商家如果想在淘宝直播中选择主播，可以通过私信进行联系，沟通合作细节。也可以开通 V 任务平台，直接在 V 任务平台下单订购。V 任务平台相当于一个第三方契约平台，可以保护商家和主播双方的利益。使用自己的商店主账户打开商家标识，有三颗以上钻石，并且无违规记录的卖家可以成功进入；如果账户少于三颗钻石，可以通过注册批准开通。

② 合作方式。目前淘宝商家与主播的合作方式一般为基本工资+佣金，每天直播固定小时数有基本底薪，佣金与销售量有关，商家可以直接和主播协商佣金比率，通常粉丝数越多佣金越高。企业应根据自己的商品定位和客户定位选择调性相符的主播，选择前最好对主播的直播氛围、观众反应、以往销售商品情况等信息进行了解。

2. 视频附属平台直播

近年来短视频发展迅速，不少短视频平台成为用户打开率和使用时长领先的头部 App，很多短视频平台也开通了直播功能，如抖音、快手等。早期的视频平台大多以泛娱乐的直播内容为主，但也开始慢慢布局自己的直播电商业态。在这些平台中也诞生了很多头部带货主播，如抖音的罗永浩等。视频平台直播入口位置明显，一般在首页有引导入口。账号直播权限的开通一般需要满足一定的条件，遵循各平台的规则即可。关于视频平台的直播功能，在视频新媒体营销中有详细介绍。

3. 资讯附属平台直播

资讯类直播平台会通过资讯新媒体平台对新闻事件或重要活动进行直播，如今日头条等新闻客户端的直播，如图 10-4 所示。

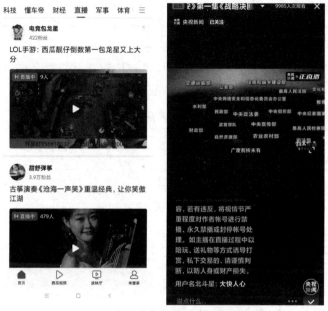

图 10-4　今日头条新闻客户端直播示例

【实训任务】

一、实训目的

为直播选择平台和产品，掌握不同直播平台的操作和用户特点，提升直播的平台入驻和选品组品能力。

二、实训项目

直播平台入驻及选品组品。

三、实训资料

河南御厨有机粮业有限公司相关资料见项目二。

四、实训步骤

1. 在抖音、快手、微信视频号上分别选取 1～3 场有关"农产品"的直播进行观看，并完成表 10-2。

表 10-2　直播分析表

	直播平台	观看入口	直播场景	主播特点	内容特点	直播数据	账号概况
直播一							
直播二							
直播三							
……							

2. 参考实训资料及其他网络信息，搜索与"有机农产品"相关的产品、厂家、价格、评价等信息，结合信息对产品进行排序，完成表 10-3。

表 10-3　产品排序表

产品排序表			
顺序	产品名称	基本信息	排序理由
1			
2			
3			
4	……	……	……
备注	基本信息包含但不局限于价格、产地、品牌、评价等，内容入选理由内容过多可附页		

3. 结合网络上热门产品信息，为河南御厨选择 10 件商品确定为直播最终选品，将商品按顺序进行排列，并完成表 10-4。

表 10-4　直播选品分析表

序号	商品名称	选品性质	目标人群	入选理由
1		福利品□　引流品□　利润品□　爆品□ 定性理由＿＿＿＿＿＿＿＿＿＿		
2				
3				
……	……	……	……	……
备注	引流品：新流量进入直播间时投放的低价商品； 利润品：高频次讲解的高利润产品； 福利品：活跃直播间氛围； 爆品：占整盘货物的20%，预留返场时间			

4. 为河南御厨选择直播平台，并简述选择的理由。

五、实训评价

实训评价如表 10-5～表 10-7 所示。

表 10-5　小组自评表

小组自评表（得分可采用十分制/百分制/五星制）				
小组成员	承担工作	工作完成情况	个人得分	小组综合得分
		□未完成　□完成　□超额完成		
		□未完成　□完成　□超额完成		

（续表）

小组成员	承担工作	工作完成情况	个人得分	小组综合得分
		☐未完成 ☐完成 ☐超额完成		
……	……			
问题自查				
改进措施				

表 10-6 小组互评表

	小组互评表（得分可采用十分制/百分制/五星制）		
	评分细则	细则得分	小组综合得分
小组名称	单场直播观摩，分析总结情况		
	产品选择是否具有竞争力		
	福利品、引流品、高客单价品等组合是否科学		
	直播平台选择是否合理		
	……		
存在问题			
改进建议			

表 10-7 教师评价表

	教师评价表（得分可采用十分制/百分制/五星制）		
	评分细则	细则得分	小组综合得分
小组名称	团队协作精神		
	分析总结能力		
	直播选品、组品能力		
	……		
存在问题			
改进建议			

【案例分析】

领导干部网络直播带货，探索电商助农新模式

2020 年可以称为网络助农直播元年，受疫情的影响，我国的优质农产品销售遇到了困难。疫情期间堆积了大量的农产品，由于销售渠道不畅，导致农产品滞销，这让很多农户陷入了困境。特别是贫困地区那些品质优良的特色农产品，因为物流不便、商业不发达、信息不对称等原因，不为消费者所知晓。如何帮助农户度过困难，打通销售渠道，成为摆在当地政府面前的一道难题。面对这样的难题，一些地市的党员领导干部积极做起了"网红"，从办公室走入直播间，成为积极的"带货"主播。

河南省南阳市镇平县副县长王洪涛进入想念食品股份有限公司精心装修的"面条快闪店—想念面馆",将此地作为直播间,为南阳知名品牌"想念"带货。镜头里,化身为主播的王县长不仅能得当地运用直播话术,还能在专业主播的协助下对各种商品如数家珍,同时针对网友的提问分享自己最真实的建议。这一天,王洪涛身在"想念"直播间,在直播的3个小时中,他的话题始终围绕在镇坪县经济社会发展的方方面面,从详细推介品类多样的"想念"面食物,到简单分享驰名全国的镇坪玉石、镇平锦鲤、镇平农产等。以点带面,引领直播间网友关注镇平的县域经济及背后独具特色的县域文化生态,这正是一个深扎基层沃土的县长与普通网红带货的不同之处。在直播过程中,王洪涛说县情乡情,讲产品故事,推产品品牌,目的就是让网友能够了解当地风土人情,充分认识产品的质量,让网友能够隔着屏幕体会到口感、触感。网友信赖党员领导干部作为主播的身份,由此延伸到对产品的信任上,并最终创造了好的销量。这样的助农直播虽然没有网红面孔,但却注定是一场能够吸引网络流量、打通销售堵点、创造销售奇迹、巩固脱贫成果、助力乡村振兴的电商助农新模式。

思政小课堂:直播新媒体助力"三农"改革和乡村振兴

"三农"问题是我们国家全面深化改革的重要环节,直播带货直接有效地解决了农产品的销售和农民的收入问题,进一步推进了乡村振兴建设。

思考:

1. 你还知道哪些领导干部成功开展直播带货的案例?
2. 你认为他们直播成功的原因是什么?

模块二 直播新媒体营销的策划执行

 【理论知识】

不同于录播可以进行剪辑,一旦在直播中发生意外尤其是负面情况时无法进行遮掩。为保证顺利完成营销目标,避免翻车事故发生,需要对直播的整个过程进行监控。一般而言,一场直播的实施主要分成前期策划准备、中期实施执行、后期分析优化三部分。

一、直播的策划准备

直播的前期准备主要包括方案策划、脚本撰写、宣传导流、物料准备等方面的内容。

(一)方案策划

直播只是形式,在进行策划时首先要明确直播的目标,是品牌宣传推广、商品销售还是活动预热。其次要将目标具体化,品牌宣传是为了突出什么样的品牌形象,商品销售是要实现多少销售额。这些内容在进行具体方案的策划前一定要明确,只有明确目标才能设计对应的内容，在制订目标时也要同实际相结合，注重目标的可达成性和挑战性，不切实际的目标对过程执行没有指导意义。

在明确目标后，需要制订直播方案，在直播方案中将参与人员、直播主题、使用平台等内容确定下来，并确定各部分内容的实施者和目标责任人。方案应当简洁、清晰，将目标、内容、参与人员、时间及预算表述清楚，必要时借助表格进行辅助说明。需要注意的是，在制订直播方案时，直播前期准备工作的时间安排、预算、人员也应当包含在方案之内。

（二）脚本撰写

专业的直播是需要有脚本的，尤其是电商直播。一般而言，电商直播的脚本分为单品脚本以及单场脚本两种类型。单品脚本主要围绕商品进行，商品卖点是核心；单场直播脚本用以规范整场直播内容与流程，重点是各个环节的内容、衔接以及直播节奏的把控。

1. 单品脚本的撰写

单品脚本在撰写的过程中要重点围绕商品进行商品/品牌介绍、强调利益点、引导消费转化，一般情况下以表格的形式呈现。在单品脚本中要清晰、有层次、有逻辑地展现重点内容，方便团队对接工作。单品脚本撰写示例如表 10-8 所示。

表 10-8　单品脚本撰写示例

单品脚本	
目标项	讲解重点
商品/品牌介绍	商品特点、品牌理念等
利益点强调	最低价、第二件优惠、团购有礼等
消费转化	每天不到一块钱即可获得……
操作引导	关注店铺、分享直播间、购买链接、点赞下单……
……	……

2. 单场脚本的撰写

单场脚本主要是用来对整场直播进行把控，在撰写的过程中要明确主题、目标观众、直播节奏、直播卖点和看点、优惠券、赠品等。一般而言，一场直播大概需要 4~6 个小时，下面以一场 4 小时的直播为例，对单场直播的脚本进行说明，如表 10-9 所示。

表 10-9　单场脚本撰写示例

单场直播	
时间节点	主要内容
1 分钟之前	与粉丝打招呼、拉家常，拉近与粉丝之间的距离
1 分钟~5 分钟	近景直播，与粉丝互动的同时渲染本场直播商品，从产地、口碑、销量等数据说起，吸引眼球，勾起观众好奇心，不断强调每天定点开播等内容
5 分钟~10 分钟	宣布本场直播福利，如互动抽奖、派发红包、直播间秒杀等，活跃直播间氛围，聚集人气；设置分享奖励，激励观众转发直播间，带来新的流量
10 分钟~20 分钟	按照提前规划好的场景，将本场直播的所有商品介绍一遍，不做过多停留，本场主推款可以多做介绍；整个剧透持续 10 分钟，助理跟上，服装、日化、食品等商品可以配套展示；整个过程不看粉丝评论，不跟粉丝走，按自己的节奏逐一剧透

（续表）

时间节点	主要内容
20分钟～135分钟	正式进入商品逐个推荐
135分钟～195分钟	呼声较高商品的返场演绎
195分钟～225分钟	完整展示爆款购买路径，引导粉丝如何领取优惠券、如何下单等操作
225分钟～235分钟	剧透明天的新款或回复今日商品的问题
235分钟～240分钟	强调关注主播，下期开播时间以及下期福利

专业合格的直播脚本，需要考虑到直播流程的各个细节，综合调度直播的时间、场景、人员、道具、商品等，使直播过程有条不紊，而不是处处随机。此外，需要注意的是直播脚本不是固定不变的，每一场活动直播都有自己的特点，在脚本的撰写过程中要有针对性地进行优化和改进。

（三）宣传导流

直播有时间限制，为了最大限度地提升直播的参与人数和影响力，应当在直播开始前进行宣传预热，吸引更多观众提前关注，以保证在直播开始时直播间的粉丝数量。直播前的宣传导流服务于营销目标，对直播有重要作用，应当在直播方案中体现。

需要明确的是，带有营销目的的直播和个人直播有很大差异，个人直播往往追求直播间粉丝数量，希望直播被更多人看到，而电商直播往往以品牌曝光或商品销售为目标，因此直播前宣传导流的主要对象是企业的目标人群或商品的潜在购买者。在进行直播之前首先要明确目标观众的年龄、消费习惯，并对不同的直播平台进行分析，尽量选择直播平台观众与潜在消费者重合度高的平台，并在平台上进行直播预告以及开展多种形式的直播宣传导流。常见的宣传方式有以下几种。

1. 付费推广

企业直接同官方媒体或大号合作，对直播时间、账号、内容、活动等进行宣传。央视进行的直播一般都会在人民日报、央视新闻网等官方新媒体平台上进行宣传预告和导流。

2. 预热视频

在直播开始前制作视频对直播过程中的亮点进行宣传，在视频结尾展示直播时间、账号和平台，引导用户提前下载并关注直播间。罗永浩在抖音的直播一般会提前拍摄视频在抖音投放，进行直播预热。

3. 平台导流

将与直播有关的软文、海报、视频在企业各官方新媒体账号以及粉丝社群中进行推送，通过不同的平台对直播进行宣传和导流。

（四）物料准备

直播前期的物料准备包含硬件和软件两个方面。

1. 硬件准备

（1）直播设备。为保证直播能够清晰、稳定地进行，直播开始前要对直播设备进行调试。移动互联网时代常用的直播设备是手机，直播前要确保电量充足、网络连接通畅，确认直播过程中是否需要使用支架以及支架的摆放位置。在直播准备的过程中最好准备两部手机。为保证直播画面，直播过程往往使用补光灯。为确保主播所说的话清晰地被观众接收，在直播中需要使用收音设备，最简单的收音设备是耳机。如果是室外或嘈杂环境则需辅助以其他的外界收音设备。对于直播环节较多的活动，需要打印流程单以便直播过程中使用。

（2）道具场景。直播可以在室外进行，也可以在室内。室外场景需要提前进行踩点，熟悉直播的场地环境。室内场景需要提前进行布置，布置要点包括室内背景、桌椅、商品展示区、商品 Logo、宣传海报等，可能出现在直播镜头中的道具都需要提前准备。对于特殊的节日或有明确主题的直播活动，如情人节、儿童节、春节等，可以准备和节日气氛相符的直播背景和道具。

2. 软件准备

直播的软件准备包括直播软件的测试、主播的心理调适、场控等工作人员的就位等。直播前，尤其是首次直播，除了设备设施的调试外，直播参与人员的心理状态、前期的直播预演都是需要重点考虑的内容。

（1）选择直播封面。直播封面是观众了解直播内容的第一窗口，应当对其进行重点设置。可以将直播内容、时间、主播信息等内容加入直播封面中，使得观众通过封面对直播内容有一个基本判断。最常用的直播封面可以是直播信息，也可以是主播特写。企业或个人需要根据自己的直播目标来确定封面。

（2）调试直播软件。每一次直播前，都需要对直播平台进行操作调试。直播画面中可以添加的文字、图片等内容，添加的功能键在哪里，如何添加等，都应当提前熟悉操作。如淘宝直播开始前需要提前将直播过程中的商品进行编号，方便直播间观众提问；添加图片或道具时需要注意不要遮挡主播面部和商品展示区域；直播前可以对直播效果如美颜、滤镜等进行适当设置。

（3）确定直播场控。直播的过程中需要场控对直播流程进行把控，场控可以对观看直播的观众进行禁言、移出直播间等操作，帮助主播维持直播间的秩序。以花椒直播 App 为例，进入右下角"我的"，点击"设置"，进入设置界面选择"我的场控"，根据系统提示添加场控。

（4）模拟用户登录。直播测试时除了主播账号的设置和调试以外，在测试时也应当让工作人员以用户的账号登录，测试观众的观看使用效果，对直播过程中有可能出现的问题进行提前预演。

（5）主播心理调适。直播不同于录播，没有任何剪辑的余地。主播作为出镜和现场控制最关键的人员，需要具备较强的心理素质和控场能力。在直播开始前，主播要进行适当的心理调适，以最佳的状态完成直播活动。

二、直播的实施执行

新媒体直播气氛相对轻松，形式比较灵活，很多互动来自观众的提问，因而留给主播比较多的灵活机动时间，这一部分主播可以自由发挥。但对于企业和个人的直播新媒体营销活

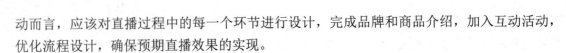

动而言，应该对直播过程中的每一个环节进行设计，完成品牌和商品介绍，加入互动活动，优化流程设计，确保预期直播效果的实现。

（一）开场技巧

直播开场一般用以介绍基本信息，如直播的内容、活动、优惠、组织者等。这一部分内容简单明了，让用户对直播有一个基础认知即可，不要内容过多，避免流失用户。以销售为目标的直播活动往往会在直播过程中发放优惠券，这一部分内容应当在开场提及。直播的开场是决定进入直播间的观众是否停留的关键，观看者半分钟就会对直播是否有趣、值不值得看给出自己的判断，因此在开场一定要引起消费者的兴趣，将前期宣传导流和平台随机分配的用户留住，并鼓励关注。这一阶段还应鼓励现有观众将直播间进行推荐分享。常见的开场形式有以下几种。

1. 直接开场

主播直接进行基本信息的介绍，将主办方、直播内容、优惠、互动形式等内容进行说明。

2. 提问开场

通过描述一些现象、问题，并对观众提问，从而引出直播中的商品，如对护发类商品进行介绍可以直接问有没有头发干枯的观众，为解决这些问题都做过哪些尝试等。

3. 数据、案例开场

部分直播可以直接使用数据或案例增强说服力，如英语学习直播开场以主播曾经教过的一个学员为例，引导观众关注。

4. 户外开场

户外直播可以直接对路上景色、人流等进行介绍作为开场，如景区直播可以直接以主播现在位于某地，今天要去做什么等作为开场。

（二）互动形式

新媒体直播最大的特点就是互动性强，直播过程中进行互动是增强直播趣味、营造直播氛围、提高观众留存度的有效方法。

1. 观众提问

直播过程中观众可以发表自己的观点或向主播提问。对于观众发表的观点，主播可以适当进行抽取和分享；对于需要主播回答的提问，主播应有所回应，特别是提问较多的问题。

2. 主播提问

在直播过程中主播可以向观众提问，比如服装直播可以问大家想先看哪件，并满足给予回应的观众要求，进行试穿或者介绍。户外直播可以将街道通过镜头展现给观众，让观众选择接下来去哪里。

3. 观众打赏

直播过程中观众可以对主播进行打赏，这种打赏由观众发起，是观众对主播的认可，也是个人主播的收入来源之一，主播注意到观众的打赏后要及时表示感谢。

4. 促销活动

电商直播在直播过程中可以准备一些红包、优惠券、秒杀等用于促销商品，不仅可以烘

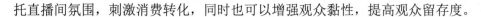

托直播间氛围，刺激消费转化，同时也可以增强观众黏性，提高观众留存度。

（三）结尾要点

在直播活动即将结束的时候，个人直播可以直接进行告别，并约定好下次直播的时间。以营销为主要目的的直播，需要对直播的结尾进行精心设计，最大限度地提升直播效果，实现营销转化。

1. 观众导流

在直播结束时，主播可以对直播观众进行导流，将直播中的观众引导到企业商品销售店铺、社群、公众号、视频号等其他官方新媒体平台，完成下一步的客户维护和购买转化。

2. 购买转化

以销售为目标的直播可以在结束时强调优惠券的使用方法、时间限制等，提醒抢到优惠券的观众正确和及时使用，这是吸引观众关注、下单、复购，以及在直播过程中提高销量的重要手段。

3. 提高黏性

在直播的结尾，可以对下次直播的内容进行预告，同时感谢在直播过程中购买的观众，如果直播过程有邀请嘉宾，应当对嘉宾表示感谢。通过上下衔接的直播内容，维护好客户关系，提高观众黏性。

三、直播的分析优化

直播结束并不代表直播活动完成，在直播结束后，还需要通过营销发酵、数据分析等对直播进行后续营销潜力的挖掘以及直播的优化。

（一）营销发酵

直播结束后应对直播过程中剪辑的视频、截图等素材进行整理和编辑，并将这些内容在不同的新媒体平台上进行发布和传播，进一步巩固、提升直播的影响力，将直播的效果发挥到最大，同时也为商品和品牌的宣传提供素材。如果直播过程中商品销售数据抢眼或关注人数众多，也应当对这些数据进行二次传播。

（二）数据分析

直播结束后应对本次直播过程中的数据表现进行统计分析，并对整个直播从准备阶段到实施过程中出现的问题进行总结和分析，以便下次直播的优化和改进。同时，要对直播过程中观众集中反映的问题进行处理。直播过程中如果把观众向企业的其他新媒体平台进行导流，应在直播结束后在社群或所对应的新媒体账号中对观众进行及时维护，确保留存。

（三）优化提升

对直播进行分析总结是为了下一次直播的优化提升。一般而言，直播优化提升的注意事项有以下几个方面。

1. 在直播过程中不断插入直播介绍

直播中部分观众会进入直播间，这时直播已经开始，新进入直播间的观众可能对直播内容不了解，主播应当多次介绍直播内容、嘉宾、优惠活动等，这些介绍应内容精练，说明问题即可。

2. 在直播过程中避免自娱自乐

主播直播的内容应当在品牌调性的基础上增加互动，找到观众的兴趣点，调动观众的积极性。主播偏离品牌或商品主题，一味自娱自乐将很难达到直播的营销效果。

3. 在直播过程中保持良好的心理状态

直播过程中可能会有部分观众有过激的言论，主播看到这些内容应当正确处理，避免在直播过程中与观众发生直接的言语冲突，同时场控也应当注意在直播过程中对观众的发言进行引导和控制。

4. 直播过程中不能出现违规违法行为

国家对直播的监管力度是比较大的，尤其是泛娱乐直播。在直播的过程中要坚决避免出现违反平台规则甚至法律的不当言论和行为，违规行为会导致直播账号受到警告甚至被降级或封号。

【实训任务】

一、实训目的

通过单场直播策划方案与脚本的撰写、直播的模拟训练，对直播的流程有系统的认知和把握。

二、实训项目

直播的脚本撰写与模拟实施。

三、实训资料

河南御厨有机粮业有限公司相关资料见项目二。

四、实训步骤

1. 为河南御厨的直播撰写策划方案，方案包括但不仅限于背景介绍、直播平台、直播时间、主播等基本信息，工作人员任务分工及工作台账等内容。

2. 为每一个选品撰写单品直播脚本，确定产品顺序，并完成表10-10。

表 10-10　单品直播脚本

产品一	
目标项	讲解重点
产品、品牌介绍	
利益点强调	
消费转化	
操作引导	
……	……
产品二	
……	……

3. 撰写单场脚本，并完成表 10-11。

表 10-11　单场脚本

单场直播		
时间节点	主要内容	直播话术
0~1 分钟	与粉丝打招呼、拉家常，拉近与粉丝之间的距离	来到直播间的宝宝们大家晚上好……
1~5 分钟	……	
5~10 分钟	……	
……	……	

4. 在正式直播开始之前对直播过程进行模拟，并完成表 10-12。

表 10-12　直播模拟表

时间节点	直播环节	所需道具和产品	人员任务分工
……			
备注			

五、实训评价

实训评价如表 10-13～表 10-16 所示。

表 10-13　小组自评表

小组自评表（得分可采用十分制/百分制/五星制）				
小组成员	承担工作	工作完成情况	个人得分	小组综合得分
		□未完成　□完成　□超额完成		
		□未完成　□完成　□超额完成		
		□未完成　□完成　□超额完成		

（续表）

小组成员	承担工作	工作完成情况	个人得分	小组综合得分
……	……			
问题自查				
改进措施				

表 10-14 小组互评表

小组互评表（得分可采用十分制/百分制/五星制）			
	评分细则	细则得分	小组综合得分
小组名称	直播方案是否系统、可执行		
	产品选择是否具有竞争力		
	卖点提炼是否精准		
	模拟直播时的整体表现		
	……		
存在问题			
改进建议			

表 10-15 教师评价表

教师评价表（得分可采用十分制/百分制/五星制）			
	评分细则	细则得分	小组综合得分
小组名称	团队分工协作能力		
	直播策划与脚本撰写能力		
	直播执行实施能力		
	……		
存在问题			
改进建议			

表 10-16 企业评价表

企业评价表（得分可采用十分制/百分制/五星制）			
	评分细则	细则得分	小组综合得分
小组名称	项目可实施情况		
	项目市场接受度情况		
	项目后续可持续力情况		
	……		
存在问题			
改进建议			

【案例分析】

从李佳琦直播看直播新媒体营销的主播养成

直播新媒体营销在新冠疫情防控期间火速成为众多企业主流营销方式之一，主播也逐渐成为一个常规化的岗位。李佳琦作为直播电商的头部主播，其直播方式具有别具一格的优势。

李佳琦在直播间会在线代客体验，例如将口红涂在嘴唇上试色，并亲自为顾客在线试色，直接消除了顾客对于上妆效果色差的顾虑。通过沉浸式体验，用专业的知识给顾客讲解，拉近了与消费者之间的距离，实时与顾客的对话让顾客对产品产生了认同感，极大地提高了销量，成为了独具特色的营销卖点。

互动是顾客与李佳琦二者之间联系的桥梁，这对于口碑管理有着极其重要的作用。李佳琦十分注重与消费者的反馈互动，他会经常观看各大平台的热搜产品，了解消费者的需求与爱好，注重性价比和质量，结合自家官方账号下面的粉丝留言来选出适合在直播间宣传和购买的产品，在满足消费者购买欲望的同时，还能够增强口碑管理，这也是李佳琦直播间成功的原因之一。

另外，产品的售后服务在很大程度上影响着消费者再次购买产品的可能性，李佳琦积极追踪反馈，对于顾客在购买时遇到的问题进行快速处理，为自己的直播间打造了良好的口碑，获得了顾客的信任与支持。

尽管李佳琦作为头部主播有其成功之道，但李佳琦直播间也免不了有翻车的情况。例如李佳琦在直播中推荐了一口不粘锅，在演示煎鸡蛋的环节，鸡蛋牢牢粘住了锅底，惹来一片批评之声。在另一场直播中推荐的"阳澄状元"大闸蟹，实际上是蟹商将外地螃蟹贩运至阳澄湖，放到湖里浸泡一段时间后打捞上来的"洗澡蟹"。李佳琦直播间所出现的问题，很大程度上就是当前直播带货领域问题的缩影。国家正在不断完善相关法律法规，进一步加强对直播行业的监管，保证消费者的切身利益。

思政小课堂：直播新媒体营销中主播的自我约束

电商主播在进行直播营销时，要加强自身监管，铭记"诚信为本"的重要前提，不夸大宣传甚至虚假宣传。主播作为公众人物，要主动接受监督，不能传播攀比等不正当言论和价值观，只有这样才能获得更多消费者的信赖和喜爱，从而带动销售额的增加。

思考：

1. 你认为一个优秀的主播应具备哪些能力？

2. 搜集直播案例，列举更多优秀主播成功模式。

模块三　直播新媒体营销的策略技巧

【理论知识】

　　直播是很多企业和个人在进行新媒体营销时的重要选择，尤其是在商品销售上。直播平台的流量大小、合作主播的带货能力、合作模式的科学界定等都是企业在进行直播平台和主播的选择上最重要的考虑因素。

一、直播新媒体营销的合作模式

　　直播新媒体营销最大的价值在于品牌曝光和商品销售，近年来频出的超级网红带货主播不仅扩宽了传统的营销渠道，也重新构建了企业的供应链。企业在选择直播平台的主播进行新媒体营销合作时，一般有以下几种合作模式。

（一）纯服务费模式

　　这种合作模式常见于主播将品牌或商品软植入自己创作的视频或进行的直播中，通过主播的粉丝流量进行品牌曝光，提升品牌的知名度。平台向企业收取固定的服务费用，服务费除了品牌的软植入外，还包括为品牌匹配最适合的主播、制作宣传视频、分发推广等。一般大型企业选择这种模式比较多，中小型企业较少使用。

（二）服务费+佣金模式

　　服务费+佣金模式常见于头部主播的直播电商带货，如淘宝的李佳琦和抖音的罗永浩等。企业一般向这些主播支付固定的服务费，也称坑位费，再加上实际商品销售额的佣金，比例一般在 10%～30%。这种方式是选择直播作为营销或销售渠道比较常见的模式。

（三）纯佣金模式

　　小微企业选择这种模式较多，要求也会比较苛刻。以淘宝直播为例，纯佣金模式下，一般主播只接受店铺综合评分较高，商品有价格优势，具备一定的基础销量的商家进行合作。这种模式的佣金比例相对较高，基本在 30%以上，有些甚至会五五分成，对高利润的商品相对适宜。

二、直播新媒体营销的策略技巧

（一）精确进行市场定位

　　在进行直播新媒体营销的过程中，首先要做好市场定位，结合企业或个人的营销诉求以及消费者特征进行市场调查。市场调研人员要从多个角度对消费人群进行分析，结合不同的消费者来选择不同的直播营销平台和主播。

（二）客观进行项目分析

在开展直播营销的过程中，要精确地分析项目或商品的特性。确定项目或商品本身是否适合开展直播营销，适合企业自身开展直播活动还是适合与头部或腰部 KOL 主播达人进行合作或者两种方式同时进行等。客观的项目或商品分析是直播新媒体营销的必要前提。

（三）有效进行平台选择

现在的直播平台种类繁多，每个平台都有各自的平台属性和观众特点。如果企业的商品为电子类的辅助商品，虎牙直播将是比较匹配的平台。如果是服装、化妆品等消费品，电商类直播平台将会有比较匹配的观众和流量。所以在客观分析商品和项目之后，需要科学地进行直播平台的选择。有条件的企业可以选择多平台直播，在进行直播效果评估后，选择最优平台进行后续直播活动。

（四）科学进行方案制订

方案相当于建筑上的设计图，对接下来的工作起到统一指导和规划布局的作用。在上述工作完成之后，接下来需要进行直播方案的制订和优化。在整个方案制订过程中需要营销、设计等多部门人员的共同参与，科学把握视觉效果和营销策略之间的平衡。

（五）多样选择直播内容

所有新媒体营销最终比的一定是内容，在进行直播营销的时候，可以尝试丰富多样的直播内容。除了企业自身的主播外，也可以选择头部或腰部网红主播进行合作，或者鼓励观众积极参与内容共建。直播的主题和场景也可以根据特定的时间和事件进行定制。

（六）及时追踪效果反馈

营销最终要落实在转化率上，每一次场直播结束后，后续的营销发酵和反馈都必不可少。通过数据反馈可以不断地优化直播方案，为下一次的直播积累经验，提升整个直播营销的效果和影响力。

【实训任务】

一、实训目的

通过直播的实施执行与复盘总结，提升学生直播新媒体营销的能力。

二、实训项目

直播的实施执行与复盘提升。

三、实训资料

河南御厨有机粮业有限公司相关资料见项目二。

四、实训步骤

1. 选择合适的平台实施整场直播。
2. 对直播进行复盘总结，并完成表 10-17。

表 10-17　复盘总结表

直播复盘表				
商品名称	数据表现	预期目标	原因分析	改进方向

五、实训评价

实训评价如表 10-18～表 10-20 所示。

表 10-18　小组自评表

小组自评表（得分可采用十分制/百分制/五星制）				
小组成员	承担工作	工作完成情况	个人得分	小组综合得分
		□未完成　□完成　□超额完成		
		□未完成　□完成　□超额完成		
		□未完成　□完成　□超额完成		
……	……			
问题自查				
改进措施				

表 10-19　小组互评表

小组互评表（得分可采用十分制/百分制/五星制）			
小组名称	评分细则	细则得分	小组综合得分
	主播表现情况		
	直播间氛围		
	直播间数据表现		
	直播分析总结情况		
	……		
存在问题			
改进建议			

表 10-20　教师评价表

教师评价表（得分可采用十分制/百分制/五星制）			
	评分细则	细则得分	小组综合得分
小组名称	团队分工协作能力		
	直播流程把控能力		
	直播数据分析能力		
	直播复盘总结能力		
	……		
存在问题			
改进建议			

【案例分析】

薇娅偷逃税被罚，直播结束野蛮生长

2019 年至 2020 年，黄薇（薇娅）通过隐匿其从直播平台取得的佣金收入虚假申报偷逃税款，被浙江省杭州市税务局追缴及罚款共计 13.41 亿元。在直播行业迅猛发展、主播们赚得盆满钵满的同时，偷税漏税现象也屡见不鲜。2021 年 11 月，浙江省杭州市税务部门通过税收大数据分析，发现朱宸慧（雪梨）、林珊珊两名网络主播涉嫌偷逃税款。经查，二人在 2019 年～2020 年期间，通过在上海、广西、江西等地设立个人独资企业，虚构业务将其取得的个人所得转变为个人独资企业的经营所得，偷逃个人所得税，违反了相关税收法律法规。杭州市税务局稽查局依据相关法律法规，对二人追缴税款并予以处罚。

监管的力度正在不断加强，但在规范监管的同时，税务部门对网络直播等新业态从业人员也给予了包容性的自查整改期。2021 年 9 月，国家税务总局专门印发通知，明确网络主播在 2021 年底前能够主动报告并及时纠正涉税问题的，可以依法从轻、减轻或免予处罚。据了解，已有上千人主动自查补缴税款。

薇娅等网红主播被罚预示着直播行业野蛮生长时代的结束，也预示着直播行业的发展开始进入到规范化时代。随着监管的到位，直播行业将会迎来新一轮的飞跃。

思政小课堂：直播新媒体营销的职业道德和法律意识

在追求成功的道路上，要诚信、敬业，遵守国家法律法规，做一个诚信守法的直播营销和运营人员。

思考：

1. 你认为直播行业还需要在哪些方面进一步规范？

2. 你认为对直播行业进行规范的手段有哪些？

参考文献

[1] 宫承波. 新媒体概论[M]. 北京：中国广播电视出版社，2007.

[2] 冯英健. 网络营销基础与实践[M]. 5 版. 北京：清华大学出版社，2016.

[3] 孙健. 微信营销与运营：公众号、微商与自媒体实战揭秘[M]. 北京：电子工业出版社，2015.

[4] 叶龙. 从零开始学新媒体运营推广[M]. 2 版. 北京：清华大学出版社，2019.

[5] 勾俊伟，张向南，刘勇. 直播营销[M]. 北京：人民邮电出版社，2017.

[6] 许耿，李源彬. 网络营销：从入门到精通（微课版）[M]. 北京：人民邮电出版社，2019.

[7] 向登付. 短视频：内容设计+营销推广+流量变现[M]. 北京：电子工业出版社，2018.

[8] 招商哥，王菲彤. 抖音营销 138 招：一本书教会你玩赚抖音[M]. 北京：清华大学出版社，2018.

[9] 共响新商业研究院. 快手营销 138 招：一本书教会你玩赚快手[M]. 北京：清华大学出版社，2019.

[10] 秦洋，秋叶. 社群营销与运营[M]. 北京：人民邮电出版社，2017.

[11] 武永梅. 社群营销：方法技巧、案例分析、应用实战[M]. 天津：天津科学技术出版社，2017.

[12] 王冠雄，钟多明. 直播革命：互联网创业的下半场[M]. 北京：电子工业出版社，2017.

[13] 淘宝大学达人学院. 淘宝直播运营与主播修炼手册[M]. 北京：电子工业出版社，2017.

[14] 刘兴亮，秋叶. 点亮视频号：微信短视频一本通[M]. 北京：电子工业出版社，2020.